RUDYARD KIPLING

Lettres de Voyage

DÉPÔT LÉGAL
Somme
N° ...
1922

PAYOT, PARIS

LETTRES DE VOYAGE

8° G
10528

OUVRAGES DE RUDYARD KIPLING

A LA MÊME LIBRAIRIE :

LA GUERRE SUR MER, in-16 . . . .   6 francs.
LES YEUX DE L'ASIE, Petit in-16   3   »

RUDYARD KIPLING

LETTRES DE VOYAGE

(1892-1913)

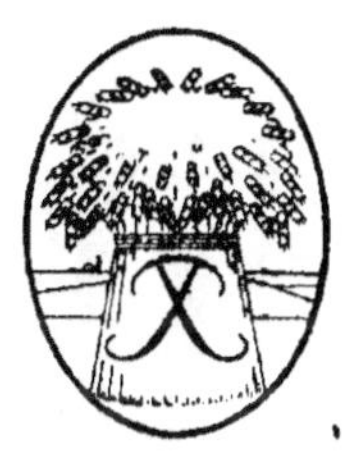

PAYOT & Cie, PARIS

106, BOULEVARD SAINT-GERMAIN

1922

Tous droits réservés

Les lettres intitulées : " D'UN LIT DE MARÉE A L'AUTRE " furent publiées d'abord dans le " *Times* " ; celles intitulées : " LETTRES A LA FAMILLE " dans le " *Morning Post* " ; et celles intitulées : " L'EGYPTE DES MAGICIENS " dans " *Nash's Magazine* ".

Seule traduction française autorisée
Tous droits réservés pour tous pays

D'UN LIT DE MARÉE A L'AUTRE

(1892 - 95)

EN VUE DE MONADNOCK

Succédant au temps grisâtre et morne de l'Atlantique, un véritable flot de soleil hivernal accueillit notre vaisseau, dès qu'il toucha l'Amérique. Nos yeux désaccoutumés en clignaient, cependant que le New-Yorkais, qui est, comme nul ne l'ignore, la modestie même, nous assurait : « En fait de belles journées nous avons mieux : attendez seulement... » (telle ou telle époque) « allez donc voir » (tel ou tel quartier de la ville). Pour nous, notre bonheur était au comble et au delà de pouvoir comme à la dérive monter et redescendre les rues resplendissantes, non sans nous demander, pourquoi il fallait que la plus belle lumière du monde fût gaspillée sur les trottoirs les plus détestables qui soient ; faire indéfiniment le tour du square de Madison, parce que celui-là était rempli de bébés admirablement habillés jouant à la « Caille », ou contempler révérencieusement les sergents de ville de New-York, Irlandais aux larges épaules, au nez camus. Où que nous allions, nous retrouvions le soleil, prodigue, illimité, travaillant neuf heures par jour, le soleil avec les perspectives aux lignes nettes et les couleurs de sa création. La seule pensée que quelqu'un eût osé qualifier ce climat de lourd et humide, voire de « presque tropical », causait un choc. Pourtant il vint ce quelqu'un et il nous dit : « Allez au Nord, si vous voulez du beau temps, alors du beau temps. Allez dans la Nouvelle Angleterre. »

Ainsi, par un après-midi ensoleillé, New-York disparut avec son bruit et son tumulte, ses odeurs complexes, ses appartements surchauffés et ses habitants beaucoup trop énergiques, tandis que le train se dirigeait vers le Nord, vers les pays de la neige. Ce fut soudain, d'un seul coup — presque, aurait-on dit, dans un seul tour de roues — que celle-ci apparut, recouvrant l'herbe tuée par l'hiver et changeant en mares d'encre les étangs gelés qui paraissaient si blancs à l'ombre d'arbres grêles.

A la tombée de la nuit, une petite ville construite en bois, toute blanche, drapée et silencieuse, vint se glisser le long des portières et la forte lumière du wagon éclaira un traîneau, dont le conducteur était enfoui jusqu'au nez dans des foulards et des fourrures, filant au tournant d'une rue. Or, on a beau l'avoir contemplé dans les livres d'images, le traîneau tel qu'on se le représente est loin d'être ce qu'il est en réalité, un simple moyen de locomotion à la fin d'un voyage. Mais il vaut mieux ne pas se montrer trop curieux, car l'Américain qui vient de vous raconter en détail comment un jour il lui était arrivé de suivre de Chelsea à la Tour de Londres, un soldat écossais portant le kilt, par pure curiosité pour ses genoux découverts et son sporran, rirait de l'intérêt que vous manifestez pour ce vulgaire traîneau.

Le personnel du train — sans aucun doute c'en serait fait de la grande nation américaine si elle était privée de la noble société des garde-freins, conducteurs, contrôleurs des wagons Pullman, facteurs nègres et crieurs de journaux, — racontait, étalé à l'aise dans les compartiments de fumeurs, de délectables histoires de voies bloquées par la neige sur la ligne de Montréal, d'attaques désespérées — quatre locomotives précédées d'un chasse-neige — qu'il fallait livrer à des amas atteignant trente pieds de hauteur ; du plaisir qu'on a à marcher sur le haut des wagons de marchandises pour bloquer un train tandis que le thermomètre marque trente au-dessous de zéro.

« Cela revient meilleur marché de tuer des gens de cette façon que de mettre des freins à air comprimé sur les convois de marchandises », dit le garde-frein.

Trente degrés au-dessous de zéro ! température inconcevable, oui, jusqu'à ce qu'on y entrât en plein en sortant du train à minuit, et que le premier contact avec cet air clair et immobile vous eût coupé la respiration comme le fait un plongeon dans la mer. Un morse, assis sur un monticule de laine, nous accueillit dans son traîneau. Il nous enveloppa de manteaux de peaux de chèvre aux longs poils, nous mit des passe-montagnes se rabattant sur les oreilles, des peaux de buffles, des couvertures, puis encore des peaux de buffle, tant et si bien que nous aussi ressemblions à des morses et évoluions avec presque autant de grâce. L'air était tranchant comme la lame d'une épée fraîchement aiguisée ; l'haleine gelait sur les revers des habits, on ne sentait plus son nez, et les yeux pleuraient amèrement de ce que les chevaux avaient hâte de rentrer à l'écurie, et pour la bonne raison que filer rapidement dans une atmosphère à zéro degré fait venir les larmes aux yeux. Sans le carillon des grelots du traîneau on aurait pu se croire dans un rêve : nul bruit de sabots sur la neige ; seuls les patins poussaient parfois un léger soupir en franchissant quelque ondulation de terrain, et les collines alentour, drapées de blanc, gardaient un silence de mort. Le Connecticut cependant avait gardé sa vie, traînée liquide et noire à travers la glace compacte. On pouvait entendre l'eau grognant, tel un roquet, aux talons de petits icebergs. Partout ailleurs il n'y avait sous la lune que de la neige qui s'était amoncelée jusqu'à hauteur des barrières de pierre ou qui, à leur sommet, retombait en festons d'argent ; de la neige entassée des deux côtés de la route, alourdissant les pins et les sapins des bois, et où, par contraste, l'air semblait tiède comme dans une serre chaude. Le spectacle qui s'offrait à nous était d'une indescriptible beauté car la nature, avec un dédain tout japonais pour la perspective, avait tracé là, en noir et blanc sa plus audacieuse esquisse que venaient modifier de temps en temps les crayons hardis et toujours mobiles de la lune.

Au matin l'autre partie du tableau nous fut révélée sous les couleurs du soleil. Pas un seul nuage au ciel qui, sur la ligne neigeuse de l'horizon, reposait tel un saphir sur du velours blanc. Des collines d'un blanc éclatant, d'autres tachetées et bordées de bois comme d'une fourrure, se dressaient au-dessus des surfaces compactes et blanches de la plaine tandis que le soleil éclaboussait d'une orgie de lumière leurs multiples broderies, jusqu'à en éblouir les yeux. Çà et là sur les versants exposés, la chaleur du jour — le thermomètre marquait presque 40 — et le froid de la nuit avaient formé sur la neige une croûte chauve et brûlante, mais, en général, tout était recouvert d'une poudre fine, prête à capter la lumière comme dans un prisme et à la refléter en des milliers de cristaux. Au milieu de cette magnificence, tout comme si de rien n'était, un traîneau de bois, tiré par deux bœufs roux aux longs poils, chargé de troncs d'arbres dénués d'écorce et saupoudrés d'une poussière de diamant, descendit le chemin dans un nuage de glaciale buée.

Confondre le traîneau qu'on emploie comme moyen de locomotion et celui consacré aux charrois de marchandises est, dans cette région, un signe d'inexpérience et c'est, je crois, la preuve que l'on n'est un propre à rien que d'imaginer qu'on conduit les bœufs comme cela se fait ailleurs, en leur tortillant la queue de façon scientifique. Muni de mitaines rouges, de guêtres de feutre montant jusqu'aux genoux, et, il se peut aussi, d'un manteau gris argent de peau de rat, le conducteur accompagne son attelage en criant : Huehan, tout comme on le raconte dans les récits américains. Les paroles du charretier expliquent bien des choses en ce qui touche les histoires écrites en dialecte, car même les meilleures sont pour la plupart des lecteurs un véritable châtiment. Maintenant qu'il m'est arrivé d'entendre l'accent long et traînant de Vermont, je m'étonne non point de ce que les contes de la Nouvelle Angleterre soient imprimés en ce que, pour les besoins de la cause, nous appellerons de l'anglais et de la typographie anglaise, mais bien plutôt de ce qu'ils n'aient pas paru en suédois ou en russe, car notre alphabet est vraiment trop limité. Cette région appartient, selon des lois, — inconnues aux Etats-Unis, — mais admises dans le monde entier, en propre au roman de la Nouvelle Angleterre et aux femmes auteurs qui l'écrivent. Voilà ce que l'on sent dans l'air même, dès qu'on aperçoit ces chalets de bois peints en blanc, abandonnés dans la neige, cette maison d'école à l'aspect sévère, et ces habitants — hommes des fermes, femmes qui travaillent autant qu'eux, avec peut-être moins de joies dans leur vie — ces autres demeures, bien peintes, aux toits bizarres, appartenant à Monsieur un Tel, juge, avocat ou banquier, tous potentats dans cette métropole de six mille habitants située à proximité de la gare de chemin de fer. Et l'on se rend mieux compte encore de ce qu'est cette atmosphère, lorsqu'on lit dans les journaux locaux des annonces de « soupers fins » ou de « réunions pieuses » organisés par telle ou telle secte, sandwichées au milieu de paragraphes qui témoignent d'un intérêt sympathique et fraternel, et qui prouvent bien que les gens du district vivent, — sans cependant s'égorger entre eux, — sur un pied d'effarante intimité.

Les descendants de la vieille souche, ceux qui habitent les plus anciennes demeures, nés et élevés alentour, ne voudraient

à aucun prix vivre en dehors de la ville, mais il y a des gens
du Sud, vrais fous, ceux-là, (hommes et femmes de Boston
et autres cités semblables) qui vont jusqu'à construire des maisons en rase campagne, à trois et même à quatre kilomètres
de la Grand'Rue qui a 400 mètres de long et qui est le centre
de la vie et de la population. Avec les étrangers, surtout s'ils
ne font pas leurs provisions d'épicerie « dans la Rue », autrement dit en ville, la ville a peu de rapports ; n'empêche qu'elle
sait tout, et même davantage, de ce qui se passe parmi eux.
Leurs vêtements, leur bétail, leurs idées, les manières de leurs
enfants, leur façon de traiter leurs domestiques et tout autre
chose imaginable, est rapportée, examinée, discutée, et rediscu-
tée encore du haut en bas de Main Street. Or la sagesse que
possède Vermont n'étant pas toujours suffisante pour parvenir avec la délicatesse voulue à la pleine compréhension de
tous les problèmes de la vie d'autrui, commet parfois des
erreurs pathétiques et, de ce fait, la ville en vient aux prises.
On voit donc que par le monde entier les villes de province
d'une certaine dimension ne diffèrent pas essentiellement les
unes des autres. La conversation des fermiers roule sur leurs
fermes : questions d'achats, d'hypothèques et de vente, de
droits d'enregistrement, de lignes de délimitations et d'impôts
vicinaux. C'est au beau milieu de la Nouvelle Zélande, à la
lisière des plaines où courent les chevaux sauvages que j'entendis ce genre de conversation pour la dernière fois, lorsqu'un homme et une femme, à trente kilomètres de leur plus
proche voisin passèrent la moitié de la nuit à discuter exacte-

ment les mêmes questions que celles qui formaient le fond de la conversation des gens de la Grand'Rue, à Vermont, États-Unis.

Il existe au moins un homme dans l'État que cette localité exaspère. C'est un garçon de ferme, élevé dans un hameau à vingt ou trente kilomètres de la voie ferrée la plus proche et qui, audace sans pareille, s'est un jour aventuré jusqu'ici. Mais l'agitation et le tumulte de la Grand'-Rue, la clarté inaccoutumée des lampes électriques, son pâté de maisons de commerce construites en brique rouge, à cinq étages, l'effraient et l'inquiètent. Aussi a-t-il pris du service dans une ferme bien loin de ces plaisirs délirants et s'empresse-t-il de dire : « On m'a offert vingt-cinq dollars par mois pour travailler dans une boulangerie de New-York, mais pas de danger qu'on me voie dans quelque New-York que ce soit ; j'ai vu Main Street et j'en suis tout retourné. » Ses capacités consistent à rentrer le foin et à soigner le bétail. La vie de la ferme en hiver n'est d'ailleurs pas l'oisiveté relative dont on parle tant. Chaque heure, au contraire, semble avoir ses soixante minutes de travail, car le bétail est tenu dans les étables et mange sans fin ; il faut mener boire les poulains, dans les étangs gelés dont on doit au besoin briser la glace et emmagasiner de la glace pour l'été. C'est alors seulement que commence le vrai travail, entendez par là rentrer le bois de chauffage, car la Nouvelle Angleterre n'a que ses forêts pour se ravitailler en combustible. A l'automne on marque les arbres, juste avant la chute des feuilles, en faisant une entaille dans l'écorce ; plus tard on les abat, on les coupe en bûches de quatre pieds de long, et dès que la neige amie le permet, on les amène en traîneau jusqu'au bûcher. Ensuite on peut s'occuper des besoins de la ferme, et celle-ci, tout comme une arche de pont, n'est jamais en repos. Puis vient la saison du sirop d'érable. Lorsque la sève commence à travailler on fait des incisions dans les majestueux érables pour la recueillir dans de petits seaux de dimensions absurdes (une vache dont on trairait le lait dans un dé donnerait une idée de la disproportion) et la vider ensuite dans des chaudrons.

Enfin (c'est le moment où l'on se réunit pour la récolte du sucre) on verse le sirop bouillant dans des récipients en fer remplis de neige fraîche où il durcit, tandis qu'en faisant semblant d'aider l'on se rend poisseux, et tout le monde, garçons et filles flirtent à plaisir. Même l'introduction d'appareils brevetés à évaporer le sucre n'a pas porté atteinte aux amourettes.

Les hommes avec qui flirter sont assez rares, bien que la disette soit moins grande dans les villes possédant leurs propres manufactures — où l'amoureux peut se rendre le dimanche de New-York, — que dans les fermes et les villages... Les hommes sont partis : les jeunes, pour livrer bataille à la fortune plus loin, à l'ouest, tandis que les femmes demeurent, demeurent éternellement, comme il en va toujours pour elles. Dans les fermes, lorsque les enfants partent, le vieux père, la vieille mère s'efforcent de faire marcher la maison sans aide, et le lot qui échoue à la femme est fait de labeur et de monotonie. Parfois elle devient folle, même assez fréquemment pour affecter les statistiques de recensement, mais le plus souvent, espérons-le, elle meurt. Dans les villages où les travaux pénibles ne sont pas d'une nécessité aussi urgente, les femmes trouvent à se consoler en formant des clubs et des cercles littéraires ; elles acquièrent ainsi, à leur façon, beaucoup de sagesse et de philosophie. Leur méthode certes n'est pas toujours recommandable, car le comble de leurs souhaits, c'est de posséder des faits, savoir qu'elles en seront à telle ou telle page d'un volume, allemand ou italien, avant telle date, et qu'elles auront lu les livres qu'il fallait, de la bonne manière. En tous cas, elles ont quelque chose à faire, ce qui leur donne l'illusion qu'elles sont occupées. On a dit que les récits de la Nouvelle Angleterre étaient restreints, étriqués ; mais ces aperçus, même lointains, de la terrible vie d'où ils sont tirés, servent de justification à l'auteur, car, en raison de sa dureté même, on peut sculpter une coquille de noix de mille façons différentes.

A vingt-cinq ou trente milles au-delà des collines, sur la route des Montagnes Vertes, se trouvent des fermes délaissées, bâties dans un pays aride, gardées avec acharnement tant qu'il y eut quelqu'un pour s'en occuper, puis finalement abandonnées au flanc des collines, comme autant de chapitres terminés de lamentables histoires. Au-delà de cette désolation il y a des forêts où l'ours et le daim trouvent encore la paix et où parfois même le castor oublie qu'on le persécute et ose construire son gîte.

C'est un homme qui aimait les bois pour eux-mêmes et non par amour du carnage qui m'a raconté tout cela ; un homme de l'Ouest, aux gestes lents, à la voix calme, qui avait traversé en skis les plaines neigeuses et qui ne rit même pas lorsque je lui empruntai ses chaussures pour essayer de marcher. Mais les gigantesques appareils, semblables à des raquettes de tennis, sur lesquelles sont tendues des peaux de bête, ne sont pas faciles à manier, et si vous oubliez de maintenir les talons bien au sol, l'arrière traînant sur la neige, c'est la pirouette avec la sensation de tomber dans l'eau profonde, les chevilles attachées à une ceinture de sauvetage. Si vous perdez l'équilibre, n'essayez pas de le reprendre, mais laissez-vous choir, moitié assis, moitié à genoux, en couvrant le plus d'étendue possible. Puis, lorsque vous aurez attrapé le pas du loup, c'est-à-dire lorsque vous saurez glisser adroitement un pied par-dessus l'autre, vous oublierez bien vite vos chevilles endolories pour jouir du plaisir qu'on trouve à traverser des épaisseurs de neige profondes de six pieds et à prendre des raccourcis par-dessus les barrières ensevelies.

L'homme de l'Ouest me traduisit les marques faites sur la neige ; il me montra comment un renard (cette partie du pays est remplie de renards qu'on tire au fusil parce que la chasse à cheval est impossible) laisse derrière lui un certain genre de piste, car il marche avec circonspection, comme un voleur, différente de celle du chien qui, n'ayant rien à se reprocher, plonge et enfonce de ses quatre pattes écartées ; comment les racoons et les écureuils s'endorment tout l'hiver et comment les daims, à la frontière canadienne, font, en piétinant, de longs sentiers profonds appelés cours, où ils sont surpris par des hommes importuns, munis d'appareils photographiques, qui les tiennent par la queue lorsqu'ils sont enlisés, et par ce moyen parviennent à reproduire sur l'écran leur dignité apeurée. Il m'a parlé aussi des gens, des mœurs et des coutumes de ces habitants de la Nouvelle Angleterre ; comment ils fleurissent et prospèrent dans le Far-West, le long des lignes de chemin de fer les plus récentes, où la rivalité de deux compagnies se disputant les mêmes défilés provoque presque la guerre civile ; comment il existe un pays pas très loin d'ici, appelé la Calédonie, peuplé d'Ecossais, gens très forts en affaires, capables a ce point de vue d'en remontrer aux habitants de la Nouvelle Angleterre eux-mêmes, et qui, Américains-Ecossais de naissance, nomment encore leurs villes d'après les cités de leur race économe et prospère... Tout cela était plein de charme pour moi, aussi nouveau que le bruit régulier des snow-boots mordant la neige, et le silence éblouissant des collines.

Au delà de la chaîne des montagnes la plus éloignée, où les pins se détachant sur l'unique pic solitaire s'estompent et ne forment plus qu'une légère brume bleue, une véritable montagne, et non pas une colline, pointait vers le ciel, pareille à quelque gigantesque ongle de pouce.

— Ça, c'est Monadnock, me dit l'homme de l'Ouest, toutes les collines portent un nom indien. Vous avez laissé Wantastiquet à droite en quittant la ville.

Vous avez dû remarquer que bien souvent un mot revient

à la mémoire au bout de plusieurs années, réveillant toutes sortes d'associations saugrenues. J'avais rencontré ce nom de Monadnock sur le papier dans une parodie éhontée du style d'Emerson, avant même que le style ou les vers n'eussent présenté quelque intérêt pour moi. Mais le mot m'avait frappé à cause de certains rhytmes, entre autres ceux-ci :

> … sommet couronné, contemporain
> de la crête de Monadnock ;
> et mes ailes étendues
> touchent l'Est et l'Ouest…

Plus tard, le même mot, recherché pour le même motif que le nom béni de la Mésopotamie, me conduisit à Emerson, à son poème sur le pic lui-même, vieux géant sage « absorbé dans ses affaires avec le ciel », qui nous rend sensés et sobres, et nous libère de toute petitesse lorsque nous mettons notre confiance en lui. Aussi Monadnock en était-il venu à vouloir dire tout ce qui aide, guérit ; tout ce qui calme, et lorsque, ayant gagné le centre du New-Hampshire, je le vis apparaître, il ne manqua point à ses promesses. Dans cette tranquillité absolue, une branche de sapin pliant sous son trop lourd fardeau de neige s'affaissa d'un pied ou deux, avec un petit soupir de fatigue ; puis la neige glissa et le rameau oscillant se redressa et vivement rejoignit ses camarades.

En l'honneur de Monadnock nous fîmes cet après-midi-là une statue de neige représentant Gautama Bouddha, portrait un peu trop ramassé et non d'une symétrie parfaite, mais à la taille impériale et reposante. Lui, faisait face à la montagne et tout à coup, des hommes passant en traîneau sur la route, s'arrêtèrent pour le regarder. Or, les réflexions pleines d'étonnement de deux fermiers de Vermont sur la nature et les propriétés d'un dieu ventru valent la peine qu'on les écoute. Ce n'était nullement sa race qui les intriguait, car il était d'un blanc agressif, mais les tailles arrondies ont l'air de n'être plus à la mode dans l'État de Vermont, du moins l'affirmèrent-ils avec force jurons curieux et rares.

Le lendemain, toutes les vaines futilités disparurent dans une tempête de neige qui remplit les creux des collines d'une tourbillonnante brume bleue, inclina les branches des arbres si bas qu'il fallait baisser la tête en passant et ne pas craindre d'être saupoudré et effaça la trace des traîneaux.

Notre Mère Nature est merveilleusement ordonnée si on la laisse faire. Ce jour-là, elle arrondit tous les angles, nivela toutes les pentes, et borda si bien le lit blanc, qu'il s'étendait sans le moindre pli jusqu'à l'échine des sapins et des pins qui ne voulaient pas s'endormir.

— En ce moment, me dit l'homme de l'Ouest, tandis que nous nous dirigions vers la gare et, hélas ! vers New-York, toutes mes traces ont disparu ; mais à la fonte des neiges, d'ici une semaine ou un mois, elles reparaîtront et montreront où j'ai passé !

Idée bizarre, n'est-ce pas ? Imaginez un meurtre commis dans les bois déserts, une rafale de neige qui recouvre les traces du meurtrier s'enfuyant avant que le vengeur du sang versé n'ait enseveli le cadavre, et puis, une semaine plus tard, le retrait de la neige traîtresse, révélant pas à pas le chemin que Caïn avait pris, découvrant une à une les empreintes fatales de ses snow-boots comme autant de disques noirs sur le blanc du chemin, jusqu'au bout.

Il y aurait tant et tant à écrire, si cela en valait la peine, sur cette drôle de petite ville près de la gare du chemin de fer, dont la vie semble glisser, en toute apparence, aussi doucement que les coupés montés sur les traîneaux, mais qui à l'intérieur est troublée par les haines, les soucis et les jalousies tourmentant toutes les âmes, sauf celles des dieux. Par exemple, — mais non, il vaut mieux se rappeler la leçon que donne Monadnock, et Emerson qui dit d'autre part : « Zeus hait les gens officieux et ceux qui font trop. »

Qu'il existe de pareilles gens, une voix traînante et nasillarde qui traverse la Grand'Rue, l'atteste. Un fermier est en train de détacher ses chevaux d'un poteau faisant face à un magasin, il reste le licol à la main et exprime son opinion, à un voisin, et au monde en général :

— Pour quant à ces Andersons ! c'te clique-là, je t' dis moi, que ça n'a aucune idée de *saveoir* vivre !

A TRAVERS UN CONTINENT

On ne se soustrait pas facilement à une grande ville. Nous avions encore tout un continent à traverser et pour cette raison nous nous attardions dans New-York, tant et si bien que nous avions des remords à l'idée de quitter cette ville qui nous rappelait le foyer. Pourtant, plus on l'étudiait, plus elle nous révélait ses grotesques tares : ses rues mal pavées, ses rues elles-mêmes, sa mauvaise police municipale et des conditions sanitaires qui, sans la mer charitable, seraient pires encore. Personne, jusqu'ici, n'a abordé le problème de l'administration de New-York dans l'esprit voulu ; c'est-à-dire, en le considérant comme le résultat d'une incapacité, d'un manque de civilisation barbare, crasseux, et d'un gaspillage effréné. Personne non plus ne le fera, très probablement, car toute réflexion qu'on oserait émettre sur cette auge longue et étroite serait interprétée comme une attaque malveillante dirigée contre l'esprit et la majesté de la Grande Nation Américaine et se terminerait en comparaisons irritantes. Pourtant, même à supposer que d'une façon permanente toutes les rues de Londres fussent sens dessus dessous et tous les réverbères renversés, cela n'empêcherait pas les rues de New-York, prises en bloc, de ressembler étonnamment à une plage de Zanzibar ou aux abords d'un village zoulou. Des rigoles, des trous, des ornières ; des pavés pointus et tout de travers ; des trottoirs mal entretenus, aux bordures dépassant le niveau de deux à trois pouces ; des rails de tramways faisant saillie sur la chaussée ; des matériaux de construction éparpillés jusqu'au milieu de la rue ; de la chaux, des planches, des pierres taillées et des boîtes à ordures semées généreusement partout ; les voitures s'aventurant au hasard ; de lourds camions rencontrant des coupés aux croisements des rues ; des poteaux chancelants, grossièrement taillés et non peints ; des becs de gaz titubants et tordus ; et, finalement, de la saleté en abondance et une variété d'odeurs nauséabondes que le vent du nord ne saurait chasser, voilà des choses que l'on peut considérer tout à fait indépendamment de « *l'Esprit de Démocratie* », ou de « *l'Avenir de ce grand pays au développement puissant* ». Dans tout autre pays elles passeraient pour un signe de négligence, de malpropreté et d'incapacité. Ici, on vous explique et on vous répète, que c'est une preuve de la rapidité avec laquelle la ville a grandi et de l'enviable indifférence de ses citoyens pour les questions de détail. — Un de ces jours, me dit-on, on s'occupera sérieusement de remédier à cet état de choses. Les dirigeants de la ville, hommes corrompus, seront balayés par un cyclone, par un ouragan, ou par quelque explosion grandiose et retentissante d'indignation populaire ; on élira alors à l'unanimité des hommes capables qui toucheront, à juste titre, les appointements énormes actuellement alloués à des étrangers incapables pour des balayages de rues, et tout ira bien. C'est alors que la licence inculquée par les gouvernants chez les gouvernés, pendant les trente, quarante, ou peut-être cinquante années passées ; l'insouciance brutale du public en ce qui touche les devoirs des citoyens ; l'endurcissement et l'élasticité de la morale populaire et le dédain insensé de la vie humaine, engendrés par les lois impuissantes et encouragés par la familiarité avec des accidents évitables et une négligence criminelle, disparaîtront miraculeusement. Si les lois de cause à effet qui gouvernent même le peuple le plus libre de la terre affirment qu'il en est autrement, tant pis pour ces lois. L'Amérique fait les siennes. Derrière elle se tient le fantôme de la guerre la plus sanglante du siècle, suscitée dans ces pays paisibles à force de s'accoutumer le mépris des lois, de laisser aller les choses, par l'incapacité et le dédain aveugle pour tout sauf le besoin matériel du moment présent, tant et si bien que l'heure depuis longtemps conçue et oubliée se dressa toute armée et que les hommes s'écrièrent : « Voici une crise imprévue ! » et s'entretuèrent au nom de Dieu pendant quatre années.

Dans une contrée païenne les trois choses qui passent pour être les piliers d'un gouvernement passable, sont : le respect de la vie humaine, la justice criminelle et civile, autant que l'homme est capable de rendre la justice, et de bonnes routes. Dans cette cité chrétienne les habitants attachent peu d'im-

portance à la première (leurs journaux, leurs conversations et leurs actes en font foi) ; ils achètent et vendent la
seconde à un certain prix fixe, ouvertement et sans honte, et
paraissent, semble-t-il, se passer aisément de la troisième. On
s'attendrait presque à ce que le sens de l'humour, inhérent à la
race, les empêche d'espérer rien que des louanges, épaisses, exces-
sives et serviles de la part de l'étranger en visite chez eux. Mais
non ; si on se tait, ils forgent eux-mêmes des éloges qu'ils mettent dans votre bouche sur leurs qualités et mérites, agissant par
là, envers leur propre pays qu'ils prétendent honorer, comme
agit le charlatan qui fait la réclame de ses pilules ; s'il vous
arrive d'exprimer votre opinion, — mais vous verrez, par
vous-même, les conséquences de votre franchise. Ils ne se
rendent pas compte qu'avec les mensonges et les invectives,
c'est à eux seuls qu'ils font du tort. Le blâme de toutes les
imperfections de leur ville ne retombe pas entièrement sur les
hommes, généralement d'extraction étrangère, qui gouvernent
la cité ; car ils trouvent un peuple fait pour eux, gens sans
lois, prêts à fermer les yeux sur une infraction aux règlements
commise par les voisins, à condition qu'ils puissent eux-mêmes
à leur tour en faire autant avec profit, et qui, dans leurs rares
loisirs, sont bien aises de sourire en entendant raconter les
détails d'un coup de fraude habilement mené. Mais, vous dit
l'Américain cultivé : « Donnez-nous le temps. Donnez-nous
le temps et nous arriverons à quelque chose ! » — Tandis
que l'autre type d'Américain, celui qui est agressif, s'empresse
de mettre sous le nez de l'étranger quelque spécimen de travail

bâclé, à moitié fini, en le présentant comme le résultat d'un effort achevé. Je ne connais rien de plus agréable que d'écouter pendant un temps strictement limité un enfant qui vous raconte ses projets pour quand il sera grand ; mais lorsque ce même enfant, à la voix forte, devenu exigeant, impudiquement avide de louanges, aussi susceptible que le plus maladif blanc-bec, vient vous barrer partout la route et vous ennuyer avec la même histoire, dite sur le même ton, on commence à soupirer après quelque chose de terminé — mettons l'Égypte et une momie bien morte. Il n'est ni prudent, ni bienséant, d'insinuer que le gouvernement de la plus grande ville des États-Unis n'est que le despotisme de l'étranger, par l'étranger, pour l'étranger, tempéré, de temps à autre, par des insurrections de gens convenables. Seul, le Chinois lave le linge sale des autres peuples.

Saint-Paul, Minnesota.

Oui, c'est très bon de partir encore une fois et de reprendre l'existence éternellement renouvelée du vagabond, flânant dans les cités nouvelles, bien au courant des mœurs des chiens, des bébés et des voitures d'enfants de la moitié du globe et suivant la trace des saisons à la croissance des fleurs dans les jardins d'autrui. St-Paul, située à la porte des greniers du Dakota et du Minnesota, réunit tous les suffrages sauf ceux de Minneapolis, sise à dix-sept kilomètres d'ici, qu'elle déteste et qui prend envers elle des airs de protection.

Elle s'intitule la capitale du Nord-Ouest, et ses habitants portent non seulement le haut de forme de soie commercial, mais aussi le feutre large et mou de l'Ouest. Elle parle une autre langue que celle des New-Yorkais et, (signe évident que nous sommes loin à l'intérieur des terres) ses journaux discutent avec ceux de San Francisco sur les démêlés au sujet des tarifs et sur la concurrence des compagnies de chemins de fer. St-Paul date déjà de plusieurs années, et si l'on commettait l'imprudence d'aller dans les quartiers commerçants de la ville on serait bien vite et amplement renseigné sur son histoire. Mais il faut chercher dans les quartiers bourgeois toute la supériorité de St-Paul qui, à l'instar d'autres cités, est entourée de vastes banlieues qui rendent l'étranger jaloux et où l'on trouve ce que l'on ne rencontre pas au centre de la ville, des rues bien pavées ou recouvertes d'asphalte, plantées d'arbres, bordées de contre-allées bien entretenues et parsemées de maisons possédant un cachet particulier que des barrières rustiques ne séparent point les unes des autres ; chacune s'élève sur son carré de gazon soigneusement tondu et descendant jusqu'au trottoir. Le matin c'est toujours dimanche dans ces rues. Les tramways électriques ont emmené les hommes à leurs affaires en ville ; les enfants sont à l'école et les gros chiens, plus de trois pour chaque bambin absent, sont étendus, le museau dans l'herbe tuée par l'hiver, se demandant combien il faudra aux jeunes pousses avant qu'il soit possible à un gentleman de prendre ses herbes médicinales au printemps. L'après-midi, les enfants sur des tricycles montent et descendent les rues en zigzaguant, accompagnés, devant et derrière, de la proportion voulue de gros chiens ; les tramways, remontant la côte, commencent à déposer chaque voyageur chez lui, à la porte de la maison que pour lui-même il s'est construite (bien que l'architecte l'ait poussé à ajouter cette insignifiante petite tour en mansarde et cette loge inutile), et, tout naturellement, le crépuscule amène les amoureux qui se promènent deux par deux le long des chemins si paisibles. On peut presque dire la date exacte de construction des maisons, qui remonte soit au temps où l'on dansait la gigue, lorsqu'il incombait aux gens respectables d'adopter les barreaux façonnés sans beauté et les pignons ajourés ; ou bien aux jours de l'engouement pour l'architecture coloniale, c'est-à-dire, maisons peintes en blanc, garnies de colonnes cannelées ; ou bien encore à l'ère plus récente de l'architecture domestique, mélange fort agréable de toits peints, de lucarnes encapuchonnées, de curieuses marquises et de portes en forme de niches. En présence de tout cela, on commence à comprendre pourquoi les Américains, visitant l'Angleterre, sont frappés par ce qui est ancien et non par ce qui est moderne. L'Américain n'a guère plus de cent ans d'avance sur l'Anglais en ce qui concerne le plan, le confort, l'installation économique de maisons et, chose fort importante, l'emploi d'appareils destinés à supprimer la main d'œuvre. De Newport à San Diego, vous serez amené à faire les mêmes remarques.

Avant de quitter St-Paul je tiens à lui rendre un dernier

hommage de respect et d'admiration. Une petite maison brune, seule de son espèce, sise à l'extrémité d'une avenue, semble dormir avec tous ses volets clos. Cependant le phaéton d'un docteur est arrêté devant la porte où se trouve accrochée une grande pancarte bleue et blanche portant ces mots : « Fièvre scarlatine » — Oh ! très admirable municipalité de St-Paul ! Ce sont ces petits détails et non point les cris et le tapage sur les places publiques qui font la grandeur, l'indépendance et le respect d'une nation. Ce soir, dans les tramways, on parlera de blé, tout en envoyant des pointes à l'adresse de Minneapolis et Duluth qui réclame vingt pieds d'eau la réunissant à l'Atlantique — tout cela sans grande importance, à côté de ces rues et de cette pancarte.

Le lendemain.

— Il y a cinq jours on ne voyait pas un pouce de terre, car la neige recouvrait tout, dit le contrôleur debout dans le wagon de queue du Great Northern. Il parle comme si la neige avait caché un trésor inestimable, et cependant voici tout le spectacle qui nous est offert : voie ferrée unique, rangée de poteaux télégraphiques chancelants, se terminant en un point, et un estompage à l'horizon ; à gauche et à droite, large houle, comme en pleine mer, seule et immense plaine couverte de champs de blé, qui attend le printemps, parsemée de loin en loin de fermes construites en bois, de moissonneuses et de lieuses brevetées presque aussi grosses que les maisons, de meules qui restent en surplus de l'abondante récolte de l'an dernier, et marbrée çà et là de veines noires indiquant que les précoces travaux de labour ont déjà commencé. La neige s'étend en quelques dernières traînées que le vent fait tourbillonner le long de la voie ; d'une extré- mité à l'autre de l'horizon, tout n'est que marne argileuse et sombre, couverte d'herbe endormie par le froid, que le soleil d'une seule année, semble-t-il, ne pourra jamais réveiller. C'est là le grenier du pays, pays où le fermier qui supporte les charges de l'État, et qui, par conséquent, impute à l'in- fluence directe de la loi Mac Kinley la récolte extraordinaire de l'an passé, a aussi à endurer la monotonie lugubre de la terre et du ciel. Il ne perd pas la tête car il est très occupé, mais sa femme devient folle parfois, comme ses compatriotes dans l'État de Vermont. La nature n'a pas mis une grande variété dans cette immense terre productrice de blé. On dit que le vent faisant courir des ombres dans les blés en épis, sur des kilomètres et des kilomètres d'étendue, engendre comme le vertige chez ceux qui sont forcés de regarder sans pouvoir détourner les yeux. Et l'on raconte une histoire, véritable cau- chemar, d'un couple qui avait vécu quatorze ans dans un poste militaire, dans une région semblable à celle-ci, avant d'être transféré à West Point, au milieu des collines, de l'autre côté de l'Hudson. La femme vint à New-York, mais hantée de plus en plus par la terreur que lui inspiraient les maisons géantes, elle fut soudain atteinte de méningite et, dans son délire, sa grande frayeur était que les monstres, en s'écroulant, ne vinssent s'écraser sur elle. C'est une histoire véridique.

Ici, on prépare la moisson avec des charrues à vapeur. Comment, en effet, pourrait-on suffire aux sillons infinis à l'aide de chevaux seulement ? On attaque la terre avec des machines munies de dents, de crans et de longues pointes, qui exposées dans des magasins paraîtraient monstrueuses, mais qui ne sont ici que des taches sur l'herbe jaune. Même la locomotive est intimidée en leur présence. Un train de marchandises suit une ligne qui sort de l'horizon bleu pour rencontrer à nouveau l'azur du ciel. Ailleurs le train démarrerait avec un rugissement joyeux et vibrant, mais ici il glisse furtivement le long des poteaux télégraphiques, dans un murmure plein de crainte, glisse et s'enfonce dans le sol.

Puis voici une ville disparaissant dans la boue noire, une ville aux maisons éparses, construites en planches épaisses d'un pouce, qui possède des entrepôts de grains d'un rouge terne. Mais la campagne refusant d'être domptée, même sur quelques centaines de mètres, toutes les rues de la ville débouchent dans l'infini ; c'est comme si, à son tour, celui-ci tout entier, arrivant du dehors sans asile, se précipitait à fond de train à travers elles. Vers le soir, sous un ciel gris, passe rapide devant mes yeux un tableau sans cadre de morne désolation. Au premier plan, un chariot de ferme embourbé presque jusqu'aux essieux, la boue dégouttant des roues aux mouvements lents, tandis que le charretier fouette ses chevaux. Derrière lui, sur un tertre d'herbe détrempée et marécageuse, séparé du reste du paysage par des barrières nues, se trouve un cimetière où reposent aujourd'hui dans une indifférence absolue, sous des pierres tombales ornées de croix en bois couvertes d'entailles et usées par les intempéries, des citoyens qui, dans leur temps, ont eux aussi fouetté des chevaux et semé du blé. — Et je songe que, pour l'âme récemment libérée du corps, semblable sépulture doit être plus affreuse encore que les profondeurs de l'Océan.

A mesure que nous avançons vers le nord, la neige augmente et la Nature travaille ferme à briser le sol pour le printemps. Le dégel a inondé toutes les dépressions de terrain dans un déluge maussade d'un gris noir, et les surfaces plates en perspectives illimitées disparaissent sous six pouces d'eau. Les petits aqueducs sont pleins jusqu'au bord, tandis que les bancs de glace flottante viennent se heurter contre les piles en bois des ponts, faisant entendre un tic-tac sonore. Mais soudain résonne quelque part dans cette étendue, près des wagons, un joyeux cliquetis d'éperons, et un homme de la police montée canadienne passe en se pavanant, coiffé d'un bonnet à poil noir, orné d'un pompon jaune retombant sur le côté, tiré à quatre épingles et se redressant de toute sa hauteur. On a envie de lui serrer la main, parce qu'il a l'air propre, qu'il ne rentre pas les épaules, ni ne crache, que ses cheveux sont bien brossés et qu'il marche comme un homme. Puis un employé de la douane surgit et se montre bien trop curieux au sujet de cigares, de whisky, et de l'eau de toilette de la Floride. Heureusement que Sa Majesté la Reine d'Angleterre et Impératrice des Indes nous a sous sa garde. Rien n'a changé dans le paysage et Winnipeg, qui est pour ainsi dire un centre de distribution pour émigrants, baigne jusqu'aux genoux dans l'eau du dégel. L'année a changé pour tout de bon et voici déjà quelqu'un qui parle de la première « poussée de glace » à Montréal, 1.300 ou 1.400 milles à l'Est.

Les trains ne marchent pas le dimanche à Montréal, et c'est aujourd'hui mercredi ; conséquemment le Canadien Pacifique forme, à Winnipeg même, un train pour la direction de Vancouver. Détail utile à se rappeler, car peu de personnes empruntent ce train et l'on évite ainsi la ruée de touristes qui filent à l'ouest prendre le bateau pour Yokohama. On peut alors disposer du wagon et des services du contrôleur. Ce jour-là, le nôtre, profitant de cette morte-saison, se divertit en jouant de la guitare, ajoutant au voyage une note gaie et presque triomphale bien qu'en désaccord ridicule avec le paysage. Durant vingt-huit heures interminables la locomotive traîna son ennui à travers des étendues plates, velues, poudrées, côtelées et tachetées de petits flocons que le vent balaie comme des grains de poussière ; nous traversions l'Assiniboia. De temps en temps et sans aucune raison apparente on croisait une ville ; puis des districts ruraux ; à un endroit nous aperçûmes des traces de buffle sur le sol où jadis il se pavanait dans son orgueil, et un peu plus loin un monticule d'ossements blancs, qu'on croit être ceux du dit buffle, et ce fut à nouveau le désert et la solitude. Certaines parties de terre paraissaient fertiles, mais en général on aurait dit que l'oubli régnait sur cette immensité, engendrant tout alentour un ennui éternel.

Au crépuscule — sorte de crépuscule surnaturel — un autre spectacle singulier nous attendait : une ville construite en bois, encaissée au milieu de terres basses ondulées et sans arbres, où une rivière bruyante coulait invisible entre des rives escarpées ; la caserne d'un détachement de police montée ; un petit cimetière où reposaient d'anciens soldats de cavalerie ; un jardin public d'une symétrie guindée et attristante avec des allées de gravier, et des sapins d'un pied de haut ; quelques constructions attachées à la gare ; des femmes blanches allant et venant, tête nue dans l'air glacial ; des Indiens, drapés dans des couvertures rouges, en train de vendre des cornes de buffles et marchant d'un pas traînant le long du quai ; puis, à dix mètres à peine de la voie, un ours d'un brun rougeâtre et un jeune ourson dans des cages, dressés sur leurs pattes de derrière et mendiant de la nourriture. C'était un spectacle plus étrange que ne saurait l'évoquer cette description banale, c'était comme si l'on ouvrait une porte sur un monde inconnu. Le seul détail rebattu était le nom de l'endroit : *Medicine Hat*, qui m'avait frappé immédiatement comme étant la seule appellation en harmonie avec ce lieu, — qui devint une ville plus tard. J'y étais venu trois ans auparavant, lorsqu'elle n'avait pas encore atteint ce développement et je me rappelle que j'avais voyagé sans billet dans un fourgon.

Le lendemain matin nous nous trouvâmes sur la ligne du Canadien Pacifique, telle que les livres la décrivent. D'ailleurs la plume d'aucun écrivain ne pourrait rendre justice au paysage d'alentour. Les guides s'efforcent, mais sans y parvenir, d'en donner des descriptions, destinées à être lues en été, parlant de cascades impétueuses, de rochers couverts de lichen, de pins ondulant sous la brise et de montagnes à la crête neigeuse ; mais en avril il n'existe rien de tout cela. Le lieu est figé, mort comme un cadavre glacé ; le torrent de la montagne est transformé en une émeraude de glace du vert le plus pâle se détachant sur la blancheur éclatante de la neige ; les tronçons de pins sont coiffés d'un capuchon blanc en forme de champignon énorme ; les rochers disparaissent sous cinq pieds de neige ; et avec les roches, les arbres abattus, les lichens, tandis que blanches et muettes les lèvres qui bordent la voie pratiquée dans le flanc de la montagne découvrent dans une grimace leurs crocs de glaçons géants. A l'arrêt du train on cherche vainement à percevoir parmi les collines le moindre signe de vie ou d'énergie. La neige a étouffé les rivières tandis que les immenses viaducs s'en vont escaladant ce qui à l'œil paraît être de la mousse de savon dans quelque baquet énorme. Les couches de neige anciennes, proches de la voie, sont noircies et tachées par la fumée des locomotives, mais les yeux aveuglés par ailleurs aiment à s'y reposer. Cependant ceux qui habitent le long de la voie ne prêtent aucune attention aux détails du paysage. A une halte, sise dans une gorge gigantesque, murée par les neiges, un homme sort en titubant d'un minuscule cabaret, et s'avance jusqu'au milieu de la voie où une demi-douzaine de chiens sont en train de chasser un porc égaré sur les rails. Il est ivre, d'une ivresse parfaite et éloquente ; il chante, agite les mains et voici qu'il s'effondre derrière une locomotive, tandis que d'en haut le contemplent les quatre plus beaux pics du monde, chefs-d'œuvre du Créateur. L'éboulement de terre qui aurait dû mettre ce cabaret en miettes, manquant son but, est venu s'effondrer quelques milles plus bas sur la ligne. Le flanc d'un coteau, en rêvant au printemps, bougea et vint heurter un train de marchandises qui passait. Voilà pourquoi notre convoi descend avec précaution, dans un grincement de freins, car la locomotive du train sinistré nous précédait de peu, et l'on voit la défunte gisant maintenant, la tête en bas, dans la terre molle, à trente ou à quarante pieds au-dessous, et disparaissant presque sous deux longs wagons chargés de bardeaux négligemment plantés sur elle. Tout cela ressemble tellement à un train-jouet qu'un enfant aurait jeté de côté, qu'on n'en saisit le sens que lorsqu'une voix s'écrie : « Personne de tué ? » et qu'une autre répond : « Non, tout le monde a sauté » — et l'on ressent comme une insulte personnelle cette incurie de la montagne qui aurait pu endommager votre propre vie sacrée. Dans ce cas... Mais le train traverse maintenant un pont sur chevalets, puis un tunnel, puis un autre pont. C'est à cet endroit, paraît-il, que tout le monde commença à désespérer de pouvoir construire la ligne, car on ne voyait pas d'issue possible. Mais un homme vint, comme cela arrive toujours, et on fit une pente par ici, une courbe par là, un viaduc plus loin, et... la ligne continua son chemin ! C'est ici d'ailleurs qu'on nous raconta l'histoire du Canadien Pacifique, racontée comme on redit un conte répété maintes fois, avec des exagérations et des omissions, mais histoire malgré tout impressionnante. Au début, lorsqu'on désirait créer la Confédération du Canada, la Colombie Britannique soulevait des objections et refusait son adhésion, mais le Premier Ministre de ce temps-là lui promit un pot-de-vin, un cordon d'acier réunissant les deux côtes et qui ne devait jamais se rompre. Puis tout le monde se mit à rire, chose nécessaire, paraît-il, à la santé de la majorité des vastes entreprises, et tandis qu'on riait, on travaillait toujours. On accorda au Canadien Pacifique un morceau de ligne par ci, un autre par là, et presque autant de terrain qu'il fallait, et l'on riait encore lorsque le dernier rivet fut posé entre l'est et l'ouest, à l'endroit même où l'ivrogne s'était étalé derrière la locomotive. La ceinture de fer s'étendait désormais d'une marée à l'autre ainsi que l'avait annoncé le Premier Ministre tandis que les Anglais s'écriaient : « Que c'est intéressant ! » puis se mirent à parler de « l'exagération commise dans l'estimation des contingents militaires ». Incidemment, l'homme qui nous renseignait (il n'était pas en relations avec le Canadien Pacifique) nous expliqua les bénéfices réalisés par la ligne en encourageant l'immigration. Il nous raconta l'arrivée à Winnipeg, un certain dimanche, d'un train complet de paysans écossais. Ces gens voulaient à toute force s'arrêter à l'instant même pour fêter le dimanche, eux et le petit troupeau qu'ils avaient emmené avec eux. Ce fut l'agent de Winnipeg qui dut aller les trouver et leur expliquer, (il était Écossais lui aussi, de sorte qu'ils ne comprirent pas très bien ses raisons) l'inconvenance qu'il y avait à disloquer la circulation de toute la Compagnie. Leur propre ministre fit donc un service dans la gare ; ensuite, l'agent leur fit servir un bon repas, les encouragea en dialecte écossais, sur quoi ils se mirent à verser des larmes, puis poursuivirent leur route pour s'installer à Moosomin où, comme dans les contes de fées, ils vécurent heureux jusqu'à la fin de leurs jours. Ce fut avec respect, presque avec vénération, que notre compagnon parla du directeur, chef de la ligne de Montréal à Vancouver. Ce directeur habitait une demeure princière à Montréal, mais de temps à autre il partait dans son train spécial, parcourait ses 3.000 milles à une allure de 50 à l'heure. La vitesse réglementaire est de 22, mais c'est un « casse-cou » et peu de mécaniciens tenaient à l'honneur de conduire son train. C'était un homme mystérieux qui « portait gravé dans la tête le plan de la ligne entière » et, qui plus est, connaissait intimement les possibilités offertes par des régions éloignées qu'il n'avait jamais vues ni traversées. On trouve toujours sur chaque grande ligne un homme de cette trempe, et des mécaniciens du grand Ouest en Angleterre ou des chefs de gare européens — asiatiques sur le grand Nord-Ouest aux Indes — peuvent vous raconter des histoires semblables. Ensuite un de nos compagnons de voyage se mit à parler, comme l'avaient fait beaucoup d'autres, d'une union possible entre le Canada et les Etats-Unis ; son langage n'avait rien de commun avec celui de Mr. Goldwin Smith ; il était brutal, par endroits, et se résumait en un refus catégorique à traiter, en quoi que ce soit, avec un pays qui était pourri avant que d'être mûr, un pays qui comptait sept millions de nègres qui n'étaient pas encore amalgamés à la population, et où le type de la race était resté stationnaire, n'ayant encore que des notions primitives sur le meurtre, le mariage et l'honnêteté. — Nous avons adopté leurs façons de faire en matière politique, dit-il sur un ton triste, à force de vivre à côté d'eux, mais je ne crois pas que nous désirions nous associer à leurs autres gâchis. Ils disent qu'ils n'ont pas besoin de nous ; ils le répètent même sur tous les tons, mais il y a certainement là-dessous quelque motif caché, sans quoi ils ne mentiraient pas à ce point.

— Mais s'en suit-il nécessairement qu'ils ne disent pas la vérité ?

— Bien sûr, j'ai vécu au milieu d'eux. Il n'y a pas plus faux que ces gens là. Il doit y avoir quelque satanée tricherie derrière tout cela.

Sa conviction était inébranlable ; il avait vécu parmi « ces gens-là, » peut-être avait-il été roulé en affaires. — Qu'ils restent chez eux, avec leurs mœurs et leurs coutumes, ajouta-t-il.

Cela n'est point gai et vous glace. Cependant on parlait bien différemment à New-York, où l'on représentait le Canada comme une prune mûre prête à tomber dans la bouche de l'Oncle Sam au moment opportun. Le Canadien n'éprouve pas une tendresse spéciale pour l'Angleterre, car la mère des colonies a un talent merveilleux pour éloigner d'elle, par négligence, les membres de sa propre maison ; peut-être aime-t-il son pays ?

Nous sortîmes de la neige en traversant des kilomètres garnis d'abris contre la neige, étayés de poteaux de trente centimètres d'épaisseur, recouverts de planches épaisses de deux pouces. A un certain endroit, une avalanche était venue heurter l'angle d'un de ces abris et l'avait entamé comme un couteau entame un fromage. Au haut des collines, des hommes avaient élevé des barrières pour détourner les bancs de neige, mais la rafale blanche avait tout balayé et la neige s'étendait en couches épaisses de cinq pieds sur le toit des abris. Au réveil, nous nous trouvâmes aux bords du Fraser, rivière boueuse, où le printemps se hâtait de venir à notre rencontre. La neige avait disparu : les fleurs carminées du groseiller sauvage étaient écloses ; les aunes bourgeonnants, habillés de vert brumeux, se détachaient sur le noir bleu des pins ; les ronces sur les tronçons d'arbres brûlés, ouvraient leurs toutes jeunes feuilles, tandis que chaque mousse sur chaque pierre était nouvelle de l'année et toute fraîche éclose des mains du Créateur. Partout le sol se déployait en champs défrichés à terre molle et noire. Dans l'une des gares une poule ayant pondu un œuf, faisait part au monde entier de son chef-d'œuvre, et le monde entier répondait par une bouffée de véritable printemps, de printemps qui inonda le wagon à l'atmosphère lourde, nous attira sur le quai pour humer l'air, chanter, nous réjouir, cueillir des iris des marais mous et verts, les jeter aux poulains, et pousser des clameurs

l'adresse des canards sauvages qui s'élevaient d'un petit lac vert comme un joyau. Que Dieu soit béni, lui qui permet que dans les voyages on puisse suivre les saisons. Ce printemps, mon printemps, que j'avais perdu en novembre dernier en Nouvelle-Zélande, je vais maintenant le conserver précieusement au Japon et durant l'été pour le retrouver encore en Nouvelle-Zélande.

Et voici maintenant les eaux du Pacifique, et voici Vancouver, cette ville, complètement dépourvue de défenses convenables, qui s'est développée de façon extraordinaire durant ces trois dernières années. A l'embarcadère du chemin de fer, où pas un seul canon ne veille sur elle, repose « *l'Impératrice des Indes* », qui fait le service entre l'Amérique et le Japon, et quel nom de meilleur augure pourrait-on désirer rencontrer au dernier chaînon d'une des puissantes chaînes de l'Empire ?

LA LISIÈRE DE L'ORIENT

Le brouillard se dégageait peu à peu de la rade de Yokohama ; une centaine de jonques avaient hissé leurs voiles en vue de la brise matinale, et l'horizon voilé était pointillé de carrés d'argent estompé. Sur le fond de brume ouatée se détachait, blanc et bleu, un navire de guerre anglais, tant l'aube était jeune, et la surface des eaux s'étendait douce et lisse comme l'intérieur d'une coquille d'huître. Deux enfants vêtus de bleu et de blanc, aux membres tannés, rosis par l'air vif, maniaient, à la godille, une merveilleuse barque de bois couleur citron qui, à travers l'immobilité complète et les étendues plates teintées de nacre, fut notre embarcation féerique jusqu'à la côte.

Il y a maintes et maintes façons d'entrer au Japon, mais la meilleure est d'y descendre de l'Amérique par l'Océan Pacifique, du pays des Barbares par la mer profonde. Lorsqu'on vient de l'Orient, la lumière crue des Indes et la végétation tropicale, insolente, de Singapour émoussent la vue, et la rendent insensible aux demi-tons et aux petites nuances. C'est à Bombay que l'Odeur de toute l'Asie envahit le navire à des milles de la côte, et s'empare des narines du voyageur jusqu'à ce qu'il ait quitté l'Asie à nouveau. C'est une odeur violente et provocante, susceptible de faire naître des préventions dans l'esprit de l'étranger, mais qui est néanmoins de la même famille que la douce et insinuante senteur qui flottait dans les légers souffles de l'aurore lorsque la barque féerique toucha la côte — parfum de bois frais et très propre, de bambou fendu, de fumée de bois, de terre humide, et de choses que mangent ceux qui ne sont pas des blancs ; odeur toute familiale et réconfortante. Puis ce fut à terre le son d'une langue orientale qui semble plus ou moins belle selon qu'on la comprend. Les races occidentales s'expriment dans des langues très diverses, mais des voix d'Européens entendues à travers des portes fermées ont le diapason et la cadence de l'Occident. Il en est de même en Orient. Une rangée de coolies traîneurs de pousses-pousses étaient accroupis au soleil, bavardant entre eux et ils semblaient souhaiter la bienvenue dans une langue qui pour ceux qui l'écoutaient devait être aussi familière que l'anglais. Ils causaient, causaient sans arrêt, mais le spectre des mots connus ne s'éclaircissait pas jusqu'à ce que soudain l'Odeur redescendît par les larges rues, disant qu'ici c'était l'Orient, l'Orient où rien n'importe et où des bagatelles vieilles comme la Tour de Babel importent moins que rien, et que de vieilles connaissances vous attendaient à chaque pas au delà de l'enceinte de la ville. Puissante est l'Odeur de l'Orient ! Ni chemins de fer, ni télégraphe, ni docks, ni chaloupes canonnières ne sauraient la bannir, elle durera autant que les voies ferrées. Celui qui n'a pas senti l'Odeur n'a jamais vécu.

Il y a trois ans les boutiques de Yokohama étaient suffisamment européanisées pour satisfaire les goûts les plus mauvais et les plus pervers ; aujourd'hui c'est encore pis si l'on ne sort pas de la ville proprement dite. Mais à dix pas au dehors, dans la campagne, toute la civilisation s'arrête, comme elle cesse dans un autre pays situé à quelques milliers de kilomètres plus à l'Ouest. Ceux qui parcourent le globe, les millionnaires avides de dépenser, versant leur argent à grands flots sur tout ce qui séduit leur fantaisie libertine, nous avaient expliqué, à bord du paquebot, que suivant le conseil des livrets-guides, ils s'étaient précipités au Japon craignant que le pays ne se fût soudain civilisé entre deux services de bateaux. Et touchant terre ils s'empressèrent de rendre visite aux marchands de bric-à-brac pour leur acheter des articles qu'on prépare exprès pour eux, des objets de couleur mauve, lie de vin ou bleu de vitriol. En ce moment ils doivent avoir un guide « Murray » sous un bras et sous l'autre un morceau de soie vert pomme où sont brodés un aigle bleu électrique, au bec couperosé et un « e pluribus unum » en lettres jaunes.

Nous, qui sommes des sages, restons assis dans un jardin qui n'est pas le nôtre mais qui appartient au Monsieur là-bas vêtu de soie couleur d'ardoise. Ce Monsieur, uniquement par égard pour le décor, condescend à faire le jardinier et, dans cet emploi, est occupé à balayer délicatement dessous une azalée mourant d'envie d'éclater, un tas de fleurs rouges tombées d'un cerisier en floraison. Des marches de pierre abruptes, patinées comme la Nature les patine à travers de longs hivers, conduisent à ce jardin en longeant des touffes d'herbe de bambou. Vous voyez que l'Odeur avait raison en disant que vous retrouveriez de vieux amis. Une demi-douzaine de pins inclinés et pour ainsi dire la main sur la hanche, d'un noir bleuâtre, se détachent sur un ciel véritable : pas de ces taches de brume, pas un de ces bancs de nuages, ni de ces torchons gris enveloppant le soleil, mais un ciel pur et azuré. Un cerisier, sur une pente au-dessous d'eux, lance en l'air une vague de fleurs qui vient se briser à leur pied dans une écume d'un blanc crémeux, tandis qu'un bouquet de saules laisse tomber en rideau ses pousses d'émeraude très pâle. Le soleil envoie en ambassadeur à travers les buissons d'azalée un papillon majestueux à la queue d'hirondelle, accompagné de son écuyer qui rappelle les petits insectes bleus et voltigeants des dunes anglaises. La chaleur de l'Orient qui pénètre et n'effleure pas seulement le corps paresseux, s'ajoute à la lumière de l'Orient, cette clarté splendide et généreuse qui rend la vue plus nette sans jamais la troubler. Puis les premières feuilles printanières clignotent comme de grosses émeraudes et les branches de cerisier chargées de fleurs rouges deviennent transparentes et s'embrasent comme une main placée devant une flamme. De petits soupirs tièdes montent de la terre humide et chaude et les pétales tombés bougent sur le sol, se retournent, puis se rendorment à nouveau. Au delà du feuillage, là où le soleil repose sur les toits couleur d'ardoise, les rizières en terrasses qu'on aperçoit au-dessus des toitures et les collines qui dominent au loin, c'est tout le Japon, seulement tout le Japon ; tandis que cet endroit qu'on appelle l'ancienne Légation de France, c'est le paradis terrestre qui tout naturellement est venu tomber ici après la Chute.

Comme premier aperçu des beautés qui se révèleront plus tard, il y a ce toit là-bas, ce toit en étage du temple tout couvert de tuiles sombres et cannelées, et comme par hasard jeté au delà de l'extrémité de la falaise où s'étend le jardin. Toute autre courbe des larmiers ne se serait pas harmonisée avec la courbe des pins ; il fallait donc la créer telle qu'elle nous frappe maintenant par sa perfection. Nos gens qui parcourent le globe sont en ce moment à l'hôtel en train de se battre pour avoir des guides, afin qu'on leur montre les beautés du Japon qui ne forment qu'un seul spectacle. Il faut qu'ils aillent à Tokio, puis à Nikko ; qu'ils voient, sans manquer, tout ce qu'il y a à voir, pour écrire ensuite à leurs familles barbares qu'ils finissent par s'accoutumer à rencontrer des jambes nues et brunes. Mais, Dieu soit loué, avant ce soir, ils se plaindront tous d'un violent mal de tête et de brûlures aux yeux. Il est donc préférable de se reposer tranquillement et d'entendre l'herbe pousser ; de s'abreuver de chaleur, des senteurs, des bruits et des vues qui viennent spontanément s'offrir à vous.

Notre jardin surplombe la rade et en écartant une seule branche on aperçoit un bateau de pêche à la poupe épaisse et la petite cabine dont les nattes couleur d'or paille ont été écartées et découvrent l'intérieur propre et bien tenu de la maisonnée. Le père qui est pêcheur est accroupi à l'orientale, en train de tisonner un minuscule foyer rempli de charbon de bois, tandis que la cendre blanche et légère vole dans le visage d'une grosse poupée japonaise qu'on aurait pour trois francs cinquante à Londres. Mais la poupée se réveille soudain, se transforme en un bébé japonais, en quelque chose qu'on ne saurait acheter à prix d'or, un poupon au crâne nu, aux jambes vagues et qui s'approche en rampant de la boîte brune et vernissée, se fait ramasser juste au moment où il allait avaler des charbons ardents, et déposer derrière un banc de nage, où il joue du tambour sur un seau, s'adressant de loin à la boîte à flammes. Une demi-douzaine de fleurs de cerisier glissent d'une branche, tournoient tremblottantes et tombent à l'eau près de la poupée japonaise qui, un instant de plus, aurait été par-dessus bord à la poursuite de ces miracles. Mais cette fois le père la happe par sa jambe rose, la fourre dans quelque coin où elle disparaît au milieu des filets bruns ombrés et des cordages couleur sépia, d'où son toupet seul émerge. Etant orientale, elle ne récrimine pas, et le bateau s'enfuit rapide pour aller rejoindre la petite flotte au large.

Puis deux marins d'un cuirassé passent le long de la mer, se penchent au-dessus du canal au pied du jardin, crachent et repartent en se dandinant. Le marin, au port, est le seul homme qui soit vraiment supérieur. Pour lui, tout ce qui est

rare et curieux se traduit par : « ces trucs », ou « ces ma-
chins-là ». Il ne se presse pas, ne cherche pas d'épithètes différentes de celles que l'usage met sur ses lèvres et qu'il sert à
toutes les occasions ; mais la beauté de la vie pénètre insensiblement son être jusqu'au moment où, la boisson ayant eu
raison de lui, il s'attrape avec le sergent de ville de l'endroit,
l'expédie d'un coup de poing dans le canal le plus proche, et
règle la question de la revision du traité par un hoquet.
N'empêche que Jack, à l'entendre, a un grief contre le sergent
de ville qui touche un dollar par chaque marin vagabond qu'il
amène devant les Tribunaux Consulaires, coupable d'avoir
allongé sa permission, ou que sais-je encore. Jack prétend
aussi que les petits sergents japonais font exprès de l'empêcher
de retourner à son navire pour le produire ensuite en justice,
tout cela grâce à des tours de lutteur exécutés avec toute la
diablerie de l'art : « il y en a environ une centaine de ces
satanés tours et n'importe lequel suffit pour vous ficher par
terre ». Sachez que lorsque Jack se trouve adouci par la
boisson il ne dit pas de mensonges ; c'est là son grief, dit-il, et
l'on devrait les mettre au courant, ces N... de D... de consuls : « Ils (il s'agit des sergents de ville) s'entendent tous pour
vous emmener à l'Hatoba. » Le visiteur, qui n'est ni marin ni
ivre, ne saurait se porter garant de cette déclaration et même
de rien autre, car il se meut non seulement au milieu de scènes
enchanteresses et d'un peuple charmant mais encore, ainsi qu'il
s'en aperçoit certainement le premier jour de son arrivée, au
milieu de discussions orageuses. Il y a trois ans, il fallait

régler toutes les questions sur-le-champ dans une véritable orgie de lampions. La Constitution était nouvelle alors ; la couverture en est gris pâle avec un chrysanthème au dos, et un Japonais me dit : Maintenant nous avons une Constitution comme d'autres pays ; ainsi tout va bien. Maintenant nous sommes tout à fait civilisés à cause de notre Constitution.

(Une histoire qui n'a aucun rapport avec ce qui précède me revient à la mémoire en ce moment. Savez-vous qu'autrefois les habitants de l'île de Madère se mirent en révolution juste assez longtemps pour permettre au poète national de composer un hymne patriotique, puis que la révolte fut réprimée. Tout ce qu'il en reste maintenant c'est le chant que vous entendez jouer sur les « nachettes » (tout petits banjos) au son nasillard, par les soirs de clair de lune sous les feuillages touffus des bananiers derrière Funchal. Et le refrain qu'on chante du nez, sur un diapason aigu, est le mot : « Consti-tuci-oun » !)

Depuis cet heureux événement, il semble que les discussions surgissent à tout propos, dont la plus importante est celle de la Revision du Traité. « Observez, dit le Gouvernement japonais, nos lois, nos lois nouvelles que nous avons soigneusement composées avec toute la sagesse de l'Occident, et vous pourrez parcourir le pays à votre guise et faire du commerce où vous voudrez, au lieu de vivre claquemurés dans des concessions et d'être soumis à la justice des consuls. Traitez-nous comme vous traiteriez la France ou l'Allemagne, et nous vous traiterons comme nos propres sujets. »

Ici, vous le savez, la question reste entre les 2.000 étrangers et les 40 millions de Japonais ; aubaine merveilleuse pour les éditeurs de Tokio et de Yokohama mais désespoir des voyageurs fraîchement débarqués, dont le nez, souvenez-vous-en ! est hanté par l'Odeur de l'Orient, Une, Indivisible, Immémoriale, Eternelle, et par-dessus tout Instructive.

En vérité, il faut s'éloigner d'un demi-kilomètre au moins, pour échapper aux indices provocants de la civilisation et arriver aux rizières plantées derrière la ville. Là, des hommes, coiffés d'un turban bleu et blanc, travaillent dans la boue noire et épaisse, jusqu'aux genoux. Le champ le plus vaste atteint, parfois, presque la largeur de deux nappes de table, tandis que le plus petit est, mettons, un atome de terrain sous une minuscule falaise trop peu large pour qu'on y appuie aisément un pousse-pousse, coin de terre arraché à la rive et où croît une touffe d'orge à portée de l'embrun des vagues. Les sentiers des rizières sont les bords piétinés des sillons d'irrigation et les grandes routes sont aussi larges que deux voitures d'enfant placées l'une à côté de l'autre. Depuis les plateaux — les beaux plateaux plantés de pins et d'érables, juste aux bons endroits — le sol descend de terrasses en terrasses de terre riche jusqu'aux plaines où l'on dirait que chaque ferme au toit de chaume épais a été spécialement choisie pour s'harmoniser avec le paysage environnant. En suivant attentivement les gens qui vont à leur travail, on s'aperçoit qu'un domaine s'étend sur des lots de terrain, séparés parfois les uns des autres par environ 400 mètres. Le cadastre d'un village montre que cet éparpillement est apparemment voulu ; on n'en donne pas les raisons. Ce ne doit pas toujours être aisé d'établir le cadastre de ces lots de terre, genre de travail qui serait susceptible de donner une occupation à un grand nombre de petits fonctionnaires variés du Gouvernement, dont chacun, en supposant qu'il ait une tournure d'esprit orientale, pourrait rendre la vie du cultivateur intéressante. Je me rappelle maintenant (un lieu qu'on revoit pour la deuxième fois évoque des faits qu'on croyait oubliés à jamais) avoir vu, il y a trois ans, la pile de documents officiels requis pour une seule ferme. Ils étaient nombreux, systématiques, mais ce qui les rendait intéressants c'était la somme de travail qu'ils avaient dû fournir à ceux qui n'étaient ni cultivateurs, ni officiers du Trésor.

Si on connaissait la langue japonaise, on pourrait bavarder avec ce Monsieur au chapeau de paille et à la ceinture bleue nouée autour des reins, en train de sarcler à quelques millimètres de ses orteils nus avec l'arrière-grand-père de tous les sarcloirs qui furent jamais. Son exposé des impôts locaux manquerait peut-être d'exactitude mais certainement pas de pittoresque. A défaut de son témoignage, qu'on veuille bien accepter deux ou trois faits qui peuvent, ou ne peuvent pas, c'est selon, être d'application générale, et qui diffèrent dans une certaine mesure des déclarations qu'on trouve dans les livres. L'impôt foncier actuel est nominalement de 2,5 pour cent, payable en espèces en un règlement annuel effectué en trois ou, selon d'autres, en cinq fois. Mais, au dire de certains fonctionnaires, il n'y a pas eu de règlement depuis 1875. Les terres laissées en friche pendant une saison paient le même impôt que les terres cultivées, à moins que leur improductivité ne vienne de l'inondation ou autre fléau (lisez ici : tremblements de terre). L'impôt gouvernemental est calculé d'après la valeur nominale de la terre, prenant comme unité une mesure d'environ 11.000 pieds carrés, soit un quart d'arpent.

Or, un des moyens de connaître la valeur nominale de la terre est de savoir ce que les chemins de fer l'ont payée. Le terrain le plus favorable à la culture du riz, en comptant le dollar japonais à 3 shillings, est d'environ 65 livres et 10 shillings par arpent. Les terres non irriguées, pour la culture des légumes, dépassent parfois 9 livres 12 shillings et les forêts 2 livres 11 shillings. Etant donné que ces prix sont les taux payés par les chemins de fer, ils peuvent s'appliquer à de vastes superficies bien que, dans les ventes privées, ces prix peuvent raisonnablement atteindre un chiffre plus élevé.

On doit se rappeler que certains des meilleurs terrains donnent deux récoltes de riz par année, que la plupart des terres portent deux récoltes, la première étant du millet, du colza, des légumes, etc., semée dans du sol sec et récoltée à la fin de mai. Puis on prépare immédiatement la terre pour la récolte exigeant de l'humidité et qui sera moissonnée en octobre environ. L'impôt foncier est payable en deux versements : pour les rizières, entre le 1er novembre et le 15 décembre, et entre le 1er janvier et le dernier jour de février ; pour les autres terres, entre juillet et août, et entre septembre et décembre. Voyons donc quelle est la moyenne du rapport. Le monsieur au chapeau de soleil et portant ceinture autour des reins pousserait des cris d'effroi en voyant ces chiffres qui sont cependant approximativement exacts. Le riz subit de grandes fluctuations, mais on peut l'évaluer en gros à 5 dollars japonais le *koku* de 330 livres. Le froment et le maïs de la récolte printanière valent environ 11 shillings le *koku*. La première récolte rend presque 1 koku 3/4 par « tan » (quart d'arpent, l'unité de mesure précitée) ou 18 shillings par quart d'arpent, soit 3 livres 12 shillings par arpent. La récolte de riz donne 2 *koku* soit 1 livre 10 shillings par quart d'arpent, ou 6 livres par arpent. Total 9 livres 12 shillings. Ce résultat n'est pas à dédaigner si l'on réfléchit que la terre en question n'est pas la meilleure de toutes, mais de qualité n° 1, ordinaire, à 25 livres 16 shillings l'arpent, valeur nominale.

Le fils a le droit d'hériter des biens fonciers de son père avec la même imposition, tant que dure le terme ou, si le terme est expiré, il a un droit de priorité sur tout acquéreur. Une partie de ces recettes reste, dit-on, au bureau de la préfecture de l'endroit comme fonds de réserves contre les inondations. Cependant, et c'est là ce qui paraît assez confus, il existe cinq ou sept autres impôts locaux, provinciaux et municipaux, qui en tout bien et en tout honneur pourraient être employés aux mêmes usages. Aucun ne dépasse la moitié de l'impôt foncier, sauf celui de la préfecture, qui est de 2,5 %.

Autrefois, les habitants étaient imposés, ou disons plutôt pressurés, de façon à payer la moitié environ du rendement de leurs terres. Il peut se trouver des gens pour dire que le système actuel n'est pas aussi avantageux qu'il en a l'air. En effet jadis les fermiers payaient de lourds impôts, mais seulement sur leurs biens nominaux. Ils pouvaient donc, et cela arrivait souvent, posséder plus de terres que ne l'indiquait leur imposition ; tandis qu'aujourd'hui une bureaucratie sévère surveille chaque pouce de leurs fermes, et les oblige à payer. On entend encore formuler des plaintes analogues par la modeste classe campagnarde des Indes, car s'il est une chose que l'Oriental déteste par-dessus tout, c'est ce vice maudit des Occidentaux : l'exactitude, manie qui pousse à agir suivant des règles. Cependant, en regardant ces champs en terrasses, où l'eau est amenée si adroitement de niveau en niveau, on songe que le cultivateur japonais doit éprouver au moins une émotion. Si les villages au-dessus de la vallée s'amusent à gaspiller l'eau, ceux qui sont en bas ne manquent certainement pas de protester énergiquement, d'où discussions, protestations, bagarres, etc. Le romantisme n'a donc pas disparu à tout jamais de la terre...

Ce qui suit se passa sur la côte à vingt milles de Yokohama, au delà des champs, à Kamakura, c'est-à-dire là où se trouve la statue en bronze du grand Bouddha, assis face à la mer, pour entendre passer les siècles. On l'a décrit maintes et maintes fois : son air majestueux et détaché, de chacune de ses dimensions, le petit sanctuaire qu'il renferme, tout rempli de vapeurs d'encens, non moins que la colline huppée qui sert d'arrière-plan à son trône. Pour cette raison il reste, comme il est resté depuis toujours, sans qu'on puisse jamais espérer arriver à le dépeindre : dieu visible en quelque sorte, assis dans le jardin d'un monde nouvellement créé. On vend des photographies, qui le représentent avec des touristes juchés sur l'ongle de son pouce, et apparemment n'importe quelle brute de n'importe quel sexe a le droit de griffonner son ignoble nom à l'intérieur des plaques de bronze massir qui le composent. Mais songez un instant à l'outrage et à l'insulte ! Représentez-vous les anciens jardins bien ordonnés avec leurs arbres élagués, leurs gazons tondus, leurs étangs silencieux fumant dans la brume que le soleil torride absorbe après la pluie, et l'image en bronze vert du Prédicateur de la Loi vacillant, croirait-on, au milieu des nuées d'encens. La terre tout entière ne forme qu'un seul encensoir, tandis que des myriades de grenouilles font résonner l'air vaporeux. On a trop chaud pour faire autre chose que de rester assis sur une pierre et contempler ces yeux qui, ayant tout vu ne voient plus, ces yeux baissés, cette tête penchée en avant et la simplicité colossale des plis géants de la robe recouvrant les bras et les genoux. C'est ainsi, et pas autrement, que Bouddha se tenait dans l'ancien temps lorsque Ananda lui posa des questions et que le rêveur se mettait à rêver aux vies qui se trouvaient derrière lui, avant que ne bougèrent ses lèvres, et que, selon la Chronique : « Il dit une histoire. » Voici quelle serait sa façon de commencer, car là-bas en Orient les rêveurs racontent aujourd'hui encore des contes presque pareils : « Il y a bien longtemps, alors que Devadatta était roi de Bénarès, vivaient un éléphant vertueux, un bœuf dépravé et un roi dépourvu d'intelligence. » Et, après que la morale en eut été tirée au profit d'Ananda, le conte se terminait : « Or, le bœuf dépravé était un tel, le roi, tel autre, quant à l'éléphant vertueux, c'était moi, en personne, Ananda. » C'était ainsi qu'il contait dans le bosquet de bambous, et le bosquet de bambous existe encore aujourd'hui. De petites silhouettes vêtues de robes bleues, grises et couleur d'ardoise, passent sous son ombre, achètent deux ou trois bâtons d'encens, pénètrent dans le sanctuaire, c'est-à-dire le corps du dieu, ressortent en souriant et disparaissent à travers les arbrisseaux. Une grosse carpe dans un étang happe une feuille tombée, avec le bruit d'un petit baiser pervers et frivole. Puis la terre fume, fume en silence, tandis qu'un papillon, mesurant au moins six pouces, aux teintes éclatantes, les ailes étendues, fend le courant dans un zigzag de couleurs et monte voletant jusqu'au front du dieu.

Et pourtant Bouddha veut que l'homme considère toute chose comme une illusion, — même la lumière, même les couleurs — ce bronze usé par les airs qui se détache sur le bleu vert des pins, sur la pâle émeraude des bambous ; cette ceinture citron de la jeune fille vêtue d'une robe nuance cannelle, aux cheveux ornés d'épingles de corail, qui s'appuie contre un bloc de pierre blanchie par les siècles, et, enfin, ce rameau

de l'azalée rouge-sang, qui se dresse sur les nattes d'or pâle de
la maison à thé au chaume couleur de miel. Dompter le désir
et la convoitise des richesses, souvent recherchées pour des
motifs vils, voilà qui est concevable, mais pourquoi l'homme
doit-il renoncer aux délices des yeux, à la couleur qui réjouit,
à la lumière qui égaie, à la ligne qui satisfait tout ce que le
cœur renferme de plus profond ? Ah ! si le Bouddha moralisa-
teur avait seulement pu voir sa propre image !

NOS HOMMES D'OUTRE-MER

A tout prendre il n'y a que deux catégories d'humains sur la terre : ceux qui restent chez eux et ceux qui voyagent. Les seconds sont les plus intéressants. Un jour, quelqu'un aura l'idée d'écrire un livre sur cette race, dans un volume intitulé : « Le livre du Club d'Outre-mer », car c'est dans les cercles, d'Aden à Yokohama, qu'on se rend le mieux compte de la vie et de la conversation de ce type migrateur. Il existe un grand air de famille entre les bâtiments et les membres du Club, où règne une hospitalité généreuse et insouciante. C'est toujours la même maison, à la porte ouverte, au plafond haut, au plancher garni de nattes ; la même allée et venue de domestiques noirs ; et la même assemblée d'hommes parlant de chevaux ou d'affaires, dans des costumes qui scandaliseraient fatalement un comité londonien, au milieu de liasses de journaux, vieux de deux à cinq semaines. La vie de ces gens de l'Extérieur comprend beaucoup de soleil et autant d'air qu'il s'en trouve. Au Cap, où les maîtresses de maison hollandaises distillent et vendent le vanderhum, liqueur très forte, et où les ridicules fiacres à deux roues, de fabrication anglaise, montent et descendent en se dandinant au milieu de la poussière jaune de la rue d'Adderley, les membres du Club appartiennent aux grosses maisons d'importation et d'exportation, aux agences maritimes et d'assurances. On y rencontre aussi des inspecteurs de mines, des explorateurs de nouveaux territoires, et de temps en temps un officier des Indes, égaré ici, venu acheter des mules pour le compte du gouvernement, un aide de camp attaché à la Résidence du gouvernement, un petit nombre d'officiers de la garnison, des capitaines de vaisseaux, au teint bronzé, des Messageries Maritimes « *Union and Castle* » et des marins de l'escadre de Simon'stown. Là, on parle des péchés de Cecil Rhodes, de l'insolence du Natal, on approuve ou blâme le vote unanime des Boers, et commente les départs de paquebots. L'*argot* est hollandais et cafre et chacun sait fredonner l'hymne national qui commence par : « Plie bagages et file, Jeannot aux jambes arquées. » Dans le majestueux bâtiment du cercle de Hong-Kong, qui est à l'Extrême-Orient ce que le Club de Bengale est aux Indes, on rencontre à peu près les mêmes personnes, moins les spéculateurs de mines, remplacés par des hommes qui parlent de thé, de soie, de stocks épuisés, et des poneys de Shanghaï. C'est alors que la conversation devient un mélange indescriptible d'anglo-chinois commercial et d'idiomes locaux, agrémenté de portugais corrompu.

A Melbourne, sous une grande véranda donnant sur une pelouse où de gros martins-pêcheurs rient d'un rire affreux, se tiennent les rois du mouton, les principaux commerçants, et les éleveurs de chevaux à leur manière. Les plus âgés rappellent les jours de « *l'Eureka Stockade* » tandis que les plus jeunes parlent des « guerres de la tonte » dans le Queensland du Nord, et que le voyageur se meut timidement au milieu d'eux, se demandant ce que diable tout ce jargon peut bien vouloir dire.

A Wellington, donnant sur la rade, (tous les clubs intelligents devraient avoir vue sur la mer), une autre catégorie d'hommes, qui cependant rappelle les autres, s'entretient de moutons, de lapins, de tribunaux locaux, et des anciennes hérésies de Sir Julius Vogel, dans une langue qui, dans ses phrases les plus expressives, évoque le langage des Maoris. Partout ailleurs, encore et toujours, parmi ces hommes de l'Extérieur on retrouve le même mélange de tous les métiers, vocations et professions sous le soleil ; le même conflit d'intérêts opposés qui concernent les quatre coins du globe ; la même connaissance intime et parfois effrayante des affaires du voisin et de ses points faibles ; la même hospitalité généreuse et le même intérêt manifesté par les plus jeunes au sujet des jambes des chevaux. Décidément, c'est au Club d'Outre-mer, dans le monde entier, qu'on arrive à connaître un peu la vie de la colonie étrangère. Londres est égoïste ; pour lui, le monde s'arrête au bout des quatre milles qu'on parcourt en fiacre. Il n'existe pas de provincialisme comme celui de Londres. Ce grand bassin, enduit des alluvions et des résidus de la pensée d'un millier d'hommes, croit qu'il est la pleine mer parce que les vagues de tous les océans viennent se briser sur ses bords. Pour ceux qui vivent dans son sein, il est terriblement imposant, mais ils oublient qu'il y a plus d'une façon d'en imposer car, à une distance de 10.000 milles, à l'arrivée du courrier au Club d'Outre-mer, il apparaît étonnamment petit. Les neuf dizièmes de ses nouvelles, si importantes, si capitales là-bas, perdent ici leur signification, et le reste ne compte pas plus qu'un bruissement de fantômes dans un arrière-grenier.

Ici au Club de Yokohama, on reçoit deux courriers et quatre collections de journaux, anglais, français, allemands et américains, pour satisfaire à la variété des membres ; et la véranda, près de la mer, où se trouve le gros télescope, assiste à une perpétuelle fête de Pentecôte. La population du Club change chaque fois qu'un paquebot entre en rade, car les capitaines de vaisseaux y viennent, en se dandinant, accueillis par un « Tiens, bonjour, d'où venez-vous », se mêlent aux groupes, passent leur permission au bar et aux tables de billards, puis repartent en mer. Les navires de guerre peints en blanc fournissent aussi leur contingent de membres et enfin il y a des hommes merveilleux, véritables mines d'aventures fort captivantes, qui s'intéressent aux brigantines faisant la pêche du phoque aux îles Kurile, et qui, Dieu sait pourquoi, s'attirent des ennuis avec les autorités russes. Les consuls et les juges des Tribunaux Consulaires y rencontrent des collègues en congé, venus des ports de la Chine ou peut-être de Manille ; ils discutent avec les résidents permanents, de thé, de soie, de spéculations financières, et de change. D'après eux, les affaires ne vont jamais bien, et tout le monde frise la ruine ; c'est pourquoi, après avoir décidé que la vie ne vaut plus la peine d'être vécue, ils descendent au jeu de quilles — pour se suicider. Du dehors, quand un vent frais souffle parmi les journaux et qu'on entend un bruit de glace cassée dans une salle à l'intérieur, quand un tiers de l'assemblée parle des prochaines courses, cette vie semble avoir des charmes. « Que faut-il donc de plus à un homme pour être heureux ? » se dit le passant. Un climat parfait, un pays charmant, la société de gens agréables, et le peuple le plus poli qui soit. C'est alors que le résident sourit et invite le passant à prolonger son séjour jusqu'à la fin de juillet et d'août. De plus, il le prie d'entretenir des relations commerciales avec le peuple le plus poli de la terre pendant un certain nombre d'années. Là-dessus, le voyageur est convaincu que le résident est prévenu contre le pays, par le fait même qu'il l'habite et en conclut que le Japon est une contrée parfaite, que gâte seulement la présence de la colonie étrangère. Cependant, si l'on réfléchit un instant, on s'aperçoit que c'est grâce à cette colonie que le voyageur peut aller et venir d'un hôtel à un autre, obtenir son passeport pour voyager à l'intérieur du pays, télégraphier à ses amis inquiets qu'il est arrivé sain et sauf, et généralement se distraire beaucoup plus qu'il n'aurait pu le faire chez lui. On peut pénétrer dans un pays soit par des accords entre gouvernements, soit avec l'aide de chaloupes canonnières, mais ce sont les hommes du Club d'Outre-mer qui en maintiennent l'accès ouvert, et ils en sont récompensés par l'air affable et protecteur ou le mépris à peine dissimulé de ceux qui profitent de leurs efforts. Il est inutile d'expliquer au voyageur attiré par des flatteries et des simagrées dans une demi-douzaine de boutiques, et reconduit, de même, après avoir été poliment volé, que le Japonais est un Oriental et par conséquent est avare de vérité à un degré fort gênant. « C'est sa façon d'être poli, dit le voyageur. Il ne veut pas vous offenser. Aimez-le et traitez-le comme un frère, et il changera. » Mais ce n'est pas facile de traiter sur une base fraternelle une des races les plus renfermées de la terre ; bien plus, une politesse naturelle qui consiste à s'engager par un contrat dûment signé et scellé, pour se dérober, s'esquiver dès qu'il ne rapporte plus assez, est plus qu'embarrassante, je dirais même vexante. Le manque de stabilité ou d'honneur commercial peut venir de quelque infirmité naturelle de leur tempérament d'artiste, ou de l'influence du climat, ou encore de la façon dont le souverain a gouverné cette race depuis des siècles infinis.

Ceux qui connaissent réellement l'Orient, où le vol autorisé, — entendez par là commission prélevée — est à la base de toutes les transactions de la vie, depuis l'achat d'une place de groom jusqu'à celui des postes plus élevés, où la femme marche derrière l'homme dans les rues, où le paysan vous renseigne sur la distance à la ville voisine selon la réponse que vous espérez, savent que tout cela doit être ainsi ; ceux qui l'ignorent en seront convaincus dès qu'ils y auront

vécu. Les membres du Club d'Outre-mer hochent collective-
ment la tête d'un air de doute et de mépris en entendant
parler du Japon Nouveau et Régénéré qui a surgi depuis 1870.
Ils ricanent, ô honte, quand on leur parle de la Diète
Impériale modelée sur le plan allemand, et d'un Code Napo-
léon à la Japonaise. Ils sont si loin derrière l'Ere Nouvelle
qu'ils en viennent à douter qu'un pays oriental mené par l'étiquette la plus rigide et des distinctions sociales presque aussi
intransigeantes que celles de caste, puisse être façonné à l'occidentale, au cours de l'existence d'un tout jeune homme. Il faut
bien d'ailleurs qu'ils soient prévenus, car ils sont tous les
jours et à toute heure en contact avec les Japonais, sauf quand
ils peuvent traiter avec les Chinois qu'ils préfèrent. Vit-on
jamais un Club plus ignoble ?

En ce moment même, une crise, aussi complètement épa-
nouie qu'un chrysanthème, a pris naissance au sein de la Diète
Impériale. Les deux Chambres accusèrent le gouvernement
d'intervention inopportune (en japonais : beaucoup coups de
bâton, quelques billets de banque) aux dernières élections.
Puis elles votèrent une sorte de blâme au Ministère et refusèrent
d'agréer les mesures du gouvernement. Jusqu'ici, le partisan
le plus acharné du gouvernement représentatif n'aurait rien
pu désirer de mieux ; mais les choses prirent une tournure
décidément orientale. Le Ministère refusa de démissionner et
le Mikado prorogea la Diète d'une semaine afin de délibérer.
Les journaux japonais discutent maintenant l'événement ;

certains disent qu'un gouvernement représentatif implique un gouvernement de factions, tandis que d'autres jurent amplement et que le Club d'Outremer s'écrie presque à l'unisson : Bagatelles !

La situation ne manque pas de pittoresque et tient tout à la fois du roman et de « *l'extravaganza* ». Imaginez donc une cour perdue dans les rêves, retranchée derrière une triple rangée de fossés où le lotus fleurit en été ; une cour dont la frange extérieure est incontestablement européenne, mais dont le cœur est le Japon d'antan, où un Roi rêveur est assis au milieu de ses femmes ou autres décors, qu'on amuse de temps en temps par des séances de lanterne magique, et de puces savantes ; un Roi saint dont on invoque la sainteté et qui deux fois l'an donne des garden-parties auxquelles on assiste en haut de forme et en redingote. Autour de cette Cour, hésitant entre les splendeurs d'autrefois et les attractions variées d'un Crystal Palace, placez dans un antagonisme féroce, mais soigneusement voilé, les fragments des castes récemment brisées, leurs excentricités orientales naturelles, dissimulées sous un masque emprunté à l' Occident. Imaginez maintenant une bureaucratie immense et avide, française par son exigence pétulante de la minutie, là où les détails n'importent nullement, orientale dans sa foi en l'étiquette et les formalités, recrutée dans une caste militaire accoutuméedepuis des siècles à mépriser également le fermier et le commerçant. Cette caste, supposons-le, est plus ou moins bien dirigée par un syndicat de trois clans qui fournissent leurs propres cand. .ats au ministère, hommes adroits, versatiles, sans scrupules, ne s'embarrassant pas de préjugés occidentaux lorsqu'il faut mener à bien une entreprise. Le saint monarque agit par leur intermédiaire et à leur demande, et ce qu'il fait est merveilleux. Pour critiquer ces actions il existe une presse féroce, qui court le risque d'être suspendue à tout moment, d'une susceptibilité aussi morbide que l'est sa collègue américaine à l'égard des critiques d'autrui, et d'une inexactitude enfantine presque égale ; à la croissance rapide et pour ainsi dire spontanée et digne de pitié pour sa témérité insensée. Les partisans de cette presse dans ses moments de folie, hommes sans lois, ignorants, susceptibles et vains, représentent la classe des étudiants, pour la plupart instruits aux frais du gouvernement, véritable épine au flanc de l'Etat. Des juges sans expérience manient des lois sans précédents, tandis que l'on fait et abroge de nouveaux décrets avec une légèreté presque inconcevable. De l'agitation des classes et des intérêts qui ne sont pas ceux du vulgaire, émane ce qu'on appelle la politique japonaise qui a les proportions et la perspective d'une peinture japonaise.

La finalité et la stabilité sont absentes de ses conseils. Tel jour, pour des raisons qu'on ne saurait expliquer, elle se déclare en faveur des étrangers au point d'être servile ; le lendemain, pour des motifs non moins obscurs, le pendule oscillera dans le sens contraire et les étudiants dans les rues lanceront de la boue sur eux. Vexatoire, irresponsable, incohérente, et surtout mystérieuse à peu de frais, voilà l'autorité qui s'exerce dans tout le pays où la loi est hébétée par les intrigues et les contre-intrigues, agrémentée de réformes futiles élaborées sur des bases européennes puis abandonnées d'un cœur léger ; criblée, comme l'est un bocage plein d'oiseaux semé de coquillages et de cailloux luisants, de réformes copiées aux quatre coins du monde ; administration d'opérette, au sein de laquelle l'ombre du roi entouré de ses femmes ; des samuraïs ; des docteurs qui ont étudié sous Pasteur ; des officiers de cavalerie de St-Cyr, gantés de peau ; des juges diplômés de l'Université ; des prostituées jouant du violon ; des correspondants de la presse ; des maîtres des anciennes cérémonies du pays ; des membres salariés de la Diète ; des sociétés secrètes qui, à l'instar des Irlandais, font usage du couteau et de la dynamite ; des fils de Daïmios dépossédés, revenus d'Europe et attendant les événements, et des ministres du syndicat qui ont ravi au Japon le repos dont il jouissait il y a vingt ans encore tournoient, s'agitent, se séparent et se retrouvent, dans des rondes effrénées autour du résident étranger. « L'extravaganza » est-elle complète ?

Dans un coin, au fond de la scène, se trouvent les habitants du pays dont une très faible proportion jouit des privilèges du gouvernement représentatif. On se demande s'ils ont appris ou s'ils sont en train d'apprendre ce que cela signifie, et s'ils ont la moindre intention de s'en servir ; on ne saurait dire. En attendant, le gouvernement mène la ronde aussi joyeusement que s'il jouait aux quatre coins, d'autant plus qu'une demi-douzaine d'hommes à peine savent qui le dirige et quelles peuvent bien être ses intentions. Tokio abrite le cercle, au nombre décroissant, d'Européens employés par l'Empereur comme ingénieurs, spécialistes dans la construction de chemins de fer, professeurs de collège, etc. Avant longtemps on les remerciera tous et le pays se lancera seul au milieu des autres nations, sous sa propre responsabilité.

Cinquante ans après, en comptant à partir du jour où l'Américain importun troubla pour la première fois sa paix, le Japon fera l'expérience de sa nouvelle vie et, réorganisé de la tête au pied, jouera du « *samisen*» (guitare japonaise) dans la marche du progrès moderne. C'est le grand avantage d'être venu au monde dans cette Ere Nouvelle, alors que l'individu et le public en général peuvent obtenir quelque chose en retour de rien : de l'argent sans travailler, de l'instruction sans peine, la religion sans effort de la pensée et un gouvernement libre sans lent et pénible labeur.

Le Club d'Outremer, comme on l'a dit, retarde sur l'esprit du siècle, car il lui faut travailler pour obtenir ce qu'il désire, et n'obtient pas toujours ce pour quoi il a peiné. De plus, ses membres ne peuvent pas reprendre le bateau et retourner chez eux quand il leur plaît. Imaginez un instant la satisfaction que fait naître dans l'esprit d'un homme, la contemplation perpétuelle d'une rade aussi remplie de paquebots qu'une station de fiacres à Piccadilly. Il fait chaud, supposons, il n'est pas content de son travail aujourd'hui, ou bien ses enfants n'ont pas très bonne mine. La vue de jolis chalets couverts de tuiles, dans un berceau de roses et de glycines, ne le console pas, et la voix du peuple le plus poli de la terre détonne désagréablement. Il connaît tout le monde au Club, il a complètement épuisé tout sujet intéressant de conversation et donnerait volontiers la moitié — oh ! même cinq ans de son salaire — pour remplir ses poumons d'air vivifiant, humer l'odeur des foins, marcher seulement un demi-mille dans les rues boueuses de Londres, ou entendre tinter dans le brouillard de quatre heures la petite cloche annonçant les brioches chaudes. Puis voici le gros paquebot qui va à travers l'azur obsédant, éclatant de la baie, emmenant un tel ou un tel, tous les deux des amis à lui, et la semaine prochaine tel ou tel autre partira par le courrier français. Il lui semble alors qu'il est le seul à rester, et cependant cela paraît si facile de partir — oui, pour tous sauf pour lui. La fumée du paquebot meurt au bout de l'horizon et il reste, seul, avec le vent chaud et la poussière blanche du Bund. Or, le Japon est un pays agréable, dans lequel on a confiance et où l'on vit trente ans sans interruption. Il y a des ports chinois à une semaine de voile, à l'ouest, où la vie est réellement pénible, et où le spectacle des vaisseaux qui arrivent et repartent sans cesse fait bien, bien mal. Touristes, oh ! vous qui parcourez le monde, soyez indulgents envers les hommes des Clubs d'Outre-mer. Souvenez-vous que, contrairement à vous, ils ne sont point venus ici pour leur santé et que le billet de retour que vous avez au fond de votre valise peut fort bien influencer vos opinions sur le pays qu'ils habitent. Peut-être ne serait-il pas très sage, se basant sur la grande bonté manifestée par les fonctionnaires japonais, d'engager à ce que ces gens, vos compatriotes, soient entièrement abandonnés à un peuple qui commence à se livrer à des expériences sur des codes fraîchement rédigés, à demi-transplantés, où il n'est pas question de Jury, à un système qui n'envisage pas la liberté de la presse, à un absolutisme soupçonneux et sans appel. L'idée pourrait être intéressante mais, bien que commencée en farce, elle finirait sûrement de façon tragique, laissant le peuple le plus poli de la terre incapable de rejouer au gouvernement civilisé avant longtemps. Dans sa concession, où il est une humble importation pas mal rudoyée, le résident étranger ne fait pas de mal. Il ne poursuit pas toujours le Japonais qui lui doit de l'argent. Mais si on lui donnait plus de liberté, s'il pouvait pénétrer jusqu'au cœur du pays, des ennuis ne tarderaient pas à surgir quelque part, et à la longue ce ne serait pas lui le plus malheureux. Avec un peu d'imagination on peut concevoir les possibilités les plus désagréables, depuis un envahissement général du Japon par les Chinois, qui sont de beaucoup l'élément étranger le plus important, jusqu'au bombardement de Tokio par une démocratie joyeuse et possédant une mentalité de parvenu, avide de venger son honneur national et de savoir comment fonctionne sa marine nouvellement construite.

Mais il y a mille et mille arguments qui réfuteraient et confondraient ces pronostics quelque peu lugubres. Les statistiques du Japon, par exemple, sont aussi bien soignées et fignolées que les boiseries de ses maisons et, grâce à elles, on pourrait démontrer n'importe quoi.

TREMBLEMENTS DE TERRE

Un membre du parti radical du Parlement de Tokio vient
de se mettre en désaccord avec ses commettants qui lui ont
adressé une lettre de reproches sans pareille. Entre autres
choses on lui fait remarquer qu'un homme politique ne devrait
pas être « un roseau qui se brandille de-ci de-là au gré des
flots », ni, « tel un fantôme sans jambes, se laisser flotter au
fil du vent. » — Votre conduite, disent-ils, tient à la fois
du roseau et du fantoche ; nous nous proposons donc de vous
donner bientôt des preuves de notre véritable esprit japonais.
Ce membre sera probablement assailli dans son pousse-
pousse par la populace et bourré de coups d'épée, jusqu'à ce
qu'il n'en puisse mais ; car les électeurs sont des personnes
fort éclairées. Mais, comment diantre serait-il possible de se
conduire autrement qu'un roseau ou un fantoche, sous
pareils cieux ? L'atmosphère veut ces allures de girouette
indécise.

Un touriste courageux serait allé à Hakodate, aurait vu
Ainos à Sapporo, aurait traversé à cheval la partie septen-

trionale de l'île sous les chardons géants, pêché le saumon, rendu une petite visite à Vladivostock et fait mille choses pendant que certain flâneur indolent a perdu son temps à regarder l'orge passer du vert au jaune doré, les fleurs d'azalée s'épanouir et se consumer, et le printemps faire place aux chaudes pluies d'été. Maintenant l'iris à son tour a pris les insignes héraldiques de l'année, et le flot des touristes reflue vers l'ouest.

Les résidents permanents commencent à parler de départ la montagne pendant les chaleurs et retiennent tous les logements disponibles. Bientôt aussi, ceux qui travaillent en Chine viendront passer ici leurs vacances, mais en ce moment on est au plus fort de la récolte du thé et il n'y a pas de temps à perdre en bagatelles. « L'emballage » du thé excuse tout, depuis l'oubli d'un dîner ou le refus d'une partie de tennis jusqu'à la mauvaise humeur des maris. Tout le long de la plage, on respire une odeur pénétrante du plus beau foin fraîchement coupé, tandis que les canaux sont remplis de bateaux se heurtant les uns contre les autres, descendant vers la rade, bondés de boîtes. Au Club, on se plaint, plus ou moins poliment, des retards du courrier. On n'a d'ailleurs pas encore rencontré de bureau de poste qui n'ait pris plaisir à gâcher le dimanche de quelqu'un. Dans les bureaux, une journée raisonnable commence parfois à huit heures et finit à six ou, si le courrier arrive, à minuit. On travaille, sans perdre son temps à parler bêtement des huit heures réglementaires ou du temps fait en supplément. Les navires sont dans la rade ; voici le thé et là-bas au loin le marché améri-cain ; le reste vous regarde.

Les rues étroites sont bloquées par les chariots qui amènent de l'intérieur la feuille brute dans des caisses de toutes les formes et dimensions. Il faut que quelqu'un prenne livraison de ces chargements, trouve de la place dans les entrepôts encombrés et échantillonne la marchandise avant qu'elle ne soit mélangée avec d'autres et desséchée au feu.

La majorité de ces opérations compliquées sont du « travail perdu » en tant qu'il s'agit de la qualité du thé ; mais les marchés veulent une feuille qui ait bonne apparence, qui soit lisse et roulée en spirale. Les ordres du marché, en cela comme toujours, font loi. Les coolies dont les pieds nus rendent glissant le parquet des manufactures, courent et crient tandis que le thé, poussé, entraîné en tourbillons, subit ses diverses transformations. Dans la clameur générale, un bruit singulier domine — c'est le doux, le mystérieux bruissement des feuilles de thé elles-mêmes qui s'affaissent : d'abord mises en tas, puis emportées dans des corbeilles, pour être déversées au moyen de plans inclinés dans de longs récipients où elles montent, descendent, tandis qu'on les polit avant qu'elles ne disparaissent au sein des torréfacteurs, sans cesse accompagnées de ce chuchotement persistant de feuilles, mortes, mais qui bougent. Des cribles à vapeur les séparent ensuite en différentes qualités avec des bruits discor-dants et des secousses qui font trembler le plancher, tandis que le roulement étourdissant des engrenages se poursuit et que le thé nullement intimidé continue à murmurer jusqu'à ce qu'on le crible à nouveau et qu'on le verse dans de grandes caisses garnies de feuilles d'étain où il repose en paix.

Cette industrie subit, il y a quelques jours, un arrêt soudain qui dura deux minutes à peine, mais qui lui coûta la perte de plusieurs milliers de francs de thé torréfié à la main. Voici à peu près comment se passa l'affaire : on entendit brusquement dans l'atmosphère chaude et lourde d'un matin paisible un bruit désagréable comme celui de batteries d'artillerie arrivant au pas de charge dans toutes les rues à la fois tandis que, réveillé en sursaut, je voyais mes souliers vides « en train de jouer, d'un air majestueux, des exercices de virtuosité sur le clavecin ». C'était en réalité la table de toilette, mais l'effet était effarant. Puis la pendule s'écrasa sur le sol, le mur fit entendre un craquement sinistre, tandis que d'énormes mains empoignaient la maison par la flèche du toit et la secouaient avec furie. C'est beau de pouvoir conserver son équilibre mental quand les choses vont mal, mais celui qui n'a pas tâtonné désespérément le long de jalousies verrouillées qui ne veulent pas s'ouvrir, pendant que l'appartement tout entier est retourné sens dessus-dessous, ne sait pas comme il est difficile de conserver, je ne dis pas quelque présence d'esprit ? — non, — mais un esprit quel qu'il soit. Le dénouement de la tragédie ne fut pas en rapport avec le commencement. Je me précipitai dehors où l'air était lourd, immobile, et je trouvai les domestiques dans le jardin en train de rire niaisement (les Japonais sont capables de rire encore au jour du jugement dernier) et j'appris que le tremblement de terre était terminé. Puis, on reçut la nouvelle, venue rapidement des quartiers commerçants au pied de la colline, que les coolies de certaines manufactures s'étaient enfuis en hurlant, au premier choc, et que toutes les feuilles de thé dans les torréfacteurs avaient été calcinées. Voilà qui vous consolait d'une panique vraiment peu digne, tout en conservant l'espoir que quelques hautes cheminées s'étaient écroulées dans Tokio. Mais il paraît qu'elles avaient tenu bon, et les journaux locaux, habitués à ces diversions, indiquèrent simplement que le choc avait été « sérieux ». Les tremblements de terre sont des catastrophes démoralisantes, qui font ressortir toutes les faiblesses de la nature humaine. En premier lieu, on est franchement épouvanté, c'est la sensation de : « Laissez-moi seulement sortir et je promets d'amender ma vie ! », puis vient le besoin instinctif d'envoyer dans tous les coins du globe des dépêches annonçant « le choc le plus effroyable des temps modernes ». (Vos cheveux ne se sont-ils pas dressés sur votre tête ; n'en fut-il donc pas forcément de même pour tout le monde ?). Puis à mesure que la créature déchue retrouve ses moyens, la mesquine petite âme humaine s'écrie : « Quoi ! ce n'était que *cela !* je n'ai pas eu un instant peur. »

C'est à la fois salutaire et fortifiant de se rendre compte de l'impuissance de l'homme en présence de ces petits accidents. L'héritier de tous les siècles, celui qui nie le temps et l'espace, qui doute poliment de l'existence du Créateur, entend soudain les poutres du toit qui craquent et cèdent au-dessus de sa tête, et le voilà qui se précipite autour de la pièce, tel un lapin apeuré, cerné dans une garenne. Si le choc dure vingt minutes, il lui faut camper à la belle étoile et chercher ses morts dans les décombres. Au cas où une convulsion vio·lente se produit (une simple couche de terrain qui se déplace, comme une pile de livres mal équilibrée s'écroule dans une bibliothèque) voilà tout de suite l'héritier de tous les siècles qui se transforme en fou, fou furieux, en véritable brute au milieu des collines échevelées. Prenez une centaine d'esprits les plus grands de la terre, des hommes aux principes inébranlables, aux idéals élevés, persévérants, ayant beaucoup d'expérience et doués de la modestie qu'engendrent ces attributs, et faites qu'ils aient à vivre une catastrophe semblable à celle qui rasa entièrement Nagoya, en octobre dernier ; je parie qu'au bout de trois jours, ils seraient peu nombreux ceux qui auraient pu conserver la maîtrise d'eux-mêmes.

Et voilà pour l'événement d'hier ! Il s'en est produit un autre aujourd'hui beaucoup plus conséquent. Il n'y eut rien de brisé, sinon peut-être un pauvre cœur, ou deux — et les personnes avisées de la colonie disent qu'elles l'avaient toujours prévu. Il mérite cependant d'être noté.

C'était par un après-midi pluvieux ; les rues étaient couvertes d'une boue en grumeaux et les hommes d'affaires étaient à leurs bureaux lorsque le choc se fit sentir. Un groupe de Chinois s'était arrêté pour examiner soigneusement une porte close derrière laquelle on entendait un bruit fort désagréable de verrous et de clefs qu'on tourne dans des serrures, et sur cette porte était collée une pancarte plutôt intéressante. On y lisait que le Directeur de la Nouvelle Banque Orientale Anonyme (très certainement anonyme) se voyait, à son très grand regret, par suite des ordres reçus de son pays télégraphiquement, obligé de suspendre tout paiement. Chaque Chinois venu se heurter à la porte, s'adressant à un autre dans un mélange anglo-japonais, disait : « C'est fermé » et s'éloignait. Le bruit de verrous continuait, la pluie tombait toujours et la pancarte continuait à dévisager la longue enfilade de chaussée humide. Ce fut tout. Il est probable que pour deux ou trois passants cette annonce signifiait la perte totale de leurs épargnes, nouvelle très réconfortante pouvant servir de digestif après le déjeuner. A Londres, naturellement, la faillite n'aurait pas autant d'importance, car il y a beaucoup de banques dans la ville, et on dut être prévenu du crack. Ici les banques sont rares, les gens dépendent d'elles, et cette nouvelle arriva de la mer sans crier gare, annonçant une calamité sans issue.

Quand un obus vient d'éclater, ceux qui peuvent se relèvent, enlèvent d'un revers de main la boue de leur uniforme et s'efforcent de plaisanter. L'un entortille un mouchoir autour de sa main, touchée par un éclat, tel autre s'aperçoit que son front se couvre de sang, et soudain on remarque un blessé, ignoré jusqu'alors et dans un état désespéré, agonisant dans un coin. C'est alors que chacun comprend que ce n'est pas le moment de rire et qu'on s'occupe des morts et des blessés.

Il en fut de même au Club d'Outre-mer lorsque les hommes d'affaires, sortis de leurs bureaux, et informés de la nouvelle par les courtiers, entrèrent les uns après les autres, Anglais, Américains, Allemands et Français et s'écrièrent en chœur : — En voilà du joli ! Beaucoup étaient mortellement atteints, mais en braves gens ils n'avouaient pas leur perte.

— Ah ! dit un petit employé de la Compagnie Péninsulaire et Orientale, hochant la tête d'un air sagace (il avait perdu 1.000 dollars depuis midi), *maintenant,* ça va bien. Ils essaient d'arranger ça, mais dans trois ou quatre jours on en saura plus long. J'avais eu l'intention de retirer mon argent juste avant de descendre la côte, puis... Chose curieuse, tout le monde au Club racontait la même histoire, on avait voulu retirer ses fonds, puis... personne ne l'avait fait. Le Directeur d'une banque qui n'avait pas fait faillite expliquait comment, d'après lui, le crack s'était produit ; acte très humain, lui aussi, qui cependant ne changeait en rien la situation. Ensuite vint un Américain efflanqué qui, après avoir enlevé son imperméable tout dégouttant de pluie, le visage calme et paisible, dit : — Garçon, un whisky soda.

— Combien âfez-fous pertu ? lui demanda un Teuton à brûle-pourpoint. — Huit cent cinquante, répondit d'un ton doux ce descendant de George Washington. — Je ne vois pas en quoi cela m'empêcherait de boire ? C'est moi qui régale, mossieur. Et il se remit à siffler l'air de : « Je dois dix dollars à O'Grady » (chose fort vraisemblable) tandis que son visage restait empreint de sérénité. S'il y a quelque chose qui fait aimer l'Américain c'est sa façon d'accepter les coups du sort. Un Anglais qui avait perdu une grosse somme dans l'affaire, se faisait railler par un Écossais, qui avait légèrement dépassé son crédit à la succursale japonaise de la banque. Évidemment il allait perdre en Angleterre, mais la pensée de ces quelques dollars sauvés ici du désastre le mettait en gaieté.

D'autres entrèrent, s'asseyant aux tables ou restant debout par groupes, ou encore se tenant à l'écart, méditant, les sourcils froncés, car il s'agit de ne pas perdre de temps quand l'échéance de ses dettes est proche. Les voix s'élevèrent peu à peu, sans être cette fois interrompues par le roulement sourd du jeu de quilles. Chacun se connaît au Club d'Outremer et sympathise. Un homme passa avec raideur et quelqu'un se retourna d'un groupe pour lui demander, sur un ton détaché : — Touché, mon vieux ? — Salement, répondit-il en continuant de mordre un cigare non allumé. Un autre racontait d'une voix lente et quelque peu amère, qu'il avait compté faire venir ici un de ses enfants dont il avait payé le voyage par une traite sur la Banque Orientale. Mais maintenant..... Eh bien ! lecteurs, voilà où ça fait mal, cet arrêt de paiement : c'est la destruction de projets, de jolis projets nourris avec amour, attendus avec impatience, peut-être depuis des années ; l'effondrement d'agréables arrangements de famille, sans compter toute la ruine matérielle qu'il entraîne. Fait surprenant, on ne critiquait pas la banque car on faisait soi-même des affaires en Orient et l'on comprenait la situation, tout en s'apitoyant sur le sort du Directeur de Yokohama et des employés, désormais sur le pavé (car une banque qui a fait faillite n'est pas une bonne recommandation dans la carrière d'un jeune homme).

— Nous allons bien cette année, dit un plaisant d'un air renfrogné. Un meurtre prémédité, un procès retentissant et une banqueroute. Ça nous pose bien devant les touristes, hein ?

— Saperlipopète ! pensez donc à ceux qui sont en mer, portant sur eux des lettres de crédit, eh ? Ils vont arriver et retenir les meilleures chambres dans les hôtels et puis ils s'apercevront qu'ils n'ont pas un sou vaillant, dit un autre.

— Peu importe ces gens-là, reprit un troisième. Pensons à ceux qui sont ici. En voilà un, deux, trois, qui sont âgés et que la catastrophe laisse sans un centime. Pauvres diables !

— Ceci me fait penser à une autre victime, ajouta un voisin, et sa femme est au pays ; c'est terrible.

Et il se mit à siffler tristement. Les conversations allaient leur train, et l'on se mit à discuter les chances d'un dividende.

— Ils sont allés à la Banque d'Angleterre, dit un Américain d'un ton traînant, et la Banque d'Angleterre les a éconduits, disant que leurs garanties n'étaient pas suffisantes.

— Nom d'une pipe ! et un poing s'abattit sur la table pour souligner la remarque. J'ai fait un jour la moitié de la traversée de la mer Méditerranée avec un directeur de la

Banque d'Angleterre ; si j'avais su, je l'aurais envoyé promener par-dessus le bastingage, et lui aurais demandé des garanties avant de lui passer une chaloupe. Nous aurions bien vu alors si les siennes étaient assez bonnes.

— Baring est fichu, oui, mais pas la Banque Orientale, répondit l'Américain, en faisant sortir la fumée par son nez. Cette affaire m'a bien l'air dé-ci-dé-ment prob-lé-ma-tique, hein ?

— Oh ! on remboursera entièrement les fonds ; ne craignez rien, dit un homme qui n'avait pas perdu d'argent et prodiguait des consolations.

— Je suis actionnaire, reprit l'Américain en continuant de fumer.

La pluie tombait toujours et les parapluies dégouttaient dans les porte-parapluies, tandis que des gens mouillés entraient et sortaient, s'accordant à dire tous que c'était une mauvaise affaire. Enfin le jour baissant fit place à l'obscurité bruineuse (temps vraiment en harmonie avec la situation). On avait la sensation réconfortante que tout le monde fraternisait dans les malheurs qui venaient de s'abattre sur la petite communauté qui ne voulait plus subir de pareils chocs. Tandis qu'en Angleterre, les victimes emporteraient leur peine chez elles, pour souffrir en silence, ici, tous les sinistrés se groupaient pour affronter et supporter le désastre en commun. Il est probable que les chrétiens d'antan devaient mieux lutter lorsqu'ils se trouvaient cinquante à la fois en présence des lions.

Finalement, le Club se vida ; les célibataires rentrèren chez eux, pour faire leurs comptes tout seuls (il est probable qu'il y aura de bons poneys à vendre bientôt), et les hommes mariés pour réfléchir et demander conseil. Que Dieu le garde, celui dont la femme ne le soutient pas en ce moment critique ! Mais les femmes des concessions d'outremer sont aussi courageuses que les hommes. On pleurera sur les projets détruits, on sera obligé de changer les petits d'école et la carrière des aînés, d'écrire des lettres désagréables à la famille, et d'en recevoir de plus déplaisantes encore de parents qui vous répondront « qu'ils vous l'avaient toujours dit ». Il faudra se restreindre, supporter la gêne dont le monde extérieur ne s'apercevra pas, tandis que les femmes se tireront de ce mauvais pas, le sourire aux lèvres.

Elles sont belles vraiment les opérations financières d'aujourd'hui, surtout lorsqu'il arrive que le mécanisme ne fonctionne pas très bien. Ce soir, on verra des visages soucieux, aux Indes, chez les planteurs de Ceylan, chez les courtiers en chanvre de Calcutta, chez les courtiers en coton de Bombay, sans compter les petits ménages qui ont des épargnes en banque. A Hong-Kong, Singapour et Shanghaï, il y aura également des répercussions profondes, et Dieu seul sait l'étendue du désastre qui s'abattra sur Cheltenham, Bath, St-Leonards, Torquay et autres camps d'officiers retraités. Ils sont heureux en Angleterre d'être au courant des événements au moment où ils se produisent, mais ici on est à l'autre bout du monde, et la situation n'est pas bonne. Tout ce qu'on sait, c'est qu'il y a une affiche sur une porte fermée, exposée à la pluie, en vertu de laquelle tout l'argent qui était à eux hier encore a disparu et peut ne jamais revenir. Il faut donc recommencer tous les efforts qui avaient permis de réaliser ces économies, bien que les victimes soient déjà âgées ou plus souvent fatiguées, et que le découragement soit général. Toute la petite colonie ira se coucher bien triste ce soir, et il en est sans doute de même pour beaucoup par le monde entier. Qu'on me permette de dire cependant que parmi ceux atteints ici, et certains sont cruellement touchés, personne n'a geint, ni pleurniché, ni cédé au désespoir. Il n'y avait pas d'espoir de lutte. C'était l'amère défaite, il fallait l'accepter, et c'est ce qu'on fit, debout.

UNE DEMI-DOUZAINE DE TABLEAUX

« Certains hommes, lorsqu'ils deviennent riches, amassent des tableaux dans une galerie » : de leur vivant leurs amis les envient, mais à leur mort le marteau du commissaire-priseur disperse la collection dont l'authenticité est contestée.

Une façon bien meilleure de procéder, c'est d'étaler vos tableaux sur la terre entière et d'aller les contempler selon que la destinée vous le permet. Ainsi personne ne peut ni les voler ni les défigurer, et aucun revers de fortune ne peut vous acculer à une vente. Le soleil et la tempête chauffent et aèrent votre galerie gratuitement et, en dépit de tout ce qu'on a pu dire de sa crudité, la Nature n'est pas, à tout prendre, mauvais encadreur. L'idée qu'on ne vivra peut-être pas assez longtemps pour admirer certains trésors une deuxième fois apprend aux yeux à voir vite, tant que dure la lumière, et la possession d'une telle galerie fait naître en soi un très beau mépris pour les étalages dorés, les vagues barbouillages que l'on appelle tableaux.

Dans le Pacifique nord, à main droite lorsqu'on avance vers l'Ouest, se trouve suspendue une petite étude, sans valeur particulière comparée à quelques autres. La brume s'est abattue sur une étendue huileuse de mer délavée ; à travers la brume s'esquissent à peine les ailes de chauve-souris d'un vaisseau qui fait la pêche aux otaries. A l'avant-plan, bondissant, ou peu s'en faut, hors du cadre, une barque à rames, peinte dans les tons bleus et blancs les plus crus, arrive en surgissant par dessus la crête d'une houle. Un homme en jersey rouge-sang, chaussé de longues bottes et tout étincelant d'humidité, est debout à l'avant. Il tient en l'air le corps d'une otarie au ventre argenté, dont la peau ruisselle en gouttelettes d'eau comme autant d'adulaires. Or l'artiste qui saurait peindre cette brume argentée, ce reflet frétillant et huileux du bateau, les poignets rouge-saignant de l'homme, serait un véritable ouvrier.

Mais ma galerie ne court à présent aucun risque d'être copiée. J'ai fait, il y a trois ans, dans le lit pierreux d'un ruisseau, entre une rangée de trois cents petits dieux sculptés, couverts de lichen, et une bordure d'azalées flamboyantes, la rencontre d'un artiste qui était en train de jurer affreusement. Il avait cherché à peindre un de mes tableaux — tout simplement un grand rocher délabré par les eaux, et couronné de touffes de fleurs, avec, pour arrière-plan, une montagne encapuchonnée de neige. Naturellement, il n'avait pas réussi parce que la perspective faisant totalement défaut dans cet ensemble, il venait d'essayer d'en modifier les lignes pour que, dans son pays, elle y figurât tant soit peu. Mais nul ne peut faire tenir dans une chopine le contenu d'un litre. Les protestations élevées depuis que le monde est monde par tous les récipients contraints de trop recevoir ont réglé cette question là depuis longtemps, et nous ont donné les théories de travail inventées par des instruments imparfaits en vue d'instruments imparfaits, qu'on appelle les Règles de l'Art.

Heureusement que ceux qui ont peint les tableaux de ma galerie sont nés avant que l'Humanité n'existât. Voilà pourquoi, loin d'être enfermés dans d'encombrants cadres dorés, ils sont disposés fort avantageusement entre des latitudes, des équinoxes, des moussons et autres choses analogues, de sorte que, même si l'on tient bien compte de la partialité qu'éprouve pour eux un propriétaire, on admettra qu'ils ne sont pas si mal après tout.

Là-bas, au sud où ne vont jamais les vaisseaux,

c'est-à-dire entre le talon de la Nouvelle Zélande et le Pôle Sud, il existe une marine qui montre un bateau à vapeur essayant de se rajuster au milieu de l'entre-deux des lames monstrueuses ; la lueur moite du jour mourant vient plus de l'eau que du ciel, et les vagues paraissent incolores à travers la bruine, seules deux ou trois crêtes blanches, côté du vent, émergent brusquement de la brume le long du flanc ruisselant du navire. Une lampe brûle dans la cabine de la barre, de sorte qu'une seule plaque de couleur jaune vient tomber sur les pistons peints en vert de la roue du gouvernail au moment où ils font tourner les chaînes. Une grosse vague a déferlé sur le pont. L'arrière du bateau se dresse dans une mousse d'écume soulevée par l'hélice qui sort de l'eau, et le pont, depuis la pompe jusqu'au gaillard d'avant, est submergé sous une nappe d'eau vert-gris, unie et lisse comme celle qui court au devant d'un moulin, sauf là où elle jaillit au-dessus du treuil et des mâts de charge.

En avant on ne voit rien que cette lueur blafarde ; à l'arrière le sillage interrompu s'en va fuyant loin sous le vent, véritable ficelle de cerf-volant coupée, qu'on aurait laissé tomber sur la mer. La seule trace de calme dans ce tumulte, c'est l'œil, fixe, et tel un bijou, d'un albatros qui avance tranquillement porté par le vent, indifférent et presque à portée de la main. C'est l'égoïsme monstrueux de cet œil qui crée le tableau. D'après toutes les règles de l'art, il devrait y avoir à l'arrière-plan un phare ou bien la jetée d'un port pour montrer que tout finira bien. Mais rien de pareil et peu importe à cet œil rouge que la chose qui se meut au-dessous de ses ailes immobiles survive ou succombe.

Le pendant de ce tableau se trouve suspendu dans l'Océan Indien et en dit long, mais n'en est pas plus mal pour cela. Ici vous avez une chaude lumière tropicale et un rivage revêtu de majestueux palmiers, qui se prolonge jusque dans une mer immobile, vaporeuse, fumante, polie jusqu'à étinceler de reflets bleus d'acier. Le long du rivage, cherchant comme la bête blessée cherche une tanière, se presse un bateau à vapeur chargé qui n'a jamais été construit pour faire de la vitesse. C'est pourquoi il laboure et arrache les vagues, les empile sous son avant, et n'arrive pourtant pas à les enfouir sous lui proprement. Des ballots, couleur claire, sont empilés autour des deux mâts, et ses ponts sont chargés et surchargés de passagers à la peau brune, depuis le gaillard d'arrière où ils gênent l'équipage jusqu'à l'avant où ils gênent le gouvernail.

La cheminée est peinte en bleu sur fond jaune, ce qui lui donne un air de fête n'allant pas très bien avec le pavillon noir — signe qu'il y a le choléra à bord — pendu à son grand mât. Il n'ose pas s'arrêter, il ne doit communiquer avec personne. La preuve, ce sont ces traînées d'eau de chaux qui coulent le long de ses flancs. Le voilà donc qui avance, frayant son chemin le long du rivage magnifique, lui, ses passagers grouillants, et la maladie qui en plein jour détruit et lui ronge le cœur.

Voici encore un tableau, le plus beau de ceux qui se trouvent dans toutes les salles orientales, avant d'en finir avec les eaux bleues de la mer. La plupart des nations de la terre sont en train de se disputer sous un large pan de toile blanche recouvrant un pont bondé de monde. Un bol en cuivre, très profond, plein de riz et d'oignons frits, et cause de la dispute, est renversé à l'avant-plan. Des Malais, des Lascars, des Hindous, des Chinois, toute la gamme des teintes raciales, depuis le safran jusqu'au noir de goudron, se débattent et se contorsionnent autour de cette pâture, tandis que leurs turbans et coiffures vermillon, cobalt, ambre et émeraude gisent à terre. Aplatis contre l'ocre jaune des pavois en fer à droite et à gauche, se trouvent des femmes et des enfants épouvantés, aux vêtements isabelle et turquoise, et à demi protégés par un amoncellement de literie renversée, de paillassons, de boîtes de laque rouge, de malles en bambou tressé où se mêlent des assiettes d'étain, des hukas en cuivre et en laiton, des pipes à opium en argent, des cartes à jouer chinoises, et assez d'accessoires pour affoler une demi-douzaine d'artistes. Au centre de cette foule d'hommes à moitié nus et furieux, le dos gras et nu d'un Birman, tatoué depuis la clavicule jusqu'au pagne de la ceinture de dessins contorsionnés, de diables rouges et bleus, attire d'abord l'œil. C'est un dos méchant. Au delà brille un kris malais ; un ara bleu au dos rouge et jaune enchaîné à une épontille étale ses ailes en face du soleil dans un paroxysme de terreur. Une demi-douzaine d'ananas rouge-or et de bananes qu'on a fait tomber de l'endroit où ils étaient suspendus pour mûrir gisent entre les pieds des combattants. Un des ananas a roulé jusqu'à la fourrure longue et brune d'un ours muselé. Son propriétaire, hindou à la barbe broussailleuse, se penche à genoux sur l'animal, sa mante rejetée en arrière découvrant un bras dur et brun, ses doigts prêts à défaire la boucle qui retient la muselière. Le coq du vaisseau, vêtu de blanc tacheté de sang, de la boucherie regarde ce qui se passe, et un chauffeur noir de Zanzibar ricane à travers les barreaux de la chambre de la machine, tandis qu'un rayon de soleil tombe en plein dans sa bouche rose. L'officier de service, homme aux favoris rouges, s'est agenouillé sur la passerelle pour regarder à travers le garde-fou, tandis qu'il fait passer de sa main gauche à sa main droite un long revolver mince et noir. La lumière fidèle du soleil qui met tout en place, prête à ses favoris et au duvet sur le dos de son poignet basané la couleur exacte du pot de cuivre, de la fourrure de l'ours, et des ananas foulés aux pieds. Pour compléter il y a la mer bleue au delà des bâches.

Trois années de travail acharné, sans compter les connaissances spéciales de toute une existence, seraient nécessaires pour copier — même pour copier — ce tableau-là. Monsieur un Tel, membre des Beaux-Arts, saurait sans aucun doute dessiner l'oiseau ; Monsieur un Tel (également membre de l'Académie) l'ours, et des centaines de messieurs la nature morte ; mais quel est l'homme qui saurait réunir l'ensemble et lui donner cette vie échevelée et bondissante de mouvement et de couleur ? Et y serait-il arrivé que quelque personne entre deux âges, venue de la province, qui n'aurait jamais vu un ananas sauf dans une assiette ni un kris sauf au musée de Kensington, viendrait raconter que ce tableau n'évoque en elle aucun souvenir et que par conséquent il ne vaut rien. Si cette galerie pouvait être léguée à la nation, il se pourrait qu'il y eut là un gain réel, mais la nation se plaindrait des courants d'air et du manque de chaises. Mais peu importe. Dans un autre monde nous verrons certains messieurs qui auront pour tâche de chatouiller le dos des porcs de Circé à travers toute l'éternité. En outre ils ne devront se servir que de leurs mains pour cette besogne.

Les salles japonaises, visitées et mises en ordre pour la deuxième fois, renferment plus de tableaux qu'on n'en pourrait décrire en un mois, mais la plupart d'entre eux sont petits et, la lumière toujours exceptée, se ramènent aux dimensions humaines. Cependant il en est un qui pourrait paraître difficile. C'était un cadeau inattendu, ramassé dans une ruelle de Tokio la nuit. La moitié de la ville se promenait, et les vêtements de tous les habitants étaient indigo, les ombres de même, tandis que la plupart des lanternes en papier étaient des taches rouge-sang. A la lumière de fumantes lampes à huile, les gens vendaient des fleurs et des arbustes, — diaboliques petits sapins nains, pêchers et pruniers arrêtés en pleine croissance, bouquets de glycine, taillés et élagués jusqu'à perdre toute ressemblance avec des plantes saines, grimaçant et se penchant hors de pots enduits d'un vernis vert. Dans le papillotement des flammes jaunes, ces invalides forcés et les visages jaunes qui émergeaient au-dessus d'eux vacillaient de-ci de-là fantastiquement mêlés ensemble. Lorsque la lumière s'arrêtait de trembler ils reprenaient leur fausse apparence de couleur verte jusqu'à ce qu'un souffle de vent chaud de la nuit parmi des lumières blafardes relançât une fois de plus toute la ligne dans une folle danse de diablotins, dont les ombres gambadaient sur les devants des maisons derrière eux.

A un coin de rue des hommes riches avaient rassemblé et laissé sans garde tout l'or, tous les diamants et tous les rubis de l'Orient, mais en s'approchant on s'apercevait que ce trésor n'était qu'un groupe de poissons d'or dans un bocal en verre : poissons jaunes, blancs et rouges, chacun possédant de trois à cinq queues en forme de fourches et des yeux très à fleur de tête.

Il y avait des écuelles de bois remplies de minuscules poissons vermeils où des petits enfants plongeaient leurs filets et leurs doigts, en poussant des cris pendant qu'ils pourchassaient quelque beauté particulière, tandis que les poissons effrayés battaient éperdument l'eau de leurs queues et soulevaient une multitude de petites perles. Les enfants portaient des lanternes affectant la forme de petits poissons rouges en papier, qui oscillaient à l'extrémité de minces lattes de bambous, et ces lueurs glissaient parmi la foule, pareilles à une constellation de minuscules étoiles qui se serait égarée. Lorsque les enfants se tenaient au bord d'un canal pour interpeller des amis invisibles qui se trouvaient en dessous dans des barques, ces lumières roses étaient symétriquement reflétées dans les eaux. Le rayonnement des mille petites lumières de la rue montait droit jusque dans les ténèbres au milieu du réseau des fils télégraphiques. Exactement à la lisière du miroitement indécis, sur une espèce de niche à pigeons, à quarante pieds au-dessus du sol, était assis un pompier japonais, enveloppé dans son manteau, montant la garde en cas d'incendie. Il ressemblait, et de façon désagréable, à quelque atrocité bulgare ou à quelque « déviation des lois de l'humanité » birmane, car il avait l'air figé et tout recroquevillé dans son perchoir. C'était là un superbe tableau et dont toutes les parties s'harmonisaient à merveille. Or, sans tenir compte de ces choses et d'autres encore, — qui toutes sans exception sont des merveilles et des miracles — la vaste généralité des gens se contente de rester dans des ateliers et, dans un jour qui n'est pas un jour, de fabriquer des études qu'on dénomme « spécimens de couleur », obtenues au moyen de pots et de bidons, de loques et de briques. Leur collection sans valeur coûte, en fin de compte, tout autant qu'un billet de première classe jusque dans des mondes nouveaux où les « proportions » sont données avec la lumière du soleil. Faire quelque chose parce que c'est, ou même pas, nouveau sur le marché, c'est commettre un péché, un péché qui entraîne avec lui son propre châtiment. Mais, malgré tout, il semble qu'il doit y avoir des choses à peindre dans ce bas monde, autres et supérieures à celles qui se trouvent, mettons, entre le cap Nord et Alger. Rien qu'eu égard au tableau, et ne tenant même pas compte du plaisir intense qu'on a à jouer la partie, peut-être cela vaudrait-il la peine de s'aventurer en dehors du cercle ordinaire des sujets et de voir... de voir ce qui arriverait. On a dit que lorsqu'un individu est capable de dessiner convenablement quelque chose, il peut s'attaquer à n'importe quoi. Au pis aller il ne pourra qu'échouer et il y a bien des choses au monde qui sont pires que l'insuccès. Parier, par exemple, lorsqu'on sait qu'on ne peut perdre, ou bien jouer avec des cartes truquées, est immoral et vous fait chasser des clubs. Au contraire, s'en tenir de propos délibéré à un seul travail bien défini où l'on est sûr de réussir et gagner de l'argent, passe pour être de la vertu, et vous ouvre les clubs. Il doit exister un moyen terme, comme il doit exister quelque part un célibataire sans situation ni réputation, ni autre vanité à perdre, qui désire ardemment connaître les possibilités de sa palette ici-bas. Celui-là fera ses malles et s'en ira bien au large, pour lutter avec des effets qu'il ne pourra jamais reproduire. Malgré tout son échec sera glorieux.

« LES CAPITAINES COURAGEUX »

Il y a loin de Yokohama à Montréal, et le rivage n'est pas
attirant. Trois voyages sur cinq, le *Pacifique Nord*, trop
grand pour rester complètement à ne rien faire, trop paresseux pour mettre en train une tempête, boude et fume comme
une cheminée ; les voyageurs venant tout récemment des
chaleurs du Japon s'étiolent dans le froid et une rosée visqueuse suinte des agrès. La grise monotonie de la mer ne
rappelle en rien le chez-soi, étant encore neuve et pas accou-
tumée à la procession des quilles. Elle renferme un très petit
nombre de tableaux et les meilleures d'entre ses histoires
— celles qui se rapportent au braconnage de morses parmi les
Kuriles et les mauvais quartiers russes — ne peuvent être
livrées à la publicité. Il y a un homme à Yokohama qui dans
une vie antérieure mettait le feu aux galions en compagnie
de Drake. C'est un noble aventurier sur l'échelle la plus
vaste, plein de ressources, — par instant sachant se tailler des
royaumes, et sur les hautes mers un conquérant en même
temps qu'un invétéré jouteur avec la Mort. Parce qu'il ne fait que
fournir les peaux de phoques aux marchands en gros de son

pays, la renommée de ses exploits, ses batailles brillantes, ses escapades plus brillantes encore, et sa très brillante stratégie seront perdues au milieu de schooners de soixante tonnes ou racontées seulement par des marins ivres auxquels personne ne prête créance. Or il est un grand Esprit assis sous les palmiers du Groupe des Navigateurs, à mille lieues de l'Équateur, qui, couronné de lauriers et de roses, assemble les perles de ces régions. Lorsqu'il aura fini avec ce qui se passe là-bas peut-être s'occupera-t-il des Mers Fumeuses et des Merveilleuses Aventures du Capitaine. — Et alors on aura une histoire qui vaudra la peine d'être écoutée.

Mais dès qu'on touche la terre ferme, la mer et tout ce qui se trouve sur elle paraissent irréels. Cinq minutes après que le voyageur a pris le train à Vaucouver, la poésie de l'eau bleue cesse ; mais alors commence celle d'un genre différent — la vie du train qui finit par l'absorber comme la vie à bord. Quand on a roulé une semaine en wagon on peut se considérer comme faisant partie de la machine. On sait quand le train s'arrêtera pour prendre de l'eau, attendra pour recevoir des renseignements au sujet du viaduc qu'il aura à traverser, abandonnera le wagon restaurant, se glissera sur une voie de garage pour laisser passer le courrier destiné à l'Ouest, bramera à travers la nuit épaisse pour qu'on envoie une locomotive de remorque pour aider à gravir la rampe. Le renâclement, le cliquetis, et le gémissement des freins à air ont un sens pour lui, et il apprend à distinguer entre les bruits celui fait par une lampe mal ajustée, et celui que font désagréablement entendre les petites pierres sur un talus raide, le hoot toot ! ! qui fait se sauver de la voie les vaches errantes et le rugissement rauque de la locomotive lorsqu'elle franchit les signaux. En Angleterre le chemin de fer vint tard dans un pays tranquille entouré de toutes les terreurs de la loi et il est resté toujours depuis un peu en dehors de la vie quotidienne — un objet digne de respect. Dans ce pays-ci il s'en va les mains dans les poches, une paille à la bouche, sur les talons de la piste grossièrement tracée ou de la route de bûcheron, sorte d'impérieuse nécessité dépourvue de plate-forme ou de règlements, et que les gens malades et les jeunes enfants traitent avec une familiarité qui parfois se répercute sur le taux de la mortalité.

Il se trouva que dans notre train il y avait une fillette âgée de sept ans, qui honora de sa présence notre compartiment de fumeurs lorsque d'autres distractions manquaient, et c'est elle qui dit au conducteur : — Quand est-ce que nous changerons d'équipe ? Je voudrais bien cueillir des nénuphars — des jaunes —. Elle savait qu'une simple halte ne suffirait pas, mais qu'il lui faudrait l'arrêt régulier de quinze minutes, lorsqu'on enlevait du dernier wagon la boîte à outils peinte en rouge et qu'une équipe nouvelle montait dans le train. Le gros homme se pencha vers la petite Impudence : — Tu voudrais cueillir des nénuphars, eh ? Qu'est-ce que tu ferais si le train repartait et emmenait maman ? — Je prendrais le train suivant, répondit-elle, et je dirais au conducteur de m'envoyer à Brooklyn, c'est là que je demeure. — Mais supposons qu'il refuse ? — Il faudrait bien qu'il s'exécute, répondit la jeune Amérique. Je serais une enfant perdue.

Or, de la province d'Alberta à Brooklyn, E. U. A., il peut y avoir trois mille kilomètres. Une vaste étendue de cet espace date d'hier et se trouve parsemée de villes qui sont à toutes les phases imaginables de développement, depuis la ville n'ayant qu'un dépôt de locomotives ou deux longues huttes et un camp chinois quelque part dans les basses collines des Selkirks jusqu'à Winnipeg avec sa rue principale longue d'une lieue et ses journaux batailleurs. Actuellement il y a une épidémie de politique dans le Manitoba et l'on voit partout dans les villes des fanfares et des avis annonçant des réunions de comités. A cause de leur proximité avec les États-Unis elles ont attrapé par contagion l'habitude d'être mal embouchées, et multiples sont les accusations de brigue, de corruption et de mauvaise vie. Il est doux de découvrir une ville-enfant, qui n'a que trois hommes sachant imprimer, en train de lancer des jurons et des malédictions à travers les plaines illimitées comme si elle était un centre chrétien adulte.

Toutes les villes nouvelles ont leurs propres besoins à considérer et le premier de ceux-ci est une voie ferrée. Si la ville se trouve déjà sur une ligne, alors il en faut une nouvelle pour exploiter le pays plus à l'intérieur, mais ce qu'il faut, coûte que coûte, c'est une ligne. Pour l'obtenir elle vendrait son âme corrompue, pour s'indigner ensuite de ce que la voie ferrée devant laquelle elle s'était prosternée à plat ventre traverse maintenant l'endroit avec désinvolture et comme en pays conquis.

Chaque ville nouvelle se figure pouvoir devenir une Winnipeg, jusqu'au moment où l'attrait de la chose s'est un peu effacé, et le journal de l'endroit, laissant glisser les pattes d'arrière du Désespoir le long du mât de l'Orgueil, dit d'un air de défi : « Tout au moins un vétérinaire et une pharmacie ne seraient pas mal reçus dans notre ville ; en vérité cinq bâtiments nouveaux ont été érigés dans notre ville depuis le printemps. » De loin, rien de plus facile que de sourire de tout cela, mais il faut qu'il ait la tête solide celui qui sait garder son sang-froid lorsqu'une ville toute pareille à celle-ci — sorte d'aventurière — qui ne possède en tout que dix maisons, deux églises et une ligne de rails est prise de la folie des grandeurs. Le lecteur, en Angleterre, dira : « Fort bien, mais tout cela ce n'est que des mensonges. » Peut-être ; mais a-t-on menti lorsqu'il s'est agi de Denver, de Leadville, de Ballarat, de Broken Hill, de Portland, ou de Winnipeg, il y a vingt ans ; ou encore d'Adélaïde lorsque des lotissements ne trouvaient pas d'acquéreurs il y a moins d'une génération ? A-t-on menti au sujet de Vancouver, il y a dix ans, ou de Creede il n'y a pas vingt mois ? Guère, et c'est là ce qui fait que le passant prête l'oreille aux dires les plus fantastiques.

Tout est possible, surtout au milieu des Montagnes Rocheuses, où les minerais abondent dans les villes minières, les centres du pays à ranches, et les villes qui approvisionnent les régions agricoles. Il y a d'innombrables petits lacs dans les collines, enfouis dans les bois actuellement, qui avant vingt ans d'ici seront des rendez-vous d'été encombrés de monde. Vous autres en Angleterre vous ne vous faites aucune idée de ce que veut dire aux Etats-Unis « passer l'été », encore moins de l'argent qu'on dépense pendant les congés annuels. Les gens ont à peine commencé à découvrir l'endroit qui s'appelle les Sources Chaudes de Banff, à deux jours de voyage à l'ouest de Winnipeg. Sous peu on connaîtra une demi-douzaine d'endroits à moins d'une journée à cheval de Montréal, et c'est le long de cette voie-là que l'on gagnera de l'argent. A ce moment aussi on fera pousser du blé pour le marché anglais, à quatre cents kilomètres au nord des champs actuels à l'ouest, et la Colombie britannique, qui est peut-être le pays le plus beau au monde après la Nouvelle Zélande, possédera sa ligne à elle de bateaux de six mille tonnes qui ira jusqu'en Australie, et le spéculateur anglais ne gaspillera plus son argent sur des républiques sud-américaines instables, ni ne le donnera en otage aux Etats-Unis. Il le gardera dans sa famille ainsi que doit le faire un homme sage. Alors les villes qui aujourd'hui sont seules au milieu de la solitude, et dont certaines sont marquées sur la carte comme ports de Hudson Bay, deviendront de grandes villes parce que... mais c'est peine perdue que d'essayer de faire comprendre aux gens que *réellement*, nous possédons un Empire dont le Canada n'est qu'une seule partie, un Empire qui n'est pas borné par des statistiques d'élection au Nord et par des émeutes d'Eastbourne au Sud, un Empire qui n'a pas encore même été entamé.

Mais revenons-en aux villes nouvelles. Trois fois en une seule année la fortune est venue frapper à la porte d'un homme que je connais. Une fois à Seattle, lorsque cette ville n'était plus qu'une tache grisâtre après un incendie ; une fois à Tacoma, au temps où le tramway à vapeur déraillait deux fois par semaine ; et une fois à Spokane Falls. Mais dans le rugissement de la terre prise de la fièvre du développement rapide il ne l'entendit pas et elle s'en fut lui laissant seulement de la tendresse, presque de la faiblesse, pour toutes les villes nouvelles et le désir, heureusement limité par le manque d'argent, de perdre au jeu dans chacune d'elles. Parmi toutes les grandes émotions qu'offre la vie, il y en a peu qui puissent être comparées au tourbillon « boom » qui bat son plein. Et puis, malgré tout, c'est moral, parce que réellement vous méritez « vos bénéfices extravagants » par le labeur, la sueur et en veillant fort tard dans la nuit, en travaillant comme un forcené — ainsi que doivent faire tous les pionniers. Et songez donc à tout ce que cela renferme ! Ruée folle vers la nouvelle localité ; argent jeté comme autant de jetons pour tout juste se nourrir ; arrivée des wagons remplis d'où l'on projette au petit bonheur sur la plate-forme pas encore clouée toutes les matières premières d'une cité — hommes, bois de construction, bardeaux ; routes taillées à coups de hache et tracées au moyen de piquets à travers la face dénudée des solitudes ; unique lampe électrique de la ville dressée au milieu des cris et des exclamations, c'est-à-dire un arc non apprêté et grésillant au bout d'un mât de sapin non encore écorcé ; foule suante, bousculante, aux ventes de lotissement et qui hurle : « Donnez-le à la femme », cri qui arrête toutes les autres enchères lorsque la seule autre femme de l'endroit indique le prix qu'elle veut donner pour un lot ; bureaux de gérance de propriétés immobilières bondés ; les agents de ces bureaux eux-mêmes, romanciers à imagination prodigieuse, égarés là ; carte magnifique rose et bleue de la cité, suspendue dans l'estaminet avec toutes les voies ferrées de Portland à Portland se croisant dans son centre ; malédiction mal orthographiée contre ce « satané trou d'enfer » griffonnée sur le côté d'un fourgon égaré, par quelque individu qui a perdu son argent et s'en est allé ; conférences aux coins des rues des syndicats vieux de six heures établis par des hommes qui n'avaient pas encore vingt-cinq ans ; mépris, non voilé, pour la ville voisine également prise de la fièvre de développement et pour cela même absolument au-dessous de tout ; piétinement interminable des pieds pesants sur les trottoirs en bois, où parfois un étranger pris des affres de la conviction, se retourne vers un autre étranger, pour le saisir par les épaules et crier dans son oreille : — Seigneur Dieu ! n'est-ce pas superbe, n'est-ce pas merveilleux ? et enfin sommeil d'hommes complètement épuisés, trois par chambre dans l'hôtel qui n'est qu'une *baraque* où l'on lit sur une pancarte : « Repas, dix francs ; Rafraîchissements, 1 fr. 75 c.. On ne blanchit pas. Le gérant ne répond de rien. » Est-ce que la simple liste de ces exposés vous laisse froid ? C'est possible ; mais c'est également possible de voir dans une nouvelle ville, au bout de trois jours, une douzaine au moins d'archevêques se disputant l'acquisition de lotissements avantageux comme jamais ils ne se seraient battus pour mître ni pour crosse. Un « Boom » est contagieux comme l'est une panique dans un théâtre.

Au bout d'un certain temps tout se calme, et alors le charpentier, qui est aussi architecte, pourra appuyer ses bras nus sur le comptoir et les vendre au plus offrant, car les maisons poussent comme des champignons après la pluie. Les hommes qui ne construisent pas encouragent ceux qui construisent, parce que construire veut dire qu'on a confiance dans la ville, sa ville à soi ; à soi tout seul. Au diable toutes les autres villes quelles qu'elles soient ! Derrière la foule des hommes d'affaires le journal hebdomadaire de la ville agit comme un fouet sur un troupeau de bétail. On comble d'honneur, et toujours de la façon la plus extravagante, ceux qui sont vertueux — ceux qui font travailler, qui construisent des magasins, qui dépensent de l'argent ; on attaque avec sauvagerie et virulence les mauvais, c'est-à-dire celui qui « achète hors la ville », celui qui a l'intention de s'en aller, celui qui reste à ne rien faire ; le tout au moyen d'invites, d'encouragements en prose, en vers, en zincographie à l'adresse de tout ce monde extérieur qui préfère vivre dans des villes autres que la Nôtre.

Or l'éditeur, la plupart du temps, commence en mercenaire, et finit en patriote. Cela également est bien, bien humain. Quelques années plus tard, si la Providence est bonne, vient le revenu des placements judicieux. Peut-être la ville a-t-elle résisté à l'épreuve du « boom » et ce qui n'était que douve est maintenant de la brique de Milwaukee ou de la pierre de taille qui, bien que d'un dessin affreux, résistera aux intempéries. L'hôtel baraque est maintenant la Maison Une Telle, pouvant accommoder deux cents pensionnaires. Le gérant qui vous servait jadis en bras de chemise et était son propre commis d'hôtel, resplendit en drap fin, et vous oblige à lui rappeler votre première rencontre.

Des villas suburbaines ornent, plus ou moins, la plaine qui répugnait jadis à la fantaisie la plus libre (et la fantaisie était très libre dans les premiers temps). Des voitures traînées par des chevaux font entendre leurs clochettes là où le grand traîneau de la prairie s'embourbait en face du bar ; et maintenant il y a un chemin de fer de ceinture électrique qui paie des dividendes fabuleux. Alors, vous, qui vous sentez plus âgé que Mathusalem et deux fois plus important, vous sortez en ville et prenez un air de protection envers les choses en général, tandis que le gérant vous apprend la fortune colossale que vous auriez faite si vous étiez resté « fidèle à la ville ».

Ou bien le « boom » a fait fiasco et la ville elle-même est morte — morte comme le cadavre d'un jeune homme que l'on étend au matin sur la couche mortuaire. Le succès n'a pas justifié le succès. De dix mille habitants il n'en reste pas trois cents, et ceux-là vivent dans des huttes dans les faubourgs des rues en briques. L'hôtel avec ses appartements moisis n'est qu'une vaste tombe ; les cheminées des factoreries sont froides ; les villas n'ont pas de vitres, et l'herbe pousse au milieu des chaussées, narguant les annonces prétentieuses dans les boutiques vides. Il n'y a rien à faire sinon attraper des truites dans les cours d'eau que les égouts de la ville devaient contaminer. Une truite de deux livres est là à s'éventer à l'ombre du conduit souterrain principal où les aunes ont poussé peu à peu jusqu'à toucher le mur de la ville ; vous payez et, plus ou moins, vous faites votre choix.

Lorsqu'un homme a vu ces choses et quelques autres qui accompagnent un « boom » il peut dire qu'il a vécu et « parlé avec ses ennemis à la porte. » Il a entendu raconter à nouveau les Mille et une Nuits et il sait le sens intime de ce conte qui, au dire de certaines petites personnes, n'existe plus. En cela elles mentent effrontément, car Cortès n'est pas mort ni Drake, et quant à Sir Philip Sidney, il meurt tous les trois mois, si du moins vous savez où regarder. Les aventuriers et les « Capitaines courageux » du temps jadis ont seulement modifié un peu leur accoutrement, et changé leur métier pour être mieux en accord avec le monde dans lequel ils se meuvent. Clive revint du pays de Lobengula il y a quelques mois et affirma qu'il y existait un empire, mais ne rencontra cependant que très peu qui voulurent le croire. C'est dans une hutte de tôle ondulée, à Johannesburg, il y a dix ans, que Hastings étudia une carte de l'Afrique du Sud. Depuis lors il a considérablement modifié cette carte à l'avantage de l'Empire, mais le cœur de l'empire s'entiche d'urnes électorales et de mesquins mensonges. L'illustre Don Quichotte demeure aujourd'hui sur la côte nord de l'Australie où il a trouvé le trésor d'un galion espagnol coulé. De temps à autre il tue des nègres qui se cachent sous son lit pour le tuer, lui, à coups de lance. Le jeune Hawkins, avec un Boscawen plus jeune encore, qui lui servait de second à bord, faisait, jusqu'à l'année dernière, la chasse aux vaisseaux pirates autour de Tajurrah ; maintenant ils l'ont envoyé sur la côte de Zanzibar pour qu'il devienne, à force d'être grillé, amiral, et le vaillant Sandoval tient la « République » mexicaine à la gorge depuis au moins quatorze années. Les autres, importants personnages tous, qui n'ont guère peur des responsabilités, vendent des chevaux, ouvrent des chemins, boivent le sang gris, construisent des chemins de fer au delà des limites des bois, traversent à la nage des rivières, font sauter des souches d'arbres, créent des villes là où il n'y en avait pas, dans les cinq parties du monde. Seulement, les gens ne vous croient pas quand vous le leur racontez. Ils ont tout sous la main et sont beaucoup trop bien nourris. De sorte qu'ils disent de la réalité la plus terre à terre : « C'est du romantisme. Comme c'est intéressant » et de la réalité usée et rebattue : « Voilà du pur romantisme. » Ce n'est que le siècle à venir qui, passant en revue ses héros, reconnaîtra les nôtres.

En attendant, cette terre — nous en tenons une bonne tranche jusqu'à présent, — est remplie de choses étonnantes, de miracles, de mystères, de merveilles, et, faute de mieux, il est bon de circuler, de les voir toutes et d'en entendre parler.

RIEN QUE D'UN CÔTÉ.

New Oxford (U. S. A.), Juin-Juillet 1892.

— La vérité, dit le voyageur dans le train, c'est que nous vivons dans un pays tropical pendant trois mois de l'année, seulement nous ne voulons pas le reconnaître. Regardez ceci. Il nous passa une longue liste de morts survenues par suite de la chaleur, grâce à quoi les journaux prenaient un peu d'animation. Toutes les villes où les gens vivent à haute tension étaient en train d'expédier leurs notes de boucher, et les journaux, apôtres eux-mêmes de l'Evangile de la Hâte, suppliaient leurs lecteurs de rester calmes et de ne pas se surmener tant que durait la vague de chaleur. Les rivières étaient tachetées, barrées de cailloux desséchés par le soleil ; les bûches et ceux qui les poussaient sur le fleuve étaient quelque part, en amont de la rivière Connecticut bloqués par la sécheresse ; et l'herbe, au bord de la voie, était brûlée en cent endroits par les étincelles tombées des locomotives. Des hommes, sans chapeau, sans veste, sans souffle, étaient couchés à l'ombre de la gare où, seulement quelques mois plus tôt, le thermomètre marquait $35°$ au-dessous de zéro. Maintenant on lisait $37°$ à l'ombre. La grand'rue — vous souvenez-vous de la grand'rue d'un petit village bloqué par la neige ce printemps-ci ? (1) — avait renoncé à vivre, et un drapeau américain avec le nom de quelque politicien imprimé sur le bas, pendait, raide comme une planche, au milieu de la rue. Il y avait des hommes avec des éventails et des vestes d'alpaga recroquevillés dans des chaises cannées sur la véranda de l'unique hôtel ; parmi eux se trouvait un ex-Président des Etats-Unis. Lui-même achevait de donner l'impression que les meubles de tout le pays avaient été sortis pour le nettoyage d'été, pendant l'absence des habitants. Rien n'a plus l'air désespérément « ex » qu'un Président rentré dans la circulation ordinaire. Le drapeau étoilé voulait dire que la campagne présidentielle avait commencé dans la grand'rue, avait commencé, et s'était close. La politique s'évapore sous la chaleur estivale lorsque tout le monde est occupé à rentrer les derniers foins, et, comme disent les fermiers : — Le Vermont sera forcément républicain. L'habitude du pays c'est de traîner les élections avec force poussière et démêlés pendant plusieurs mois, pour la grande amélioration des affaires et des manières. Mais le bruit de cette guerre-là monte bien faiblement le long de la vallée du Connecticut et se perd au milieu du concert des sauterelles. Leur musique avive, pour ainsi dire, la chaleur de la journée. En vérité c'est, pour le moment, un pays tropical. Des orages accompagnés de tonnerre rôdent et grognent autour de la ceinture des collines, se dissipent en

(1) Voir *En vue de Monadnock.*

quelques crachats de pluie et laissent finalement l'air plus mort que jamais. Dans les bois, où même les sources fidèles commencent à tarir, les palmiers et les balsamiers ont répandu tous leurs parfums sur la chaleur et attendent que le vent leur apporte des nouvelles de la pluie. Les clématites, la carotte sauvage et toutes les fleurs bohémiennes campées par tolérance entre la ligne des palissades et la route portent un masque de poussière blanche, et la verge jaune dans les pâturages roussis jusqu'à prendre la couleur du lin brûle elle aussi comme du cuivre poli. Une colonne de poussière sur la longue crête de route qui traverse les collines révèle la présence d'un attelage se démenant et suant entre les fermes, tandis que les toits des maisons de bois palpitent dans la buée formée par leur propre chaleur. Au dessus de nos têtes le faucon est la seule créature occupée. Son cri, aigu comme celui du milan, fait abandonner aux poussins leur bain de sable et courir, le bec ouvert, auprès de leurs mères. L'écureuil rouge, comme à l'ordinaire, fait semblant d'avoir des affaires importantes à liquider au milieu des noyers cendrés, mais c'est pure fatuité. Une fois que le passant sera parti, il cessera de jacasser pour regagner la place où les brises légères pourront le mieux agiter les plumes de sa queue. De quelque part là-bas, de dessous la bosse indolente de la prairie, nous arrivent le bourdonnement d'une faucheuse, son *whurr-oo*, et le grognement des chevaux fatigués.

Les maisons ne sont faites que pour y manger et y

dormir. On passe le reste de son existence étendu tout de son long sur la véranda. Lorsque la circulation est intense il passe devant cette véranda trois attelages par jour, et il faut bien alors échanger des propos au sujet du temps et de la récolte d'avoine. Une fois celle-ci rentrée il y aura un intervalle d'inertie dans la ferme, et les fermiers se proposeront sérieusement de faire les mille choses qu'ils ont négligées pendant l'été. Ils entreprendront telle ou telle chose, « quand le moment sera venu ». La phrase, si on la traduit, équivaut exactement au *mañana* des Espagnols, au *Kul hojaiga* de l'Inde supérieure, au *Yuroshii* des Japonais, et au *taihod* lent et traînant des Maoris. La seule personne qui réellement « arrive » par un temps pareil c'est le pensionnaire d'été — celui qui est venu se réfugier là, fuyant les cités torrides de la Plaine — et généralement c'est une femme. Elle se promène, fait de la botanique, de la photographie, arrache l'écorce des bouleaux blancs pour en tresser des corbeilles à papier ornées de rubans bleus et ce faisant excite l'émerveillement du fermier. Ce qui l'étonne encore bien plus, c'est de voir le commis de la ville, en chandail, qui dispose de quinze jours de vacances par an, et apparemment de ressources illimitées, qu'il gagne de la façon la plus aisée, en « restant assis à écrire devant un bureau ». La femme du fermier voit la mode qu'étale la pensionnaire d'été et, grâce à eux deux, femme et mari pourront se faire une idée des beautés de la vie urbaine, connaissance qui leur vaudra peut-être des reproches de la part de leurs enfants plus tard. Le chandail et la robe faite à la ville sont des sergents recrutant, bien innocemment, pour le compte des brigades citadines et, comme la profession du voisin reste toujours un mystère pour chacun de nous, ceux qui endossent le chandail ou la robe de ville s'imaginent que le fermier doit être heureux et content. Un lieu de villégiature, c'est, en somme, une des mille fenêtres d'où l'on peut envisager les mille aspects de la vie qui se déroule dans les Etats sur la côte de l'Atlantique. Rappelez-vous qu'entre juin et septembre tous ceux qui peuvent le faire fuient les grandes villes — non pas par dérèglement comme c'est le cas pour les Londoniens — mais à cause de la chaleur. Donc ils s'en vont par millions, avec leurs millions, les femmes des hommes riches pendant cinq bons mois, les autres aussi longtemps que possible ; et, comme font les oiseaux de même plume, elles forment des communautés, classe par classe, race par race, division par division, s'étendant à travers tout le pays, depuis le Maine et les domaines supérieurs du Saguenay à travers les montagnes et les sources chaudes d'une demi-douzaine d'États du Centre jusqu'aux lointains parages de Sitka où elles se rendent par bateau. Alors elles dépensent de l'argent en notes d'hôtels, au milieu de dix mille fermes, en payant des compagnies privées qui louent et remplissent de gibier des terrains de chasse, en yachts, en canoës indiens, en bicyclettes, en cannes à pêche, en chalets, en chaumières, en bibliothèques circulantes, en camps, en tentes, et dans tous les luxes possibles. Mais celui du repos, la majorité d'entre elles l'ignorent. Elles traînent fidèlement derrière elles le télégraphe et le téléphone, de peur que leur gent mâle n'oublie pour un seul instant et le boulet et les entraves qu'ils ont au pied. Au point de vue tristesse mêlée de comique il y a peu de spectacles qui soient comparables à celui d'un millionnaire sans veste, les souliers boueux, le chapeau orné d'appâts à truite, et un chapelet de petits poissons à la main, suspendu désespérément au téléphone de quelque « lieu fréquenté pour sa salubrité » à l'autre bout du monde :

— Allo ! — Allo ! Oui ! — Qui est-ce qui parle ? — Ah ! très bien. Parlez. Oui, c'est moi ! De quoi ? Répétez. Vendu *combien ?* — Quarante-quatre et demi ? — Répétez. — Non ! Je vous avais *dit* de tenir bon. Comment ? Comment ? — *Qui* est-ce qui a acheté à ce taux ? Dites donc, attendez un instant. Téléphonez-leur. Non, attendez. Je vais venir (regardant sa montre). Dites à Schaefer que je le verrai demain. Par dessus l'épaule, à sa femme qui porte d'énormes bagues en diamants à 10 heures du matin : — Lison, ma valise ? Il faut que je m'en aille.

Et il s'en va manger à l'hôtel et dormir dans sa maison fermée. Les hommes sont aussi rares dans la plupart des rendez-vous d'été qu'ils le sont aux Indes dans les postes des collines à la fin d'avril. Les femmes vous racontent qu'ils ne peuvent pas quitter leur travail, et que s'ils s'absentaient ils seraient malheureux tant qu'ils ne seraient pas de retour. Pour savoir si cet abandon général des maris par leurs femmes est chose bonne en soi, demandez ce qu'en pensent ceux qui connaissent les beautés du système Anglo-Indien.

Qu'hommes et femmes aient besoin, réellement besoin de repos, un seul coup d'œil sur les tables d'hôtel bondées nous en donne la certitude ; c'est si palpable en réalité que l'étranger, à qui l'on n'a pas appris que les embarras et les tracas sont en eux-mêmes choses honorables, meurt d'envie parfois de pouvoir faire dormir pendant dix-sept heures par jour toute cette foule qui ne se repose jamais. J'ai demandé à non moins de cinq cents hommes et femmes dans différentes parties des Etats-Unis la raison de leur santé délabrée et de leur air si déprimé. L'élément masculin me dit : — Si vous ne marchez pas avec les autres on vous laisse en route, et les femmes souriaient d'un sourire pervers, répondant qu'aucun étranger n'avait jusqu'ici découvert la véritable cause de leur tracas et de leur tension, ni pourquoi leurs vies étaient arrangées de façon à surmonter le plus grand nombre de difficultés dans un temps le plus restreint donnés. Or, qu'on abandonne les hommes à leur propre folie, mais on m'a dévoilé ce qui est cause de tout le mal chez les femmes. C'est la chose qu'on appelle « aide » qui n'est pas une aide. Parmi la multitude de cadeaux que l'Américain a donnés à l'Américaine (pour les détails voir les journaux quotidiens) il a oublié, ou est incapable de lui donner de bons domestiques. Et ce tracas sordide empiète aussi bien chez le ménage du millionnaire que dans l'appartement du petit employé de la cité. — Ah oui ! il est facile de rire, dit une femme avec un douloureux emportement, nous sommes à bout, nous et nos enfants, et nous sommes toujours en train de nous tracasser, je le sais bien. Mais que faire ? Si vous restez ici vous verrez que c'est le pays de tous les luxes et d'aucune chose indispensable. Vous verrez, et alors vous ne rirez plus. Vous comprendrez pourquoi les femmes emmènent leurs maris dans des pensions et n'ont jamais de chez soi. Vous saurez ce qu'on veut dire par un catholique irlandais. Les hommes ne veulent pas s'occuper de nos ennuis, mais nous, *nous* le ferions bien. Si *nous* avions le suffrage des femmes nous fermerions la porte à *tous* les Irlandais et nous l'ouvririons à *tous* les Chinois, et nous donnerions un peu de protection aux femmes. C'était le cri d'une âme usée, à bout, malade d'exaspération. Mais c'était la vérité. Aujourd'hui, je ne ris plus d'un peuple qui dépend de races ilotes incapables pour un service mal fait. La prochaine fois que vous, qui faites marcher votre ménage en Angleterre, avez maille à partir avec votre domestique qui est respectable, aimable, appliquée, et que vous prenez aux gages de seize livres par an, qui porte bonnet et vous dit « Madame », rappelez-vous le travail d'indigent d'Amérique, celui des femmes de soixante millions de rois qui n'ont pas de sujets. Personne ne pourrait acquérir une connaissance complète du problème en une seule existence, mais il pourrait en deviner la grandeur et la portée, après qu'il serait descendu dans l'arène et aurait lutté avec le Suédois et le Danois et l'Allemand et l'innommable Celte.

Alors il comprend combien cela doit être bon pour l'espèce qu'un homme se mette en miettes pour lutter sauvagement avec son voisin, tandis que sa femme sans cesse se débat dans sa cuisine au milieu d'une sauvagerie primitive. Aux Indes parfois, quand une famine menace, la vie du pays se dresse devant vous dans toute sa nudité, son exigence et son amertume. Ici, malgré ses colifichets et ses ornements, elle ne consent pas à se laisser étouffer ; ses clameurs et son vacarme se font entendre bien au-dessus de tous les autres bruits, comme il arrive parfois, à bord du transatlantique, que le tonnerre de machines dérangées dans leur fonctionnement arrête les conversations engagées sur le pont. Tandis que les yeux interrogateurs des passagers semblent dire : « Ce véhicule est fait et payé pour nous mener au port tranquillement, pourquoi ne le fait-il pas ? » Seulement ici le cliquetis de la machine mal agencée résonne toujours aux oreilles, bien que hommes et femmes courent de-ci de-là avec des appareils destinés à épargner la main-d'œuvre, et des évangiles, prônant « le pouvoir qu'on obtient grâce au repos », tripatouillant et graissant la machine et ajoutant au bruit. Cette machine-là est neuve. Un de ces jours elle sera la plus belle du monde. On ajoute donc au nombre des inventeurs amateurs certains individus avec des calepins, qui viennent vérifier chaque écrou, chaque matras, tâter les boulons, enregistrer le nombre de tours faits, et qui de temps en temps annoncent que tel ou tel appareil n'est pas « essentiellement américain. » Cependant que, sans nécessité, meurent au milieu des roues des hommes et des femmes ; ils ont, dit-on, succombé dans « la bataille de la vie ».

Le Dieu qui nous voit tous mourir sait que cette bataille-là n'existe déjà que trop, mais nous, nous ne le savons pas, nous continuons donc à adorer le couteau qui tranche et la roue qui nous broie, tout aussi aveuglement que le balayeur paria adore Lal Beg, le Balai Glorifié qui est l'incarnation de son métier. Mais le balayeur a du moins assez de bon sens pour ne pas se tuer — à force de balayer — ce dont il s'enorgueillit.

Un étranger ne peut guère remédier à ces ennuis en en parlant ; car ce même sang maigre et desséché qui engendre la fièvre de l'agitation engendre aussi le sauvage orgueil paroissial qui pousse un cri aigu si un regard fixe ou un doigt vient à se diriger vers lui. Entre eux les gens des villes de l'Est reconnaissent volontiers qu'eux-mêmes ainsi que l'élément féminin travaillent infiniment trop et se détraquent, et que les conséquences pour leurs rejetons sont fort désagréables, certes, mais en présence de l'étranger ils préfèrent parler de l'avenir de leur grand continent (ce qui n'a rien à voir avec la question), invoquer le Baal des Dollars, énumérer leurs voies ferrées, leurs mines, leurs téléphones, leurs banques, leurs villes, et tous les coquillages, boutons et jetons qu'ils ont fait leurs Dieux. Or, une nation ne marche pas en avant grâce à sa boîte crânienne, ainsi que certains livres voudraient nous le faire accroire, mais grâce à son ventre, comme le fit le serpent jadis, et en fin de compte le travail accompli par le cerveau est récolté par une race à allure lente au ventre inimaginatif et aux nerfs qui restent à leur place.

Tout cela est très consolant — du point de vue de l'étranger. Il s'aperçoit avec une satisfaction non mitigée que de la haute tension naît l'impatience sous forme d'un jeune paquet de nerfs qui est bien le lutin le plus indiscipliné qu'on puisse voir. De l'impatience devenue adulte, habituée à des conversations violentes et vilaines, à l'impatience et à l'insouciance de ses voisins, naît la licence, encouragée par la paresse et supprimée par la violence lorsqu'elle devient insupportable. La licence engendre la rébellion (et à ce fruit-là on a déjà goûté une fois) et de la rébellion sort du profit pour ceux qui attendent. Il entend parler du pouvoir du Peuple qui, par pure négligence, oublie de veiller à ce que les lois soient suivies comme il convient dès le début, et ce Peuple, non pas une ou deux fois par an, mais plusieurs fois par mois, descend dans la rue et, avec un maximum de dépense de forces et de cris, s'en va pendre ses congénères. Ce ne sont là, l'assure-t-on, que des gens fidèles observateurs de la loi qui n'ont fait qu'exécuter « la volonté du peuple ». C'est à peu près comme si un homme négligeait de trier ses papiers pendant un an, puis se mettait à briser son bureau à coups de hache en s'écriant : « Voyez comme j'ai de l'ordre ! » Il entend des avocats, en tout autre temps sensés et cultivés, défendre ce meurtre brutal avec le prétexte que « le Peuple protège la Loi », la loi qu'ils n'ont jamais mise en exécution. Il voit que l'on accorde à chacun le droit, — concédés à moitié seulement aujourd'hui, mais tout de même à moitié, d'anticiper la loi lorsqu'il s'agit de ses intérêts personnels, et l'impatience nerveuse (toujours les nerfs) anticiper le jugement concernant les personnes suspectes qui sont en prison, ou l'accusé au banc des prévenus, ou la décision arbitrale entre deux nations avant que celle-ci ait été rendue. Il sait que le mot d'ordre à Londres, à Yokohama et Hong-Kong lorsqu'on a des affaires à traiter avec l'Américain pur sang, c'est de le faire attendre, pour la bonne raison que l'inaction forcée l'enfièvre, comme rester immobile sous le harnais énerve un cheval à moitié dressé. Il rencontre mille petites particularités de langage, de manière, de pensée, — affaires de nerfs, d'estomac, développées par une lutte incessante — et toutes relèvent un tantinet de la licence. Pas plus que ne le ferait l'entrechoquement inquiet de cornes d'un troupeau de bétail, mais certainement pas moins. Tout cela profite à ceux qui attendent.

D'autre part, pour envisager la chose plus humainement, il y a des milliers d'hommes et de femmes charmants dont la santé se détériore pour la lamentable raison que s'ils ne marchent pas avec la procession ils « restent en route ». Et ils restent — dans des vêtements qui n'ont que de l'apparence, au milieu de monceaux de salsepareille. Des jeunes hommes, que l'on rencontre par hasard dans les rues, vous parlent de leurs nerfs, chose qu'aucun jeune homme ne devrait connaître ; et les amis de vos amis succombent à de la prostration nerveuse, et les gens que l'on entend parler dans le train s'entretiennent de leurs nerfs et des nerfs de leurs parents ; et il faut qu'on s'occupe des nerfs des petits enfants avant qu'ils ne perdent leurs dents de lait, et les hommes comme les femmes entre deux âges ont leurs nerfs aussi, et les vieillards perdent la dignité que leur confère leur âge par suite d'une agitation indécente et les annonces dans les journaux prouvent bien que cette liste catégorique n'est pas un mensonge. Plus encore que les soucis et la panique, l'hyperconscience de soi-même d'un peuple neuf fait qu'ils éprouvent comme un orgueil perverti dans le tapage inutile qui augmente le taux de la mortalité — plaisir enfantin à voir l'éclat, le rayonnement et la poussière produits par la Marche du Progrès. N'est-ce pas « essentiellement américain ? » Oui et non. Si les villes étaient toute l'Amérique, ainsi qu'elles prétendent l'être, dans cinquante ans on verrait la Marche du Progrès arrêtée, tout comme une machine s'arrête lorsque les essieux chauffent trop...

Là-bas dans la prairie la faucheuse s'est arrêtée et les chevaux se secouent. Les derniers rayons du soleil abandonnent la cime de Monadnock et, à quatre kilomètres de là, la Grand'-Rue allume ses lampes électriques. C'est le soir, où joue la fanfare dans la Grand'Rue et les gens de Putney, de Marlborough, de Guilford, et même de New Fane viendront dans leurs voitures bien remplies pour entendre la musique et regarder l'Ex-Président. De par delà le versant de la prairie deux hommes arrivent très lentement, ils sont nu-tête et vont les bras ballants. Ils ne se pressent pas, ils ne se sont pas pressés, et ils ne se presseront jamais car ils sont de la campagne, banquiers de la chair et du sang des villes à jamais en état de banqueroute. Leurs enfants seront peut-être de pâles pensionnaires d'été, de même que ces pensionnaires, mauvaises herbes élevées à la ville, prendront peut-être leur succession dans ces fermes. De la charrue au trottoir va l'homme, mais il revient finalement à la charrue.

— Vous allez manger la soupe ?

— « Vou-ii, » répond une voix lente à travers l'herbe non coupée.

— Dites donc, va falloir peindre cette grange.

— On fera ça un jour ou l'autre.

Ils s'en vont, dans le crépuscule, sans adieu ni salutation, lentement comme leurs propres bœufs. Et il y en a quelques millions comme cela — hommes peu commodes à contrecarrer, inébranlables, silencieux, ne répondant jamais directement aux questions qu'on leur pose, et aussi impénétrables que cet autre fermier oriental qui est le fondement même d'un autre pays. On ne parle pas d'eux dans les journaux des villes, on ne les entend pas beaucoup dans les rues, et ils comptent pour très peu dans l'appréciation que se fait l'étranger de l'Amérique.

Mais c'est *eux* cependant l'Américain.

LETTRES D'UN CARNET D'HIVER

Nous avions marché de front avec l'année depuis le commencement même, c'est-à-dire à partir du moment où la première sanguinaire jaillit d'entre les plaques de neige d'avril, tandis que l'épais amoncellement au fond de la prairie résistait encore. Dans l'ombre projetée par les bois et sous les aiguilles tombées des sapins, des paquets de neige persistèrent jusqu'en fin Mai, mais ni les saisons ni les fleurs ne s'en inquiétèrent et avant même que nous ne fussions bien assurés que l'Hiver était parti, les valets de Monseigneur Baltimore, revêtus de leurs livrées neuves, vinrent pour nous dire que l'Été était arrivé dans la vallée, et, de grâce, leur serait-il permis de se nicher au fond du jardin ?

Il vint cet Été, courroucé, trop nerveux pour pouvoir rester un instant en place, vu qu'il avait tant à faire : le blé et le tabac à faire mûrir, les pâturages à revêtir, les feuilles mortes à enfouir sous de nouveaux tapis, tout cela en cinq petits mois. Et voilà que brusquement, au beau milieu de son travail, par une étouffante et immobile journée de Juillet, il fit sortir un vent du Nord-Ouest, un vent se déchaînant sous

une arche de nuages ballonnés et couleur d'acier, un vent
âpre et méchant, sentant la grêle, un vent qui mit moins de
dix minutes pour venir et s'en aller, mais qui obstrua les
routes d'arbres tombés, renversa une grange et arracha les
pommes de terre ! Puis, cela fait, un nuage blanc en forme
de haltère se mit à descendre en tournoyant le long de la
vallée et passa en hurlant et en pivotant, en pivotant et en
hurlant à lui tout seul à travers le calme azur du soir. Une
tornade des Indes occidentales ne se serait pas montrée plus
alerte que notre petit cyclone, si bien que lorsque notre maison
se dressa comme un jeune coq sur le point de lancer son défi, et
qu'un ormeau de soixante pieds de haut fut renversé, et que
ce qui avait été une route poussiéreuse se fit torrent rugissant,
— le tout en moins de trois minutes, — nous nous rendîmes
compte que l'été de la Nouvelle Angleterre avait du sang de
créole dans les veines. Il s'en alla enfin jusqu'au bout, la
figure enflammée, courroucé, claquant toutes les portes des
collines derrière lui, et alors l'Automne qui est un Monsieur
bien élevé prit le commandement.

Nulle plume ne saurait décrire la transformation des feuilles, l'insurrection du peuple des arbres contre l'année qui
s'étiole. Ce fut un petit érable qui commença la révolte, s'em-
brasant soudain d'un rouge de sang qui se détachait sur le
fond vert sombre d'une ceinture de sapins. Le lendemain
matin, les sumaks répondirent du milieu de leur étang. Trois
jours plus tard les flancs des collines à perte de vue avaient
pris feu et les routes étaient pavées de carmin et d'or. Puis

il souffla un vent humide qui mit à mal tous les uniformes de cette somptueuse armée, et les chênes, qui s'étaient tenus en réserve, endossèrent leurs cuirasses ternes et bronzées, et résistèrent ferme jusqu'à la dernière feuille emportée par le vent. Enfin rien ne resta sinon l'estompage des ramures dénudées et l'on put plonger les regards jusque dans le cœur le plus intime des bois.

Il faut s'attendre à avoir la gelée jusqu'au milieu de Mai et après le milieu de Septembre, de sorte que l'Été a très peu de temps pour faire des travaux d'émail ou pour broder les feuilles. Ce sont ses frères qui apportent les cadeaux : le Printemps donne les Anémones, les Sceaux de Salomon, les Chausses de Hollandais, les Quakeresses, et les Arbousiers qui traînent et sentent aussi divinement que la véritable aubépine. L'Automne apporte à double brassée la Verge Jaune et toute la tribu des Asters roses, lilas et blanc crémeux. Lorsque ceux-ci s'en vont le rideau tombe, et les Puissances, quelles qu'elles soient, qui, par derrière, changent le décor, travaillent sans bruit. Dans les pays tropicaux vous pouvez entendre derrière les silences de la nuit s'effectuer le travail de la croissance ou du dépérissement. Même en Angleterre les marées de l'air d'hiver ont un but, une tendance définie, mais ici elles sont muettes absolument. Le tout dernier travail d'établi, c'était en cette saison, l'extrémité allongée d'une tige de ronce présentée sous une forme conventionnelle mais très audacieuse, en fer battu, et que l'on avait jetée sur l'herbe gelée un instant avant que l'on vînt l'examiner. Le reflet bleu de la fournaise se

mourait encore le long de la tige principale, et les ramifica-
tion latérales étaient rouges comme des cerises et telles qu'elles
venaient de quitter les charbons ardents. C'était, manifestement, un morceau détaché de quelque porte invisible dans
les bois ; mais nous n'avons jamais trouvé l'ouvrier qui l'avait
faite, bien qu'il eût laissé la marque de son pied fourchu aussi
visible que l'eût fait un daim égaré. Au bout d'une semaine,
les fortes gelées avec leurs faux et leurs marteaux avaient renversé toutes les floraisons au bord de la route en même temps
que les aimables buissons servant de voile à la pente de la route
sans palissade.

Là les saisons firent momentanément halte. L'Automne s'en
était allé, mais l'Hiver n'existait pas encore. C'était du Temps
qu'on nous débitait, rien que le temps qui s'écoule, clair et
frais, jours de grâce faits pour que nous en jouissions. Deux
pieds de feuilles sèches ou de terre encadraient les blanches
maisons en bois des fermiers ; déjà les bûcherons sortaient
pour préparer les stocks de bois pour l'année à venir. Or
fendre du bois est un art et le fendeur est à tous points
de vue un artiste. Il fabrique lui-même le manche de sa hache
et dans l'idée de chaque bûcheron il n'existe au monde qu'un
seul morceau de bois qui soit réellement parfait. Celui-là
on ne le trouve jamais, mais ce qui s'en rapproche le plus, on
le fignole, on l'équilibre, on le soupèse jusqu'à ce qu'on l'ait
amené aussi près que possible de cet idéal. Une de mes connaissances a atteint en l'espèce presque la perfection de l'arme
d'Umslopogas. Presque droite, l'extrémité garnie de cuir,

étonnamment souple, elle est à double lame qui sert à la fois à fendre et à hacher. Si son Démon est avec lui — et quel est l'artiste qui saurait répondre de tous ses caprices ? — il vous fera tomber l'arbre sur le bâton ou la pierre qu'il vous plaira de désigner, que ce soit sur la montagne ou dans la vallée, à droite ou à gauche. Mais en véritable artiste qu'il est, il vous assurera que cela n'est rien. Le premier sot venu sait faire ce qu'il lui plaît avec un arbre en terrain découvert, mais abattre un arbre au milieu d'un épais fourré sans causer de dommage exige un artisan. C'est une véritable révélation que de voir tomber un érable, au tronc large de quatre pieds, haut de quatre-vingts pieds, aussi adroitement que le pêcheur lance son appât, au seul endroit où il ne risquera pas, en leur fauchant la tête, de blesser l'amour-propre de cinquante érables plus jeunes que lui. Les pins blancs, les sapins du Canada et les spruces se partagent ce pays en compagnie des érables, des bouleaux blancs et noirs et des hêtres. L'érable semble avoir peu de préférences et les bouleaux blancs s'égaillent frileux aux confins des camps, mais les pins se tiennent fermes en régiments compacts, lançant des éclaireurs pour envahir à la première occasion un pâturage abandonné. Pas de pardessus plus chaud que les pins lorsque le vent souffle en tempête sur des lieues à la ronde faisant résonner les bois comme des orgues de cathédrale, et que les premières neiges de l'année revêtent de leur poudre les rebords des rochers.

Les mousses, les lichens, verts, couleur de soufre, ambrés, constellent le sol cuivré couvert d'aiguilles où le pin nain duveteux court de-ci de-là, sans but apparent, égrenant, en bribes, des syllabes de charmes à demi oubliés.

Il y a des baies multicolores à la lisière des bois, où dîne la perdrix (qui n'est au fond qu'un coq de bruyère à fraise) et, tout à côté des routes servant à charrier les bûches, poussent sur les souches pourries des champignons vénéneux de toutes nuances. En quelque lieu que le roc, vert ou bleu, dresse sa crête au flanc du coteau, les aiguilles enserrent sa base en masses profondes, si bien que, au moment où les rayons du soleil les incendient, la pierre et son encadrement se transfigurent en une gloire égale à celle d'une turquoise reposant sur un fond d'or pâle. Les bois sont remplis de couleur, au point de former de véritables zones, des éclaboussures ; ce sont à la fois toutes les couleurs du sauvage, le rouge, le jaune et le bleu. Leurs retraites ne renferment cependant que peu de vie, car les peuplades des bois ne fréquentent pas volontiers les ombres. C'est au milieu des hêtres et des caryers au bord de la route — d'où ils pourront voir ce qui se passe sur la route et bavarder — que se font les affaires des écureuils. Ici même on n'en trouve aucun de couleur grise (pour l'excellente raison qu'ils sont trop bons à manger et ont à payer en conséquence), mais il y en a cinq, rouges, qui nichent dans un caryer tout près d'ici et que nulle température ne fera dormir. La marmotte, qui est à la fois dormeuse et stratège, fait son trou au milieu d'une prairie où elle vous apercevra, vous, avant que vous ne la voyez, elle. De temps à autre un chien trouve moyen de l'intercepter et la bataille qui s'en suit vaut la peine qu'on traverse des champs pour y assister. Mais il y a longtemps que la marmotte est allée se coucher et elle ne ressortira qu'en Avril. Le rakoon demeure — où ? ma foi ! personne ne sait au juste, — mais lorsque la lune du chasseur est pleine et immense, il descend jusqu'aux terres de blé et on le chasse avec des chiens pour avoir sa fourrure qui fait le meilleur des pardessus, et sa chair qui est savoureuse comme du poulet. Le cri plaintif qu'il fait entendre la nuit ressemble à celui d'un enfant égaré.

Dans ce pays on a l'air de tuer, pour une raison ou une autre, tout ce qui bouge. Les faucons, bien entendu ; les aigles à cause de leur rareté ; les renards pour leurs fourrures ; les merles aux flancs rouges et les petits loriots de Baltimore parce qu'ils sont jolis, et autres menus êtres pour s'amuser, comme en France. Vous pouvez vous procurer pour douze shillings ce qu'on peut appeler un fusil, et si votre voisin est assez bête pour mettre des pancartes annonçant qu'il est défendu de « chasser » et de pêcher à la ligne, vous vous rendez bien entendu dans ses réserves. Ce qui fait que le pays est très silencieux et inanimé.

Pourtant il y a des ours à quelques kilomètres seulement, comme vous pourrez vous en apercevoir en lisant l'avis suivant, ramassé chez le marchand de tabac de l'endroit :

AMI, PRENDS TON FUSIL ! CHASSE A L'OURS.

Vu que les ours sont trop nombreux dans la ville de Peltyville Corner Vermont, les chasseurs des villes environnantes sont invités à prendre part à la grande chasse qui sera faite sur les Montagnes bleues dans la ville de Peltyville Corner Vermont, le mercredi 8 Novembre, si le temps le permet, sinon le premier jour qu'il fera beau. Venez chacun, venez tous !

Ils s'y rendirent, mais ce fut l'ours qui ne voulut pas participer à la fête. L'avis avait été imprimé dans je ne sais quelle Imprimerie Électrique. Mélange un peu bizarre, n'est-il pas vrai ?

En général l'ours ne sort guère de ses parages habituels mais il a un faible pour les porcs et les jeunes veaux, ce qui entraîne un châtiment. Douze heures de chemin de fer et un peu de marche vous amènent jusqu'au pays de l'élan ; et quelque vingt milles d'ici à vol d'oiseau, vous trouvez des forêts vierges où demeurent des trappeurs et où il y a également un Etang Perdu que beaucoup ont trouvé une fois mais... n'ont jamais retrouvé depuis.

Les hommes, qui de nature sont moutons, ont suivi leurs amis et le chemin de fer le long des vallées de la rivière où se trouvent les villes. Une fois que l'on a atteint l'autre côté des collines, les habitants sont clairsemés, et, hors de leur État, peu connus. Ils se retirent de la circulation en Novembre s'ils demeurent sur les hautes terres ; redescendant au mois de Mai lorsque la neige le permet.

Il n'y a guère plus d'une génération, on faisait soi-même dans ces fermes ses vêtements, son savon, ses bougies, on tuait trois fois par an sa viande, : bœuf, veau ou cochon ; le reste du temps on se reposait. Aujourd'hui on s'achète des vêtements dans les magasins, des savons brevetés et du pétrole. Bien mieux, c'est parmi ces tentes que les énormes biographies des Présidents à reliure rouge et dorées sur tranche, les Bibles qui coûtent vingt livres et servent à toute une famille, accompagnées d'extraits de mariage, de lettres de faire part, de certificats de baptême et des centaines d'authentiques gravures sur acier, se vendent le mieux.

C'est également ici, mais dans les sentiers moins fréquentés, que le charlatan ambulant (celui qui vend les pilules électriques, marque brevetée, et toutes sortes de remèdes pour les maladies nerveuses) se partage le champ d'exploitation avec le marchand de graines, de fruits, et le vendeur de pilules pour bestiaux. Ici on se drogue pas mal, je crois, car il faut être bien pauvre pour ne pas connaître la prostration nerveuse. Voilà comment il se fait que le charlatan conduit un couple de chevaux traînant un camion peint aux gaies couleurs muni d'une capote, et parfois emmène avec lui sa femme. Je n'ai rencontré qu'une seule fois un colporteur à pied. C'était un vieillard tout tremblant de paralysie qui poussait devant lui quelque chose ressemblant tout à fait à une de ces petites carrioles employées pour les pompes funèbres d'un enterrement pauvre. Sa marchandise consistait en épingles, galon, parfumerie et assaisonnements variés. Il fallait se servir soi-même, car il ne pouvait rien faire de ses mains et il vous racontait une histoire interminable où il embrouillait à la fois le récit de la cession faite par contrat d'une ferme à quelqu'un de sa famille avec le sentiment d'orgueil qu'il éprouvait à pouvoir couvrir, à son âge, tant d'étapes chaque jour. Il parcourait parfois six kilomètres. Ce n'était pas un Roi Lear, comme la cession de la ferme aurait pu le faire supposer, mais un être marqué au cachet de la tribu du Juif Errant ; vieux radoteur tout tremblotant. Il n'en manque pas de son espèce, hongreurs et gens de semblable acabit qui font de longues étapes, poussant parfois jusqu'en Virginie, ou peu s'en faut, allant dans la direction du nord jusqu'à ce qu'ils atteignent la frontière. Leur conversation et leur bavardage leur tiennent partout lieu de paiement en espèces.

Pourtant les chemineaux sont rares — ce n'est pas un mal — car l'article américain correspond assez exactement à ces tribus errantes et criminelles que l'on voit dans l'Inde. C'est un gredin pilleur, trop avisé pour travailler. Piètre endroit que Vermont pour mendier la nuit tombée près d'une ferme ! Ah oui !

Au printemps les Bohémiens s'installent près de la rivière, enfermant leurs chevaux à la manière de leur tribu. Ils ont le type bohémien, et certains de vieux noms bohémiens, mais ils reconnaissent qu'ils ont pas mal de sang de gentil dans les veines.

L'hiver a chassé tous ces gens réellement intéressants vers le sud et, dans quelques semaines, si la neige donne tant soit peu, les fermes éloignées n'auront plus de visites, sauf celle du traîneau encapuchonné du Docteur. Ce n'est pas une petite affaire que d'exercer son métier de docteur ici pendant les mois d'hiver lorsque les neiges sont amoncelées pour de bon et où une paire de chevaux peut fort bien s'enfoncer jusqu'à l'arçon. C'est parfois quatre chevaux par jour que l'on emploie, jusqu'à épuisement complet, car ce sont de braves gens.

Dans le grand silence produit par la neige naît, très probablement, la partie non la moins importante de cette conscience propre à la Nouvelle Angleterre dont parlent ses enfants dans leurs récits. Il reste beaucoup de temps pour penser, et penser est une chose très dangereuse. La conscience, la peur, les lectures mal digérées et, peut-être aussi une nourriture pas très bonne ont libre jeu. Un homme, et surtout une femme, peuvent aisément entendre des voix étranges, comme la parole du Seigneur, parmi ces montagnes mortes, avoir des visions et des rêves, des révélations et des épanchements spirituels et finir (pareilles choses se sont vues) d'une façon assez lamentable dans ces grandes maisons auprès de la rivière de Connecticut qui ont été tendrement baptisées La Retraite. La haine s'engendre tout aussi bien que la Religion, la haine entre voisins, profonde, qui plonge jusqu'aux racines de l'être, qui résulte de mille petits détails accumulés, que l'on couve et fait éclore près du poêle lorsque la conversation se fait à deux ou trois dans les longues soirées. Il serait fort intéressant d'obtenir les statistiques des réveils religieux, des assassinats, et de découvrir combien se sont accomplis au printemps. Mais, pour les gens indemnes de folie, l'hiver est un long régal pour les yeux. Dans d'autres pays on sait que la neige est un ennui qui arrive et puis s'en va, que l'on malmène et gâche finalement. Ici elle reste sur le sol plus longtemps que n'importe quelle récolte, parfois de Novembre à Avril, et pendant trois mois la vie se déroule au rythme des clochettes de traîneaux qui ne sont pas, comme l'insinua certain visiteur du Sud, objets de parade, mais des sauvegardes. L'homme qui s'avise de conduire sans elles n'est pas aimé. La neige est un baromètre fidèle, prédisant qu'on pourra se livrer au sport en traîneau ou se calfeutrer étroitement dans les casernes. Elle est le seul engrais que reçoivent les pâturages pierreux ; elle couvre la terre d'un manteau et empêche le gel de faire éclater les conduites d'eau. Elle est la meilleure, j'avais failli écrire la seule, faiseuse de routes dans les États. Mais d'autre part elle est capable de se dresser dans la nuit et d'ordonner aux populations tels les Égyptiens de se tenir immobiles. Elle sait arrêter les courriers, annihiler tous les horaires, éteindre les lampes de vingt villes et tuer un homme en vue même de son seuil ou de son bétail affamé. Quiconque s'est trouvé dans une tourmente, même atténuée, comme la Nouvelle Angleterre sait en faire, ne s'avise de parler à la légère de la neige. Représentez-vous quarante-huit heures de vent hurlant, avec le thermomètre bien près de zéro, creusant et soulevant la neige nouvellement tombée sur cent kilomètres. L'air est comme rempli de projectiles qui fouettent le visage, et à dix mètres les arbres sont invisibles. Le pied glisse sur un rocher poli et noir comme l'obsidienne où le vent a mis à nu quelque coin exposé de la route et sa glace boueuse du début de l'hiver. Le pas suivant que vous faites vous enfonce jusqu'à la hanche et davantage, car ici c'est un mur qu'on n'a pas vu qui refoule l'élan de la neige flottante et sifflotante. Voici à un moment une crête escarpée qui se dresse en travers de la route ; le vent vient de changer tant soit peu, aussitôt tout s'écroule comme le sable dans un sablier, ne laissant qu'un trou de tourbillons blancs. Il y a une accalmie et vous pouvez apercevoir alors toute la surface des champs se ruant furieusement à l'assaut en une direction donnée, marée qui part d'entre les troncs des arbres. Et pendant que vous regardez, les creux des pâturages se remplissent, se vident, puis se remplissent et se vident de nouveau. Les rochers rappellent un instant le flanc nu d'un vaisseau chassé par la tempête, puis blanchissant, disparaissent de la vue. Près de la grange, du côté sous le vent, dansent d'irresponsables démons de la neige, là où trois rafales se rencontrent, ou bien vont en titubant jusqu'au large où ils sont immédiatement abattus par le grand vent. Au plus fort de la tempête il n'y a ni ciel ni terre, mais seulement un tourbillon fou qui pourrait brasser un homme. Les distances prennent des proportions fantastiques de cauchemar ; ce qui en été ne constituait qu'une course pouvant être effectuée nu-tête, en une minute, devient une lutte haletante d'une demi-heure où chaque pied de terrain n'est conquis que dans l'intervalle d'une accalmie. C'est par un temps pareil que les granges à la lourde charpente en bois geignent, poutre contre poutre, comme les vaisseaux au milieu d'une mer houleuse. Et les provisions de foin pour l'hiver se recouvrent de longues raies de poussière de neige amenée par le vent, tandis que les bœufs dans l'étable bien au-dessous cognent de leurs cornes et gémissent mal à l'aise.

Le lendemain est bleu, sans un souffle, et absolument immobile. Les fermiers se frayent à coups de pelle un chemin jusqu'à leurs bêtes, attachent au moyen de chaînes leurs grands socs au traîneau le plus lourd et prennent tous les bœufs qu'Allah leur a accordés. Ils les conduisent tandis que le soc en labourant creuse un sillon dans lequel un cheval peut avancer, et les bœufs à force de s'enfoncer coup sur coup jusqu'au ventre finissent par pouvoir s'agripper. La route une fois faite est un double ruisseau profond entre des murs de neige de trois pieds de haut où, comme c'est la coutume, les véhicules les plus lourds ont le droit de passage. Celui qui a une voiture plus légère devra plonger jusqu'à la ceinture et mener sa bête récalcitrante jusque dans l'amoncellement, se fiant à la Providence pour maintenir en équilibre son traîneau.

Dans les grandes villes où l'on étouffe, crache et halète, la grosse neige se change en dégel. Ici elle reste immobile, mais le soleil, la pluie et le vent se mettent à la travailler, de crainte que la couleur et la texture n'en restent invariables. La pluie revêt le tout d'une croûte granulée ; dans ce chagrin d'un vert blanc les arbres se reflètent légèrement. De lourdes brumes montent et descendent et créent une sorte de mirage, jusqu'au moment où elles se tassent et enserrent les collines aux reflets métalliques, et alors vous savez quelle apparence doit présenter la lune à un de ceux qui l'habitent. Au crépuscule, de nouveau, les rebords aplatis des rochers, les replis et les plissements des hautes terres prennent l'aspect de sable mouillé, de quelque énorme et mélancolique plage tout au bout du monde, et lorsque le jour rencontre la nuit, c'est un véritable pays de fantômes. Au couchant, dernier reste de la journée morte, s'étalent, nacrées et d'un rouge de rouille, d'interminables étendues de rivage attendant que revienne le reflux ; à l'est, nuit noire parmi les vallées, et, sur la pente de la colline arrondie, recouverte d'une croûte de glace polie, s'accroche une vague lueur de lune, ressemblant plutôt à une traînée visqueuse de limace. Une ou deux fois, peut-être, en hiver, les grands flamboiements du Nord se font voir entre la lune et le soleil, de sorte qu'à ces deux lumières irréelles viennent s'ajouter l'éclat et le jaillissement de l'Aurore Boréale.

En Janvier ou en Février ont lieu les grandes tempêtes de glace, lorsque chaque branche, chaque brin d'herbe, chaque tronc est revêtu de pluie gelée, si bien qu'en vérité l'on ne peut rien toucher. Les piquants des pins sont engoncés dans des cristaux en forme de poire et chaque poteau de palissade est miraculeusement enchâssé de diamants. Si vous pliez un rameau le revêtement glacé se casse, craquèle comme du vernis et une branche épaisse d'un demi-centimètre se brise au moindre attouchement. Si le vent et le soleil inaugurent ensemble le jour, l'œil ne peut contempler fixement la splendeur de cette joaillerie. Les forêts résonnent d'un fracas d'armes, du bruit des cornes de daims en fuite, de la débandade de pieds, chaussés de fer, de haut en bas des clairières, tandis qu'une grande poussière de bataille est poussée jusqu'au milieu des espaces découverts, tant et si bien que les derniers vestiges de la glace se trouvent chassés, et que les branches débarrassées reprennent leur chant régulier de jadis.

De nouveau le mercure tombe à 20 ou plus au-dessous de zéro et les arbres eux-mêmes défaillent. La neige devient de la craie, grinçant sous le talon et le souffle des bœufs les revêt de givre. La nuit le cœur d'un arbre se fend en lui avec un gémissement. Au dire des livres c'est le gel, mais c'est un bruit effarant que ce grognement qui rappelle celui de l'homme qu'on assomme d'un seul coup.

L'Hiver qui est réellement l'hiver ne permet pas au bétail et aux chevaux de jouer en liberté dans les champs, de sorte que tout rentre au logis et puisqu'aucun soc ne saurait avec profit briser le sol pendant près de cinq mois on pourrait s'imaginer qu'il y a fort peu à faire. En réalité, les occupations de la campagne sont, en toute saison, nombreuses et particulières, et la journée ne suffit pas pour les remplir toutes, une fois que vous avez enlevé le temps qu'il faut à un homme qui se respecte pour se retourner. Songez donc ! Les heures pleines et nullement troublées se tiennent autour de vous comme des remparts. A telle heure le soleil se lèvera, à telle autre très certainement aussi il se couchera. Voilà ce que nous savons. Pourquoi alors, au nom de la Raison, nous accablerions-nous de vains efforts ? De temps à autre un visiteur de passage vient des Villes, des Plaines, tout pantelant d'envie de travailler. On le contraint à écouter les pulsations normales de son propre cœur, son que bien peu d'hommes ont perçu. Au bout de quelques jours, quand son zèle s'est calmé, il ne parle plus « d'y arriver » ; ou bien « d'être laissé en route ». Il ne tient plus à « faire les choses tout de suite » et il ne consulte pas sa montre par pure habitude, mais la garde là où elle doit toujours être, c'est-à-dire dans son ventre. Enfin il s'en retourne à sa ville assiégée, à contre-cœur, civilisé en partie. Sous peu il sera redevenu sauvage, grâce au fracas de mille guerres dont l'écho ne pénètre même pas jusqu'ici.

L'air, qui tue les germes, assèche même les journaux. Ils pourraient bien être de demain ou d'il y a cent ans. Ils n'ont rien à faire avec le jour présent, le jour si long, si plein, si ensoleillé. Nos intérêts ne sont pas sur la même échelle que les leurs, mais ils sont beaucoup plus complexes. Les mouvements d'une puissance étrangère — ceux par exemple d'un traîneau inconnu sur cette rive Pontique — doivent être expliqués, ou doivent trouver une justification, sans quoi le cœur de ce public éclatera de curiosité non satisfaite. S'il s'agit de Buck Davis qui vient accompagné de la jument blanche, celle qu'il a échangée contre sa pouliche, et le manteau qu'on porte en traîneau, pratiquement neuf, acheté à la vente Sewell, *pourquoi* Buck Davis, qui demeure sur les terrains plats de la rivière, traverse-t-il nos collines à moins que ce ne soit parce que Murder Hollow se trouve bloqué par la neige, ou parce qu'il a des dindons à vendre ? *Mais* s'il vendait des dindons, Buck Davis se serait certainement arrêté ici, à moins qu'il ne fût en train d'en vendre un grand stock en ville. Un gémissement venu du sac à l'arrière du traîneau dévoile le secret. C'est un jeune veau d'hiver, et Buck Davis va le vendre pour un dollar au marché de Boston, où l'on en fera du poulet de conserve. Reste cependant à expliquer le mystère de la route qu'il n'a pas suivie.

Après deux jours passés sur des charbons ardents on apprend, indirectement, que Buck est allé rendre une toute petite visite à Orson Butler qui demeure dans la plaine où le vent et les rochers dénudés vident leurs querelles. Kirk Demming avait apporté à Butler des nouvelles d'un renard qui se trouvait derrière la Montagne Noire et le fils aîné d'Orson, en passant par Murder Hollow avec un chargement de planches pour le nouveau parquet que la veuve Amidon fait installer, prévint Butler qu'il ferait peut-être bien de venir causer avec son père au sujet du cochon. Mais le vieux Butler, dès le début, n'avait eu que la chasse au renard en tête ; ce qu'il voulait c'était emprunter le chien de Butler, lequel avait donc été amené avec le veau et laissé sur la montagne. Non, le vieux Butler n'était *pas* allé chasser tout seul, mais avait attendu que Buck fût revenu de la ville. Buck avait vendu le veau 6 fr. 25 c. et non pas 3 fr. 75 c. ainsi que l'avaient faussement prétendu des gens intéressés. *Alors*, mais alors seulement, ils étaient allés tous les deux à la chasse au renard. Une fois qu'on sait cela, tout le monde respire librement, à moins que la vie n'ait été compliquée par d'autres contre-marches étranges.

Cinq ou six traîneaux par jour, c'est admissible, si l'on sait pourquoi ils sont sortis ; mais toute circulation métropolitaine intense dérange et excite les esprits.

LETTRES A LA FAMILLE

(1908)

Les lettres ont paru dans des journaux pendant le printemps de 1908, après une excursion au Canada faite pendant l'automne de 1907. Elles sont réimprimées sans modification.

LA ROUTE DE QUÉBEC.

UN PEUPLE CHEZ LUI.

CITÉS ET ESPACES.

JOURNAUX ET DÉMOCRATIE.

LE TRAVAIL.

LES VILLES FORTUNÉES.

DES MONTAGNES ET LE PACIFIQUE.

UNE CONCLUSION.

LA ROUTE DE QUÉBEC

1907

Il doit être difficile, pour ceux qui ne vivent pas en Angleterre, de se rendre compte de la maladie mi-chancre et mi-moisissure qui s'est abattue sur ce pays depuis deux ans. On en sent les effets à travers l'Empire tout entier, mais au quartier général nous flairons la chose dans l'air même, tout comme on sent l'iodoforme dans les tasses et les tartines beurrées d'un thé d'hôpital. Autant qu'il est possible, au milieu du brouillard actuel, de savoir la vérité, toutes les formes imaginables d'incompétence générale ou particulière existantes ou créées pendant la dernière génération se sont réunies en un énorme trust, majorité unique formée de toutes les minorités, pour faire le jeu du Gouvernement. Maintenant que ce jeu a cessé de plaire, les neuf dixièmes des Anglais qui avaient confié le pouvoir à ces gens là se mettent à crier : « Si seulement nous avions su ce qu'ils allaient faire, nous n'aurions jamais voté pour eux ! »

Pourtant, ainsi que le reste de l'Empire s'en était bien

aperçu à l'époque même, ces hommes avaient toujours fait nettement comprendre leurs sentiments et leurs intentions. Ils affirmaient d'abord, en ayant soin de faire comprendre leurs idées au moyen de vastes images, que nul avantage susceptible d'échoir à l'Empire Britannique ne pouvait compenser la cruauté qu'il y avait à prélever chez le travailleur anglais une taxe de vingt-cinq centimes par semaine sur certaines de ..es denrées alimentaires. Incidemment ils expliquèrent, de façon telle que l'univers tout entier, à l'exception de l'Angleterre, les entendit, que l'Armée était criminelle, bien des choses dans la Marine, inutiles ; qu'une moitié des habitants d'une des Colonies se livrait à l'esclavage, accompagné de tortures, en vue de profits personnels, et qu'ils étaient lassés et écœurés rien que d'entendre le mot Empire. Pour ces raisons ils voulaient sauver l'Angleterre, pour ces raisons on les avait élus avec le mandat précis, on l'aurait cru du moins, d'annihiler l'Empire, ce fétiche sanglant, aussitôt que la chose serait possible. La situation si enviable actuellement de l'Irlande, l'Egypte, l'Inde et l'Afrique du Sud est le témoignage probant de leur honnêteté et de leur obéissance. Sans compter que leur seule présence au pouvoir produisit partout chez nous, au point de vue moral, le même effet que la présence dans une classe d'un maître incompétent. Des boulettes de papier, des livres et de l'encre se mirent à voler ; on claqua des pupitres ; ceux qui essayaient de travailler reçurent dans les flancs des coups de plumes malpropres ; on lâcha des rats et des souris au milieu de cris de terreur exagérés ; et, comme à l'ordinaire, les gens les moins recommandables de la classe furent les plus bruyants à proclamer leurs nobles sentiments et leur douleur de se voir mal jugés. Pourtant les Anglais ne se sentent pas heureux, et l'inquiétude et la mollesse ne font que s'accroître.

D'autre part, — et c'est à notre avantage — l'isolement où se trouvent les gens incompétents appartenant à un des partis politiques a jeté les extrémistes dans ce que le Babou dénomme « toute la crudité de leur *cui bono* ». Ceux-ci cherchent à satisfaire les deux désirs principaux de l'homme primitif au moyen des derniers procédés de la législation scientifique. Mais comment obtenir des aliments libres et l'amour, dirons-nous, libre ? dans l'espace restreint d'un acte de parlement, sans vendre trop grossièrement la mèche ? Voilà ce qui les ennuie tout de même un peu. Il est facile d'en rire, mais nous sommes tellement liés ensemble aujourd'hui, qu'une épidémie, survenant en, ce qu'on est convenu d'appeler, « haut lieu », pourrait se propager, comme la peste bubonique, avec chaque steamer. Je suis allé passer quelques semaines au Canada l'autre jour, principalement pour échapper à cette Moisissure, et aussi pour voir ce que devenait notre Frère Aîné. Avez-vous jamais remarqué que le Canada a, somme toute, à peu près les mêmes problèmes à démêler en bloc que ceux qui nous affligent, nous autres en particulier ? Par exemple il a à résoudre la complication bi-lingue, bi-législative, bi-politique, et cela sous une forme encore plus désagréable que celle qui existe dans l'Afrique du Sud, parce que, — différents en cela de nos Hollandais, — les Français ne peuvent se marier en dehors de leur religion ; ils reçoivent leurs ordres de l'Italie — moins centrale parfois que Pretoria ou Stellenbosch. Il souffre également des complications qu'éprouve l'Australie au sujet des problèmes du Travail, sans cependant connaître son isolement, mais a en plus à subir l'influence tant manifeste que secrète du « Travail », retranché avec des armes et de forts explosifs sur un sol voisin du sien. Et, pour compléter le parallèle, il garde, bien enfoui derrière des montagnes, un petit rien de terre anglaise, la Colombie Britannique qui ressemble à la Nouvelle Zélande ; et voici que déjà les habitants de cette île qui ne trouvent pas de grands débouchés pour la jeunesse entreprenante dans leur propre pays, se portent de plus en plus vers la Colombie Britannique.

Le Canada dans son temps a connu des calamités plus sérieuses que les inondations, la gelée, la grande sécheresse et le feu — il a pavé certaines étapes de la route menant vers sa nationalité avec les cœurs brisés de deux générations ; voilà pourquoi on peut, avec des Canadiens de vieille souche, discuter d'affaires qu'un Australien ou qu'un habitant de la Nouvelle Zélande ne comprendraient pas plus qu'un enfant sain ne comprend la mort. En vérité nous sommes une étrange Famille ! L'Australie et la Nouvelle Zélande (la guerre avec les Maoris ne comptant pas) ont tout eu pour rien. Le Sud-Africain donna tout et obtint moins que rien. Le Canadien a donné et obtenu de toutes les manières pendant près de 300 ans, et à cet égard il est le plus sage, comme il devrait être le plus heureux, de nous tous. Il est curieux de voir jusqu'à quel point il semble ne pas se rendre compte de la position qu'il occupe dans l'Empire, peut-être parce que, récemment, ses voisins l'ont gourmandé ou sermonné. Vous savez bien que lorsque nos hommes d'Etat, venus de partout, se rassemblent, c'est un fait admis tacitement que c'est le Canada qui prend la tête dans le jeu Impérial. Pour parler franchement, c'est lui qui a vu quel était le but à atteindre il y a de çà plus de dix ans, et c'est lui qui y a tendu de tous ses efforts depuis. Voilà pourquoi son inaction, lors de la dernière Conférence Impériale, a fait que tous ceux qu'intéressait la partie se sont demandé pourquoi lui surtout, parmi nous tous, préférait se liguer avec le général Botha et mettre obstacle à la ruée en avant. Moi aussi, j'ai posé cette question à beaucoup de gens. On m'a répondu à peu près comme il suit : « Nous nous sommes aperçu que l'Angleterre ne faisait pas de points dans le jeu à ce moment-là. A quoi bon nous exposer à nous faire rabrouer plus encore que nous venions de l'être ? Nous nous sommes tenus tranquilles. » C'était fort raisonnable, même presque trop probant. Il n'était pas utile en effet que le Canada se comportât autrement, sinon qu'il était l'aîné et qu'on s'attendait vraiment à plus de sa part. Il se montre un peu trop modeste.

C'est ce point que nous avons discuté tout d'abord, en

plein Atlantique, bien à l'abri du vent, mais sous une fougue trempée (les interlocuteurs coupant la conversation à intervalles irréguliers selon qu'ils tiraient ou non sur leur pipe de tabac humide). Les passagers étaient presque tous de purs Canadiens, nés pour la plupart dans les Provinces Maritimes, où leurs pères disent « Canada » comme le Sussex dit « Angleterre », mais que leurs affaires éparpillaient dans toutes les régions du vaste Dominion. De plus ils étaient à l'aise les uns avec les autres ; ils avaient cette intimité agréable qui est la caractéristique de toutes les branches de notre Famille et de tous les bateaux qu'elle emprunte pour retourner au pays. Un bateau du Cap représente tout le continent depuis l'Equateur jusqu'à Simon's Town ; un bateau de la Compagnie d'Orient est australien en tout, et un vapeur C. P. R. ne saurait être confondu avec quoi que ce soit d'autre que le Canada. C'est dommage que l'on ne puisse être né en quatre endroits à la fois, sans quoi l'on comprendrait tout de suite, sans perte de temps précieux, les intonations de voix, les allusions voilées à la vie de toute notre Famille. Ces grands gaillards, fumant dans la bruine, avaient l'espoir dans les yeux, la croyance sur leurs langues, la force dans leurs cœurs. Je songeais avec tristesse aux autres bateaux à l'extrémité sud de cet océan — remplis, au moins d'un quart, de gens dépourvus de cet esprit-là. Un jeune homme avait eu l'extrême bonté de m'expliquer en quoi le Canada avait souffert de ce qu'il appelait « le lien impérial » ; comment son pays avait été de diverses façons mis à mal par les hommes d'Etat anglais pour des raisons politiques. En réalité il ne savait pas son bonheur, et ne voulait pas me croire lorsque j'essayais de le lui faire voir, mais un homme vêtu d'un plaid (gentil garçon et qui connaissait bien l'Afrique du Sud) déboucha brusquement d'un coin et l'assaillit avec un tel luxe de faits et d'images que l'âme du jeune patriote s'en trouva tout effarée. Le plaid termina sa bordée en affirmant — et personne ne lui donna de démenti — que les Anglais étaient fous. C'est sur cette note-là que prenaient fin tous nos entretiens.

C'était une expérience nouvelle, celle de se mouvoir dans une atmosphère de dédain nouveau. On comprend, on accepte le mépris amer des Hollandais ; la colère désespérée de sa propre race résidant dans l'Afrique du Sud fait partie encore, sans doute, du fardeau à supporter ; mais le mépris — profond, parfois enjoué, souvent étonné, toujours poli, — que manifeste le Canada envers l'Angleterre d'aujourd'hui, blesse tout de même un peu. Voyez-vous, cette dernière guerre [1] — cette guerre si peu de mise, celle contre les Boërs, a été quelque chose de très réel pour le Canada. Elle y envoya pas mal d'hommes, et un pays où la population est clairsemée a plus de chance de s'apercevoir de l'absence de ses morts que celui qui est très peuplé. Lorsque, à son point de vue, ils sont morts, sans qu'il en soit résulté aucun avantage concevable, moral ou matériel, ses instincts pro-

1. La guerre du Transvaal, 1899-1902.

fessionnels où, peut-être encore, l'affection purement animale qu'elle porte à ses enfants font qu'elle se souvient et garde rancune du fait bien longtemps après que celui-ci eût dû être en toute décence oublié. J'ai été choqué de la véhémence avec laquelle certains hommes (et même certaines femmes) m'en parlèrent. D'aucuns allèrent jusqu'à débattre la question de savoir (sur le vaisseau et ailleurs) si l'Angleterre continuerait à être de la Famille ou bien si, ainsi que certain éminent politicien passait pour l'avoir affirmé dans une conversation particulière, elle trancherait tout lien pour éviter les frais. L'un d'eux disait, sans trace d'emportement, qu'elle serait moins portée à se séparer de l'Empire d'un seul coup de tête qu'à vendre politiquement ses rejetons un à un à toute Puissance voisine qui menacerait son bien-être ; chaque marché serait, en guise de préliminaires, précédé d'un sonore dénigrement en règle de la victime choisie. Il cita, — vraiment, la rancune de ces gens leur donne des mémoires tenaces ! — comme précédent et comme avertissement, la campagne d'injures menée contre l'Afrique du Sud et qui avait duré cinq années.

Notre Parlement de Fumeurs se demanda ensuite par quels moyens, au cas où cela arriverait, le Canada pourrait bien garder son identité intacte ; ce qui donna lieu à une des conversations les plus curieuses que j'aie jamais entendues. On décida, selon toute apparence, qu'il pourrait, oh ! tout juste, s'en tirer en tant que nation si (mais c'était fort douteux) l'Angleterre n'aidait pas d'autres peuples à l'assaillir.

Or, il y a vingt ans seulement on n'aurait jamais rien entendu de pareil. Si cela paraît un peu fou, rappelez-vous que la Mère-Patrie passait aux yeux de tous pour être une dame atteinte d'une forte attaque d'hystérie.

Au moment même où notre conversation prenait fin, un de nos douze ou treize cents passagers de troisième classe se jeta par-dessus bord, tout habillé d'un chaud pardessus et bien chaussé, dans une mer tumultueuse et atrocement froide. Chaque horreur que renferme ce bas monde a le rituel qui lui convient. Pour la cinquième fois — quatre fois par un temps pareil — j'entendis s'arrêter l'hélice, je vis notre sillage tournoyer comme une mèche de fouet lorsque notre grande ville flottante fit violemment volte-face, l'équipage du bateau de sauvetage se précipiter sur le pont, les officiers de bord grimper à toute vitesse sur les haubans pour apercevoir, si c'était possible, la moindre trace laissée par la malheureuse tête qui s'estimait si peu. Un bateau au milieu des vagues ne peut rien voir. Il n'y avait, dès le premier moment, rien à voir. Nous avons attendu, avons fait et refait l'espace pendant une longue heure, tandis que tombait la pluie, que la mer battait nos flancs et que la vapeur, en traînées lugubres, sortait mollement par les échappements. Puis nous continuâmes notre route.

La rivière St-Laurent se comporta, le dernier jour de notre voyage, fort dignement. Les érables bordant ses rives avaient changé leurs teintes, étaient devenus rouge-sang, magnifiques comme les étendards de la jeunesse perdue. Le chêne lui-même n'est pas plus arbre national que ne l'est l'érable et son apparition bienvenue rendit les gens à bord plus heureux encore. Un vent sec apportait l'odeur de propreté où entraient toutes les odeurs mélangées qui émanent de leur Continent, bois scié, terre vierge, fumée de bois, et ils la humèrent, tandis que leurs yeux s'adoucissaient à mesure qu'ils identifiaient lieu après lieu, sur tout le parcours de leur bien-aimée rivière, lieux où, en temps de congé, ils jouaient, pêchaient et s'amusaient. Il doit être agréable d'avoir un pays à soi, bien à soi, à faire parader. Et puis, comprenez-le bien, ils ne se sont en aucune façon vantés, ils n'ont pas poussé de cris ni d'exclamations bruyantes, ces gens-là, à la voix si égale, ces gens qui rentraient chez eux. Non. Mais la joie de revoir leur pays natal était simple, sincère. Ils disaient : — N'est-ce pas charmant ? Ne le trouvez-vous pas délicieux ? Nous, nous l'adorons.

A Québec il y a un endroit, très infesté par les locomotives, tout comme une soute à charbon, d'où s'élèvent les hauteurs que les soldats de Wolfe escaladèrent en montant à l'assaut des Plaines d'Abraham. Peut-être que de toutes les traces laissées dans l'ensemble de nos possessions l'affaire de Québec s'adresse mieux à nos yeux et à nos cœurs qu'aucune autre. Tout s'y rencontre : La France, partenaire jalouse de la gloire de l'Angleterre sur terre et sur mer pendant huit cents ans ; l'Angleterre, déconcertée comme toujours, mais, par extraordinaire ne s'opposant pas ouvertement à Pitt, lui qui comprenait ; ces autres peuples destinés à se séparer de l'Angleterre aussitôt que le péril français serait écarté ; Montcalm lui-même, condamné mais résolu ; Wolfe, l'artisan prédestiné, auquel l'achèvement final était réservé ; et, quelque part à l'arrière-plan, un certain Jacques Cook, capitaine de HMS *le Mercure* en train de faire de jolies, de fines cartes marines de la rivière St-Laurent.

Pour toutes ces raisons les Plaines d'Abraham sont couronnées de toutes sortes de belles choses — y compris une prison et une factorerie. L'aile gauche de Montcalm est marquée par la prison et l'aile droite de Wolfe par la factorerie. Mais heureusement un mouvement se dessine en vue d'abolir ces ornements et de transformer le champ de bataille et ses environs en un parc qui, par sa nature et par suite des associations qui s'y rattachent, serait un des plus beaux de notre univers.

Pourtant, en dépit de prisons d'un côté et de couvents de l'autre, malgré l'épave maigre et noire du pont du Chemin de Fer de Québec, qui gît là dans la rivière tel un amoncellement de boîtes en fer blanc qu'on y aurait déchargées, la Porte orientale du Canada est d'une noblesse, d'une dignité ineffables. Nous l'avons aperçue de très bonne heure, à l'instant où la face inférieure des nuages, se transformant en un rose frileux, s'étalait au-dessus d'une ville hautement entassée, rêveuse, et d'une pourpre crépusculaire. A la seconde même où pointait l'aube, quelque chose qui ressemblait à la péniche appartenant en propre à Haroun-al-Raschid et toute constellée de lumière multicolores glissa sur les eaux gris-fer et alla se confondre avec les ténèbres d'une bande de terre. Au bout de trois minutes elle réapparut, mais le plein jour était également survenu ; aussi fit-elle disparaître promptement sa tête de mât, son gouvernail et l'électricité dans sa cabine, et se mua en un bac de couleur terne, rempli de passagers glacés. J'en causais avec un Canadien. — Ah, mais oui, répondit-il, c'est le vieux bâtiment un tel, qui va à Port Levis, tout étonné comme le serait un habitant de Londres si un étranger suivait d'un œil interrogateur un train de la Petite Ceinture. C'était là sa Petite Ceinture, à lui, la Zion où il était bien à l'aise. Ville majestueuse et majestueuse rivière, il attirait mon attention sur elles, avec la même fierté tranquille que nous éprouvons, nous, lorsqu'un étranger franchit notre seuil, qu'il s'agisse des eaux de Southampton par une matinée grise à houle, du port de Sydney avec une régate en pleine fête, ou de Table Mountain, radieuse et nouvellement lavée par les pluies de Noël. Avec raison il s'était senti personnellement responsable du temps qu'il faisait, de chaque enfilade flamboyante recouverte d'érables, depuis que nous étions entrés dans la rivière. (Celui qui vient du nord-ouest, dans ces régions, équivaut à celui qui vient du nord-est ailleurs, et il se peut qu'il impressionne d'une manière défavorable un invité).

Puis le soleil d'automne se leva, et l'homme sourit. Personnellement et politiquement, disait-il, il détestait la ville, — mais c'était la sienne.

— Eh bien, dit-il finalement, qu'en dites-vous ? Pas trop mal, n'est-ce pas ?

— Oh, non, pas mal du tout, répondis-je ; mais ce ne fut que plus tard que je me rendis compte que nous venions d'échanger le mot de ralliement qui fait le tour de tout l'Empire.

UN PEUPLE CHEZ LUI

Un proverbe du haut pays dit : « On l'a invitée à la noce mais on l'a mise à moudre du blé ». Le même sort, mais inverse, m'attendait lors de ma petite excursion. Il y a un lacis subtil d'organisations formées par des hommes d'affaires que l'on dénomme Clubs canadiens. Ils s'emparent de gens qui ont l'air intéressant, rassemblent leurs membres à l'heure du déjeuner, à midi, et après avoir attaché leur victime à un beefsteak lui intiment l'ordre de discourir sur tout sujet qu'il s'imagine savoir. On pourrait copier ce procédé ailleurs, puisqu'il oblige les gens à sortir d'eux-mêmes et à écouter des choses qui autrement ne s'offriraient pas à leur attention, sans le moins du monde entraver leur travail. Et puis, sûre sauvegarde, la durée en est courte. Toute l'affaire ne dépasse pas une heure et, là-dessus, une demi-heure est prise pour le lunch. Tous les ans, les clubs impriment leurs discours, l'on a ainsi des aperçus de questions fort intéressantes, en coupe transversale, depuis celles qui touchent d'une façon pratique aux eaux et forêts jusqu'à celles se rapportant aux fabriques de monnaie appartenant à l'Etat — le tout exposé par des experts.

N'étant pas un expert, l'expérience me parut fort pénible. Jusqu'alors j'avais cru que faire des discours était une espèce de whist, à conversation, c'est-à-dire que n'importe qui pouvait y prendre part à l'improviste. Je me rends compte maintenant que c'est un Art de convention très éloigné de tout ce qui sort d'un encrier, et qu'il est difficile d'exercer un contrôle sur les couleurs qu'on emploie. Les Canadiens, apparemment, aiment les discours, et bien que ce ne soit en aucune façon un vice national ils font de la bonne rhétorique de temps à autre. Vous n'êtes pas sans connaître la vieille superstition qui veut que le blanc qui se trouve sur des terres de peaux-rouges, de nègres ou de métis, reprenne les manières et les instincts des types qui y demeuraient primitivement ? Ainsi, un discours fait dans la langue des Taal devrait être accompagné du roulement sonore, de l'appel direct au ventre, des arguments réitérés, habiles, et des métaphores simples et peu nombreuses de ce prince d'orateurs commerciaux, le Bantu. On dit que l'habitant de la Nouvelle Zélande parle du fond du diaphragme, tient les mains serrées aplaties contre ses flancs ainsi que le faisaient les vieux Maoris. Tout ce que nous connaissons de l'éloquence de première classe chez des Australiens témoigne de la même promptitude, du même vol rapide, du même débit net que celui du boomerang qu'on lance. Je m'attendais presque à retrouver dans les discours canadiens quelque survivance des appels compliqués que les Peaux-Rouges adressent aux Soleils, aux Lunes, aux Montagnes — indications légères de grandiloquence rappelant les invocations de cérémonies. Mais rien de ce que j'entendis ne pouvait rappeler quelque race primitive. Il y avait dans ces discours une dignité, une retenue, et surtout une pondération qui étonne lorsqu'on songe aux influences auxquelles la terre est soumise. Ce n'était pas du Peau-Rouge, ce n'était pas du Français, c'était quelque chose d'aussi distinct que l'étaient les orateurs eux-mêmes.

Il en est de même pour les gestes rares et l'allure du Canadien. Pendant la guerre (des Boërs) on observait les contingents à tous les points de vue et très probablement que l'on tirait de fausses inductions. Il m'a paru, à ce moment-là, que le Canadien, même lorsqu'il est fatigué, se relâche moins que les hommes des pays chauds. Lorsqu'il se repose il ne se couche pas sur le dos ou sur le ventre, mais plutôt sur le flanc, la jambe repliée sous lui, prêt à se lever d'un seul bond.

Maintenant que je regardais attentivement des assemblées assises, — hommes logés à l'hôtel ou passants de la rue — il me semblait qu'il gardait chez lui, parmi les siens, cette habitude de demi-tension — pendant de sa figure immobile, de sa voix égale et basse. Quand on regarde l'empreinte de ses pas sur le sol, elle paraît sous forme de piste presque droite; il ne marche ni en dehors ni en dedans : il pose le pied la pointe en avant, et la foulée est douce, rappelant le pas furtif de l'Australien.

En parlant entre eux, ou en attendant des amis, ils ne tambourinaient pas des doigts, ne grattaient pas des pieds, ne tripotaient pas les poils de leur figure. Voilà des choses triviales sans doute, mais lorsqu'une race est en voie de formation tout importe. Quelqu'un m'a dit un jour, — mais je n'ai jamais essayé de vérifier son dire — que chacune de nos Quatre Races allume et manie le feu d'une façon particulière.

Rien d'étonnant que nous soyons différents ! Voici un peuple, sans peuple derrière lui, menant la grande charrue qui gagne le pain du monde, plus haut, toujours plus haut, par delà l'épaule de l'univers ; n'est-ce pas là vraiment une vision tirée, en quelque sorte, de quelque magnifique Légende Norse. Au nord existe le froid durable de Niflheim ; l'Aurore Boréale au jaillissement subit, au crépitement vif, leur tient lieu de Pont de Bifrost visité par Odin et l'Esir. Ce peuple se dirige, lui aussi, vers le nord, année après année, et traîne derrière lui d'audacieuses voies ferrées. Parfois il rencontre de bonnes terres à blé ou des forêts, parfois des mines à trésors, et alors tout le Nord est rempli de voix, — ainsi que le fut un jour l'Afrique du Sud, — annonçant des découvertes et faisant des prophéties.

Lorsque vient l'hiver, dans la majeure partie de ce pays, exception faite des villes, il faut rester tranquille, manger et boire, comme faisait l'Esir. En été on fait tenir dans six mois le travail de douze, parce qu'entre telle ou telle date certaines rivières lointaines seront figées, et plus tard certaines

autres, jusqu'au moment où même la Grande Porte Orientale
à Québec se ferme et qu'on est obligé de sortir et de rentrer par
les portes latérales de Halifax et de Saint-Jean. Ce sont là des
conditions qui tendent à vous rendre extrêmement hardi, mais
non vantard d'une façon déréglée.

Les érables disent quand il est temps de s'arrêter, et
tout le travail en train est réglé d'après leur signal d'avertissement. Certaines besognes peuvent être terminées avant
l'hiver, mais d'autres doivent être abandonnées, prêtes à être
menées rondement sans un instant de retard dès qu'apparaît
le printemps. Ainsi, depuis Québec jusqu'à Colgary, un bruit,
non pas de bousculade, mais de hâte et d'achèvement pressé,
bourdonne comme les batteuses à vapeur à travers l'air tranquille d'automne.

Des chasseurs et des sportsmen rentraient du Nord ; des
explorateurs également avec eux, la figure pleine de mystère, les poches remplies de spécimens, comme il en
va des explorateurs dans le monde entier. Ils avaient déjà
porté des manteaux de rakoons et de loups. Dans les
grandes villes qui travaillent toute l'année, les devantures
des carrosseries exhibaient, en guise d'indication, un ou
deux traîneaux nickelés, car ici le traîneau est « le char
tout préparé de l'Amour ». A la campagne, les maisons
de ferme étaient en train d'empiler leur bois à portée de main
près de l'entrée de la cuisine et d'enlever les écrans contre
les mouches. (On les laisse d'ordinaire jusqu'à ce que les
doubles-fenêtres aient été remontées de la cave, et il faut

alors faire la chasse dans toute la maison pour trouver les vis qui manquent).

Quelquefois il nous arrivait de voir dans une arrière-cour quelques longueurs de tuyaux de poêle neufs et étincelants, et l'on prenait en commisération le propriétaire. Il n'y a pas matière à facétie dans les plaisanteries touchant les vieux tuyaux, — amères à force de vérité et que l'on trouve dans les journaux comiques.

Mais les chemins de fer ! oh ! les merveilleux chemins de fer ! ce sont eux qui racontaient l'histoire de l'hiver mieux que tout le reste. Les wagons à charbon de trente tonnes parcouraient trois mille kilomètres de voie ferrée, geignaient en se heurtant les uns contre les autres dans les garages, ou passaient, la nuit, avec leurs lourds cahots, se rendant chez ces ménagères prévoyantes des villes de la prairie. L'accès n'était pourtant pas aisé car le lard, le saindoux, les pommes, le beurre et le fromage renfermés dans de belles barriques en bois blanc s'acheminaient dans la direction de l'est, vers les bateaux à vapeur, de façon à arriver avant que le blé ne vînt fondre sur eux. Cela, c'est le cinquième acte de la Grande Pièce Annuelle en vue de laquelle la scène doit être débarrassée. Sur des centaines de voies de garage congestionnées gisaient d'énormes poutres en acier, des traverses en fer roulé, des poutrelles et des boîtes d'écrous, jadis destinées à la construction du pont de Québec, mais qui ne sont plus actuellement qu'un embarras obstruant tout — les vivres pour s'y frayer un chemin étaient contraints de se débrouiller, puis derrière les vivres arrivait le bois de charpente, du bois tout neuf venu tout droit des montagnes, des bûches, des planches, des douves, des lattes, qu'on nous fait payer des prix exorbitants en Angleterre, — tout cela se portait vers la mer. Il y avait sur toutes ces roues de quoi bâtir des maisons, des aliments, des combustibles, pour des millions de gens, avant même qu'on eût seulement déplacé un seul grain du stock que l'on était en train de battre sur plus de cinq cents kilomètres, en tas hauts comme des villas de cinquante livres sterling.

Ajoutez à cela que les chemins de fer travaillaient à leur développement, doublant leurs voies, établissant des boucles, des raccourcis, des lignes d'intérêts locaux, ainsi que des embranchements et de vastes projets vers des régions encore vierges mais qui seraient bientôt peuplées. De sorte que les trains qui amènent les matériaux de construction, ceux du ballast, ceux du matériel, les machines de renfort, tout aussi bien que les machines de secours avec leurs grues à la silhouette railleuse en forme de chameaux, — c'est-à-dire tous les accessoires d'une nouvelle civilisation — devaient trouver quelque part à se caser dans le rassemblement général avant que la Nature ne criât « Repos ! »

Quelqu'un se souvient-il de la forte, la joyeuse confiance que l'on éprouvait après la guerre lorsqu'il semblait, qu'enfin, l'Afrique du Sud allait être développée — lorsque les gens créaient des chemins de fer, et commandaient des locomotives, du matériel roulant neuf, de la main-d'œuvre et croyaient avec enthousiasme à l'avenir. Il est certain que plus tard cet espoir fut anéanti, mais — multipliez cette bonne heure par mille et vous aurez une idée approximative de la sensation que l'on éprouve à être au Canada, endroit que même un « Gouvernement impérial » ne peut tuer. J'eus la chance d'être mis au courant de certaines choses intimement, de pouvoir entendre parler en détails des travaux projetés, et des travaux achevés. Par-dessus tout, je vis tout ce qui avait été en fait accompli depuis ma dernière visite, quinze ans auparavant. Un des avantages d'un pays neuf c'est qu'il vous donne la sensation d'être plus vieux que le Temps. J'y trouvais des cités où il n'y avait jadis rien, — littéralement rien, absolument rien sinon, comme dans les contes de fées, « le cri des oiseaux et un peu d'herbe ondulant au vent ». Des villages et des hameaux étaient devenus de grandes villes, et les grandes villes avaient triplé et quadruplé de dimension. Et les chemins de fer, se frottant les mains, disaient tout comme les Afrites de jadis : « Voulez-vous que nous fassions une ville là où il n'y en a point, ou que nous rendions florissante une cité abandonnée ? » Et c'est là ce qu'ils font. Mais outre-mer les messieurs qui n'ont jamais été contraints de souffrir un seul jour de gêne physique, se dressent soudain et s'écrient : — Quel grossier matérialisme !

Parfois je me demande si tel éminent romancier, tel philosophe, tel dramaturge, tel ecclésiastique de nos jours fournit la moitié seulement de l'imagination, pour ne pas parler de la perspicacité, de l'endurance, de la maîtrise de soi, toutes qualités qu'on accepte sans commentaire lorsqu'il s'agit de ce qu'on est convenu d'appeler « l'exploitation matérielle » d'un pays neuf. Prenez à titre d'exemple rien que la création d'une nouvelle cité, à la jonction de deux voies — lorsque les trois choses sont à l'état de projet seulement. Le drame à lui seul, le jeu des vertus humaines que cela renferme, remplirait un volume. Et quand le travail est fini, quand la ville existe, quand les nouvelles voies embrassent une nouvelle région de fermes, quand la marée du blé s'est avancée d'un degré de plus sur la carte que l'on était en droit d'espérer, ceux qui ont accompli la besogne s'arrêtent, sans félicitations, pour recommencer la plaisanterie ailleurs.

J'ai bavardé quelque peu avec un homme assez jeune dont le métier consistait à contraindre les avalanches à dévaler bien en dehors de la section de la voie qui lui était confiée. Le dieu Thor, dans le conte, se rendit seulement une ou deux fois à Jotunheim et avait avec lui son utile Marteau Miolnr. Ce Thor-ci demeurait dans Jotunheim au milieu des pics Selkirks couronnés de glace verte, — endroit où les géants vous remettront à votre place, vous et vos belles émotions si, en faisant du bruit, vous les dérangez à de certaines saisons. De sorte que notre Thor les surveille soit qu'ils resplendissent sous le soleil de mai ou s'assombrissent et menacent doublement sous les pluies du printemps. Il pare leurs coups au moyen de lattes de bois, de murailles de bûches rivées ensemble, ou telles autres inventions que l'expérience recommande. Il ne porte pas de rancune aux géants : eux font leur travail, lui fait le sien. Ce qui l'ennuie tout de même un peu, c'est que la violence de leurs coups arrache parfois les pins des versants opposés et fait en quelque sorte sauter en une seule explosion toute une vallée. Il croit pourtant qu'il peut s'arranger de façon telle que de grandes avalanches soient obligées de se fondre en petites.

Le souvenir d'un autre, avec qui je ne bavardais pas, me reste dans la mémoire. Il avait, depuis des années et des années, inspecté des trains au sommet d'une montée rapide dans les montagnes, qui n'était pourtant pas de moitié aussi raide que celle au-dessus du Hex [1], où l'on serre tous les freins à fond, pendant que les convois glissent avec précaution sur quinze kilomètres de parcours. Toute complication survenant aux roues entraînerait de sérieux embarras, de sorte que, c'est à lui qu'incombe, puisqu'il est la personne la plus compétente, la tâche la plus dure — faite de monotonie et de responsabilité. Il me fit l'honneur de manifester qu'il désirait me parler, mais d'abord il inspecta son train à quatre pattes, au moyen d'un marteau. Lorsqu'enfin il se fut rassuré au sujet des étayages, il était temps de partir pour l'un comme pour l'autre, et tout ce que je reçus fut un signe amical de la main — le signe du maître en son art, pour ainsi dire.

1. Hex, rivière de l'Afrique du Sud.

Le Canada a l'air d'être plein de ce genre de matérialistes.

Ceci me rappelle que je vis la contrée elle-même sous la forme d'une femme de haute taille, de vingt-cinq à vingt-six ans, qui attendait son tramway au coin d'une rue. Elle avait des cheveux presque couleur de lin doré, ondulés et séparés en grands bandeaux qui dépassaient sous une toque d'astrakan noir maintenue par une épingle se terminant en forme de feuille d'érable en émail rouge. C'était là la seule note de couleur dans le costume avec le miroitement d'une boucle du soulier. La robe tailleur sombre était dépourvue de bijou et de passementeries, mais allait comme un gant. Elle resta pendant peut-être un instant sans faire un seul mouvement, les deux mains, — la droite dégantée, la gauche gantée, — pendant naturellement à ses côtés, même les doigts immobiles, le poids du corps superbe portant, d'une pesée égale, sur les deux pieds. Son profil, celui d'une Gudrun ou d'une Aslauga, se détachait sur le fond d'une colonne de pierre sombre. Ce qui me frappa le plus, en dehors de ces yeux graves et tranquilles, ce fut la régularité, dépourvue de toute précipitation, la lenteur de sa respiration au milieu de l'agitation environnante. Manifestement elle prenait régulièrement le même tramway, car lorsque celui-ci s'arrêta elle sourit au conducteur ; la toute dernière vision que j'eus fut celle de la feuille d'érable rouge dorée par le soleil, celle de la figure, tout entière illuminée de ce sourire, des cheveux d'un or pâle se détachant sur la fourrure noir mat. Ce qui demeurait c'était la puissance de la bouche, la sagesse du front, l'humaine compréhension des yeux, la vitalité rayonnante de l'être. Voilà comment je voudrais, *moi*, si j'étais Canadien, faire représenter mon pays, puis dans la Chambre des Députés à Ottawa, suspendre ce tableau pour décourager à tout jamais la race des dénigreurs.

CITÉS ET ESPACES

Que feriez-vous d'un tapis magique si l'on vous en prêtait un ? Je vous le demande parce que pendant un mois nous avons eu à nous tous seuls un wagon privé — petite affaire de moins de soixante-dix pieds de long et ne pesant pas trente tonnes. — Il pourra peut-être vous rendre service, dit en passant le donateur, pour faire des excursions. Accrochez-le au train que vous voudrez et arrêtez-vous où il vous plaira.

Donc il nous transporta sur la ligne du Canadien Pacifique depuis l'Atlantique jusqu'au Pacifique, puis de nouveau du Pacifique à l'Atlantique. Et quand il ne pouvait plus nous être utile, il disparut comme le manguier une fois que le tour a été joué.

Un wagon privé, bien que beaucoup de livres y aient été écrits, n'est pas tout à fait le meilleur endroit qui soit pour étudier un pays, à moins qu'il ne vous soit arrivé d'habiter sur le même continent et que vous ayez pu voir passer toutes les saisons dans des conditions normales. Alors réellement vous vous rendez compte de l'air qu'ont les wagons vus des maisons, ce qui ne ressemble en rien à l'air qu'ont les maisons

vues des wagons. Même la brosse du conducteur dans son
étui nickelé, l'allée, pareille à celle d'une cathédrale, qui
court entre les sièges verts si bien connus, le coup de cloche
et le son de la locomotive, profond comme s'il sortait d'un
orgue, réveillent des souvenirs et chaque spectacle, chaque
odeur, chaque bruit du dehors sont comme de vieux amis qui
se souviennent des vieux temps.

Le boghei à surface de piano, sur une roue boueuse, aux
contre-allées de planches, toute ravinée par les roues minces,
les bardeaux au bord d'une véranda sur une maison nouvellement construite, la palissade brisée entourant un vieux pàtu-
rage de bouillon blanc et de grosses pierres à tête en forme de
crâne ; la touffe de vigne vierge mourant avec un éclat splendide au bord d'une plaque de blé, une demi-douzaine de pan-
neaux servant à endiguer la neige au-dessus d'une tranchée, ou
même l'affiche sans vergogne d'un médicament breveté, qui se
détache jaune sur le fond noir d'une grange à tabac, ont de
quoi faire battre le cœur et remplir les yeux de larmes si celui
qui les contemple a seulement effleuré la vie dont ils font partie. Que ne doivent-ils pas être alors pour l'indigène ?

Il y avait, dans le train, une jeune fille qui avait été
élevée sur la prairie, et qui rentrait après une année passée sur
le continent. Pour elle les collines, avec leur ceinture de pins
et de vraies montagnes derrière, les boucles solennelles de la
rivière et la ferme intime et amicale ne disaient rien.

— On fait les paysages mieux que ça en Italie, expliqua-
t-elle, puis, avec ce geste qu'on ne saurait reproduire, particu-

lier aux gens de la plaine qu'étouffe le sol accidenté : — Je voudrais pouvoir repousser bien loin toutes ces collines et retrouver le large ! Moi je suis de Winnipeg. Elle aurait bien compris, cette institutrice de Hanover Road, rentrant d'une visite à Cape-Town, que je vis filer en voiture dans un mirage s'étendant sur trente milles, hurlant presque : — Enfin, Dieu soit loué, voici quelque chose qui ressemble à notre chez nous !

D'autres personnes ricochaient d'un côté du compartiment à l'autre, faisant revivre telle chose, découvrant à nouveau telle autre, anticipant telle autre encore — qui ne manquait pas, au tournant suivant, de se présenter à la vue, apprenant ainsi à qui voulait l'entendre qu'ils étaient de retour chez eux. L'Anglais nouveau venu, avec ses grandes caisses en bois marquées « effets de Colon », ne participait pas plus à la partie qu'un nouvel écolier lors de sa première journée à l'école. Mais deux années passées au Canada et une visite au pays natal lui suffiront pour le libérer de la Confraternité du Canada comme elles libèrent n'importe où ailleurs. Il se peut qu'il lui arrive de maugréer contre certaines conditions de vie, de regretter certaines richesses qu'on ne trouve qu'en Angleterre, mais aussi sûrement qu'il se lamente, aussi sûrement il reviendra aux grands cieux, aux grandes chances. Les fruits secs sont ceux qui se plaignent que cette terre ne reconnaît pas un monsieur quand elle le rencontre. Ils ne se trompent pas. La terre suspend son jugement au sujet des hommes tant qu'elle ne les a pas vus au travail. Ensuite c'est selon : il leur faut travailler, parce qu'il y a beaucoup, beaucoup à faire.

Malheureusement les chemins de fer, qui ont fait le pays, amènent en ce moment des gens qui font les difficiles en ce qui touche la nature et le charme de leur travail ; et si par hasard ils ne trouvent pas exactement ce qu'ils désirent, ils expriment leurs plaintes par le moyen des journaux et ceux-là font paraître tous les hommes égaux.

Ce qui constituait surtout le bonheur de notre excursion, c'était d'avoir déjà fait toute cette route à l'époque où elle était nouvelle encore, et comme le Canada de ce temps-là, n'inspirait pas beaucoup confiance ; à l'époque où tous les hauts fonctionnaires importants, ceux dont le petit doigt décrochait les wagons, étaient également peu cotés et insignifiants. Aujourd'hui tout, hommes, villes, était changé, et l'histoire de la voie se confondait avec l'histoire du pays, cependant que les roues des wagons répétaient : « John Kino, John Kino ! Nagasaki, Yokohama, Hakodate, eh ? car nous étions dans le sillage de la Compagnie impériale, remplie de personnalités marquantes de Hong-Kong, et des Treaty Ports. Il y avait des villes, anciennes, très connues, et étonnamment développées, qu'il fallait bien examiner avant de songer à aller voir le nouveau travail qui s'était fait là-bas dans l'Ouest. Elles criaient impérieusement : « Que pensez-vous de ce bâtiment-ci, de ce faubourg-là ? Venez voir ce qui s'est fait pendant cette génération. »

Le choc que vous donne un continent vous écrase plutôt — tant que vous ne vous êtes pas dit que ce n'est là que la joie que vous éprouvez, l'amour, l'orgueil que vous ressentez pour votre propre lopin de jardin, et que vous transférez ensuite, en plus grand, à quelques hectares en plus. Et puis, comme toujours, c'était la dignité des villes qui impressionnait, — une dignité austère, septentrionale, dans les contours, dans le groupement, dans les perspectives, gardant ses distances et ne se ravalant jamais au niveau de la circulation pressée de la rue.

C'était la marque caractéristique de Montréal, avec ses prêtres aux soutanes noires, ses affiches en français ; d'Ottawa, avec ses palais de pierres grises, ses bassins aux bords luisants comme ceux de Pétrograd ; celle de Toronto, commerciale au point d'être dévorée par le négoce, toutes en imposaient par leur calme puissant. Les hommes bâtissent toujours mieux qu'ils ne se l'imaginent, et très probablement que cette architecture inébranlable reste là, attendant que viennent la race et le jour où sera tombée la fièvre de l'expansion récente, et où disparaîtra le fouillis des poteaux téléphoniques dans les rues. Il y a de fortes objections contre l'existence au sein d'une nation, d'une communauté parlant deux langues différentes et incapables de fusionner ; mais, quelles que soient les entraves que l'on impose aux Français dans l'œuvre de développement, leurs cathédrales modestes et réservées, leurs écoles, leurs couvents et, au moins un peu de l'esprit qui émane d'eux, servent à de bonnes fins. Le jeune Canada dit : « Il y a dans les villes des biens ecclésiastiques valant plusieurs millions qu'on n'a pas le droit de taxer. » Mais d'un autre côté les écoles catholiques, les universités catholiques, bien qu'elles passent pour entretenir la vieille méfiance que témoignait le Moyen-Age pour le grec, enseignent en réalité les classiques avec autant d'amour, de tendresse et d'intimité que l'a toujours fait la vieille Église. Après tout, cela doit en valoir la peine de pouvoir dire ses prières dans un dialecte de la langue que maniait Virgile, et une certaine teinte d'insolence, plus magnifique et plus ancienne que l'insolence du matérialisme actuel, forme un bon mélange dans un pays neuf.

J'eus la bonne fortune de voir les villes à travers les yeux d'un Anglais qui était venu là pour la toute première fois. — Avez-vous été jusqu'à la Banque ? s'écria-t-il, jamais je n'ai rien vu de pareil ! — Qu'est-ce qu'elle a cette Banque, lui dis-je, car la situation financière de l'autre côté de la frontière était, à ce moment-là, plus que jamais pittoresque. — C'est merveilleux, dit-il, piliers de marbre, kilomètre sur kilomètre de mosaïque, grilles en acier, on dirait une cathédrale. Dire que personne ne m'en avait jamais parlé ! — Si j'étais vous je ne me ferais pas de mauvais sang à propos d'une Banque qui rembourse ceux qui lui confient leur argent, dis-je d'un ton apaisant ; il y en a beaucoup d'autres pareilles à Ottawa et à Toronto. En second lieu il découvrit certains tableaux dans certains palais et se fâcha pour de bon parce que personne ne l'avait prévenu qu'il y avait cinq galeries inesti-mables dans une seule ville.

— Ah ! à propos, m'expliqua-t-il, je viens de voir des Corot, des Greuze, des Gainsborough, un Holbein et,... des cen-taines de tableaux vraiment magnifiques. — Et pourquoi pas ? lui dis-je, on ne peint plus les maisons au vermillon dans ces régions-ci. — Oui, oui, mais ce que je voulais dire c'était, avez-vous vu comment ils équipent leurs collèges et leurs écoles ? — les pupitres, bibliothèques, lavabos qu'ils possèdent ? Ils sont mille fois mieux que tout ce que nous avons et... et dire que personne ne m'avait prévenu !

— Mais à quoi bon vous le dire ? Vous ne l'auriez pas cru. Il y a un bâtiment, dans une des villes, construit dans le style Sheldon, mais mieux encore, et si vous allez jusqu'à Winnipeg vous verrez le plus bel hôtel que vous puissiez rêver.

— Bêtise ! dit-il ; vous voulez m'en faire accroire ! Winnipeg est une ville de la prairie.

Je le quittai se plaignant encore, — mais cette fois-ci au sujet d'un Club et d'un Gymnase — parce que personne ne lui en avait jamais parlé, et encore incrédule au sujet des Merveilles à venir.

Si seulement nous pouvions charger de chaînes quatre cents Députés, ainsi que cela se fait en Chine lors des élections, et leur faire faire le tour de l'Empire, quel gentil petit Empire, fait de gens se rendant compte des choses nous aurions alors, lorsque les survivants reviendraient au pays.

Assurément les Villes ont bien le droit d'être fières et je m'attendais, certes, à ce qu'elles se vantent ; mais elles étaient si occupées à expliquer qu'elles ne faisaient que commencer leur œuvre que, pour soutenir l'honneur de la Famille, je dus moi-même faire acte de vantardise. Dans cette louable occupation j'attribuai à Melbourne (non sans raison, je l'espère du moins, mais il n'était pas aisé, tant on allait vite, de me renseigner exactement) des kilomètres et des kilomètres de bâtiments municipaux, et des lieues et des lieues de musées ; j'agrandis les quais du port de Sydney pour pouvoir répondre à une question touchant les docks de Toronto, et j'engageai les gens à aller voir la cathédrale de Cape-Town lorsqu'elle serait terminée. Mais la vérité finit par percer, même pendant une visite. Notre frère aîné avait plus de beauté et de force dans ses trois cités seules que tout ce que Nous Autres tous ensemble pouvions fournir. Malgré cela elle ne perdrait pas à envoyer une commission pour visiter les dix grandes villes de l'Empire pour voir ce qui s'y fait en ce qui concerne le nettoyage des rues, le service des eaux et la circulation.

Un peu partout les gens sont affectés d'une superstition indigne d'eux à savoir qu'il faut « se dépêcher », ce qui veut dire : faire à moitié son travail, gaspiller plus de temps qu'il ne faudrait pour faire deux besognes convenablement, et se féliciter soi-même ce durant de son propre gâchis. D'insignifiants embarras de circulation qu'un policier rural dans un simple bourg sait débrouiller automatiquement deviennent, parce qu'on le veut bien, des obstructions qui durent dix minutes, et où charrettes et hommes se cognent, et reculent, et jurent sans aucun résultat, sauf celui de perdre du temps.

Le rassemblement et la dispersion des foules, l'achat des billets, et pas mal du mécanisme ordinaire de la vie se trouvent gênés et entravés par cet esprit incertain du sud, qui n'a pas de plus proche parent que la Panique.

« Se dépêcher » est une chose qui ne convient pas plus au caractère national que le fausset ou des mouvements nerveux ne conviennent à l'homme fait. « Activer » c'est une qualité louable et nécessaire, et très différente, que l'on rencontre sur la Route Ouest où on est en train de faire le nouveau pays.

Nous avons laissé loin, bien loin, les trois villes et les districts où l'on laboure la moindre parcelle de terrain, et où l'on exploite les vergers pour entrer dans la terre des Petits Lacs — pays de tumultueux cours d'eau, d'étangs aux yeux clairs, de rocs au milieu d'arbustes à baies, le tout criant distinctement : « Truites, Ours. »

Il n'y a pas bien longtemps un petit nombre de gens avisés passaient leurs vacances dans ce coin du monde, et ils ne dévoilèrent pas le secret. Aujourd'hui c'est devenu un rendez-vous d'été où les gens chassent et campent en liberté. On connaît en Angleterre le nom de ses moindres cours d'eau et des hommes exempts de folie, en ce qui concerne toute autre matière, quittent Londres, disparaissent dans les bouleaux et reviennent barbus, barbouillés de fumée, lorsque la glace est assez épaisse pour couper une pirogue. Quelquefois ils vont chercher du gibier, quelquefois du minerai, peut-être même du pétrole. Personne ne sait absolument : « Nous ne faisons que commencer ». Et ainsi que nous le disait un Afrite du Chemin de fer, comme nous passions sur notre tapis magique : — vous n'avez pas idée de l'étendue de notre circulation de touristes. Elle a pris tout son développement depuis la dernière décade du siècle dernier. Le tramway invite les gens des villes à aller faire de petites excursions : lorsqu'ils ont de l'argent ils en font de grandes. Tout ce continent éprouvera bientôt le besoin de terrains de jeux : nous les préparons.

La jeune fille de Winnipeg, en voyant la gelée du matin qui s'étendait toute blanche sur l'herbe haute au bord des lacs, et la brume que formaient les feuilles jaunes d'or des bouleaux au moment où elles se détachaient des arbres, se mit à dire : — C'est comme ça que les arbres devraient changer. Ne trouvez-vous pas que notre érable de l'Est est un peu trop vif de couleur ? Nous passâmes ensuite par un pays où la conversation roula pendant plusieurs heures sur les mines et la façon de traiter les minerais. Les gens racontaient des histoires : récits d'explorateurs dans le genre de ceux qu'on entendait vaguement avant que le Klondyke ou le Nome ne fussent connus de tous. Ils ne se souciaient pas qu'on leur prêtât croyance ou pas. Eux aussi ne faisaient que commencer, — c'était peut-être de l'argent, peut-être de l'or, peut-être du nickel. Si une grande ville ne surgissait pas à tel ou tel endroit — le nom même était nouveau pour moi, — elle ne manquait pas d'apparaître un peu plus loin. Les hommes silencieux montaient sur le convoi ou en descendaient, disparaissaient derrière les bosquets et les collines, tout comme la première ligne d'éclaireurs largement espacée s'étend en forme d'éventail et s'évanouit sur la ligne de bataille.

Certain vieillard était assis devant moi, pareil au Temps vengeur en personne. Il se mit à parler des prophéties de malheurs qui ne s'étaient jamais réalisées. — *On* avait dit qu'il n'y avait rien ici que des rochers et de la neige. *On* avait dit qu'y aurait point jamais rien ici que le chemin d'fer. Y en a qui ne voient même pas *mentenant ;* et il me vrilla de son œil farouche. Et pendant tout c' temps, on fait fortune, des tas, oui des tas, sous vot' nez.

— Avez-vous fait fortune vous-même ? lui dis-je.

Il sourit, comme sourit l'artiste — tous les explorateurs de marque ont ce sourire-là.

— Moi ? Non. J'ai été explorateur la plupart du temps, mais je n'ai rien perdu. J'ai pris mon plaisir au jeu. Ah ! oui, patron. J'ai pris mon plaisir.

Je lui dis comment j'avais déjà passé par là au moment où des concessions en terre et en forêts se donnaient pour une croûte de pain.

— Mais oui, répondit-il sans s'émouvoir, je crois bien que si vous aviez eu tant soit peu d'instruction vous auriez pu facilement gagner plus d'un million en ces temps-là. Et il en serait de même aujourd'hui encore si vous saviez où aller. Comment ça ? Pourriez-vous me dire ce que sera la capitale de la région de la Baie de Hudson ? Vous n'en savez rien ? Moi non plus. Vous ne savez pas davantage où les six grandes villes de demain vont s'élever. Faut que je descende ici, mais si je garde la santé, on me verra l'été prochain explorant au Nord.

Représentez-vous ce qu'est un pays où les gens explorent jusqu'à l'âge de soixante-dix ans sans avoir à craindre la fièvre, la maladie des mouches, celle des chevaux ou des ennuis de la part des indigènes — un pays où les aliments et l'eau ont toujours bon goût ! Il me raconta une histoire bien curieuse de quelque or fabuleux — l'éternelle mine-mère — de là-bas dans le Nord, qui un jour humilierait l'orgueil du Nome. Et pourtant, l'Empire est si vaste qu'il n'avait jamais entendu parler de Johanneshurg !

Au moment où le train arrivait au bord du Lac Supérieur, la conversation se porta sur le blé. Sans doute, disait-on, il y a des mines dans la région — celles-ci ne faisaient que commencer — mais cette partie-ci du monde n'existait que pour nettoyer, triturer le blé et le distribuer au moyen de la voie ferrée et du bateau à vapeur. On avait doublé la ligne sur un parcours de quelques centaines de kilomètres pour pouvoi faire face aux flots débordants. Un peu plus tard ça pourrait bien devenir une voie quadruple. On ne faisait que commencer. En attendant voici le blé qui pousse, tendre, vert, haut d'un pied, le long de cent voies de garage où il était tombé des wagons. Là-bas se trouvaient les entrepôts gigantesques en forme de boîte à thé et les hôpitaux qui traiteraient le blé ; ici c'était les machines neuves, peintes en couleurs brillantes, qui s'en allaient pour moissonner, lier et battre le blé, et toutes ces charretées d'ouvriers venaient de construire encore, à la va vite, de nouveaux garages en vue de la récolte annuelle.

Deux villes se tiennent sur les rives du Lac, à un intervalle de quelques cents mètres ; elles jouent pour le blé le même rôle que celui que joue Lloyd dans le commerce maritime, ou la Faculté de Chirurgie dans la Médecine. Son honneur et son intégrité sont entre leurs mains, et elles se détestent mutuellement avec cette haine pure, empoisonnante, passionnée, qui fait croître les villes. Si la Providence venait à annihiler l'une d'elles, la survivante s'étiolerait et mourrait, — oiseau de haine sans compagne. Un jour viendra où elles devront forcément s'unir, et le problème du nom composé qu'elles devront choisir les tracasse déjà. Quelqu'un de l'endroit me dit que le Lac Supérieur était « une pièce d'eau bien utile » parce qu'elle se trouvait si bien à proximité du C. P. R. Il y a dans les grands lacs une tranquille horreur qui ne cesse de croître à mesure qu'on les visite de nouveau. L'eau douce n'a pas le droit, n'a pas de raison de surgir par delà l'horizon pour venir abaisser ou soulever les coques des grands bateaux à vapeur, n'a pas le droit d'exécuter, entre des falaises ridées, la danse lente de la mer profonde ; ni de rentrer en rugissant sur des plages sablonneuses aux algues marines, entre des promontoirs immenses qui s'en vont, lieue après lieue, se perdre dans la brume et dans un brouillard de mer. N'empêche que le Lac Supérieur est fait de la même matière que celle pour laquelle les villes paient des impôts, mais il engouffre et il a, tout comme un Océan qui a son compte accrédité, ses naufrages, ses épaves. C'est une chose hideuse au cœur d'un continent. Il y a des gens qui font sur lui des parties de bateaux à voiles ; d'autre part il a produit une race de marins qui est à celle de l'eau salée ce qu'est le charmeur de serpents au dompteur de lions.

Néanmoins c'est sans contredit une pièce d'eau très utile.

JOURNAUX ET DÉMOCRATIE

Qu'une fois pour toutes l'on admette que, de même que le héraut à la voix sonore que louait la tribu Éolithique pour annoncer les nouvelles du jour nouveau dans les cavernes a précédé le Barde choisi par la Tribu pour chanter l'histoire plus pittoresque de la Tribu, de même le Journalisme est antérieur à la Littérature parce que le Journalisme répond au premier besoin qu'éprouve la Tribu après celui de la chaleur, celui des aliments et celui de la société de la femme.

Dans des pays neufs il laisse voir clairement qu'il descend du Héraut de la Tribu. Une tribu clairsemée qui occupe de grands espaces se sent abandonnée. Elle aime à entendre faire l'appel de ses membres, souvent et bruyamment, à se réconforter avec l'idée qu'il y a des compagnons à une petite distance sous l'horizon. Elle emploie conséquemment des hérauts chargés de nommer et de décrire tous ceux qui passent. Voilà pourquoi les journaux des pays neufs ont souvent l'air si outrageusement personnels. La tribu, en plus de cela, a besoin de renseignements rapides et sûrs touchant tout ce qui concerne la vie quotidienne dans les vastes espaces, ces nouvelles provenant de la terre, de l'air, de l'eau que les Peuples plus anciens ont abandonnées. Voilà pourquoi ses journaux paraissent parfois d'une trivialité si laborieuse.

Par exemple, un membre de la tribu, Pete O'Halloran, doué d'un nez rouge, a, pour faire ferrer son cheval, parcouru depuis son domaine une distance de trente milles, et incidemment casse le boulon principal de sa voiture dans un mauvais endroit de la route. Le Héraut de la Tribu — pauvre feuille hebdomadaire aux pages stéréotypées — rattache, au moyen d'une insinuation, le nez rouge à l'accident, ce qui, aux yeux du public en général, est une maladroite diffamation. Mais le Héraut de la Tribu se rend compte que soixante-douze familles de la tribu se servent de cette route chaque semaine. C'est à elles de chercher à découvrir si l'accident était dû à l'ivrognerie de Pete, ou bien plutôt, ainsi que l'affirme énergiquement Pete lui-même, à l'état négligé de la route. Il se trouve que quinze personnes savent que le nez de Pete est une infirmité regrettable et que cet appendice ne doit pas servir à l'incriminer. Une de ces personnes, en flânant, vient expliquer l'affaire au Héraut de la Tribu qui, la semaine d'après, affirme hautement que la route devrait être réparée. En attendant, Pete, ravi d'avoir pu concentrer sur sa personne l'attention de sa tribu pendant quelques instants, remonte la scène sur une distance de trente milles, poursuivi par des annonces de boulons que l'on garantit sur facture comme ne devant jamais se briser et un peu plus tard (ce que la Tribu recherchait depuis le début) quelque autorité ou autre de la Tribu répare la route.

Tout cela n'est qu'un tableau sur une grande échelle, mais en regardant de plus près vous vous rendrez compte que l'instinct de préservation propre à la Tribu se trouve, de façon fort logique, à la base de toutes sortes de bizarres progrès modernes.

A mesure que la tribu se développe et que l'on ne voit plus l'horizon d'un bout à l'autre sans interruption, l'envie de connaître tout ce qui touche le voisin immédiat s'atténue — mais pas beaucoup. A l'extérieur des villes les grandes distances existent toujours, « les vastes domaines inhabités » dont parlent les annonces, et ceux qui se déplacent désirent ardemment rester au courant de ce qui se passe chez leurs semblables et leur donner de leurs propres nouvelles comme aux temps passés. L'homme qui surgit brusquement hors des ténèbres et entre au milieu du cercle formé par les feux ne manque pas, si c'est un homme digne de ce nom, de lever les deux mains en l'air et de dire : « Moi, qui suis un tel, me voici. » Il vous sera aisé de voir s'accomplir librement ces rites dans n'importe quel hôtel, lorsque le reporter (remplaçant le héraut de la tribu) vient jeter un coup d'œil sur la liste des visiteurs. Avant qu'il ait eu le temps de quitter le registre des yeux, il se trouve nez à nez avec le nouveau venu qui, sans désir déplacé de notoriété, explique ce qu'il veut et compte faire. Notez que c'est toujours le soir que le reporter s'occupe plus spécialement des étrangers. De jour il sait les affaires de sa propre ville et les gestes des chefs les plus voisins, mais lorsque vient l'heure de fermer la palissade, d'entourer le camp de wagons, de ramener en place le buisson d'épines qui bouche l'entrée, alors, dans tous les pays, il redevient le Héraut de la Tribu qui joue le rôle de Gardien Extérieur.

Il y a des pays où un homme est tripatouillé d'une façon indécente par les hérauts jacassants qui lui plongent leurs torches immondes en pleine figure jusqu'à ce qu'il soit à la fois roussi et enfumé. Au Canada, le « Qui vive ! Avance au ralliement » indispensable pour se renseigner sur vos intentions s'accomplit avec cette large convenance qui est la marque distinctive de tout le Dominion. Les paroles du nouveau venu sont transmises à la Tribu avec exactitude ; on ne lui met aucune ordure dans la bouche, et lorsque les hérauts estiment préférable de ne pas traduire certaines remarques ils expliquent pourquoi.

On avait toujours plaisir à rencontrer les reporters parce que c'étaient des hommes que leur pays intéressait. L'intérêt qu'ils lui portaient était pareil à celui que l'on trouve chez les jeunes chirurgiens ou les civils, intérêt vif et altruiste. Grâce à la guerre (des Boërs) beaucoup d'entre eux étaient allés jusqu'au bout du monde, de sorte qu'ils parlaient des nations sœurs d'une façon qui faisait plaisir à entendre. Par là les interviews — chose aussi ennuyeuse pour les reporters que pour ceux qui sont interviewés — devenaient souvent des conversations agréables, mais que l'on ne publiait pas. On sentait à chaque bout de la phrase rapide qu'on avait affaire à des joueurs entraînés, à des virtuoses, à des hommes bien équilibrés, qui croyaient aux décences qu'il faut respecter, aux confidences qu'il ne faut pas violer, à l'honneur dont il ne faut pas se moquer. (Par là peut s'expliquer ce que tout le monde m'a expliqué — que le terrorisme brutal de la Presse n'existe pour ainsi dire pas au Canada, — il en est de même pour la calomnie). Ils ne crachaient pas, ne se trémoussaient pas grotesquement, et n'intercalaient pas dans leur conversation des anecdotes savoureuses où leurs connaissances étaient traitées de voleurs et d'assassins. Pas une seule fois, non plus, d'un océan à l'autre, ils n'affirmèrent, ni eux ni leurs camarades, que leur pays « obéissait aux lois ».

Vous connaissez le premier Poteau Indicateur sur la Grand'-Route Principale ? « Lorsqu'une femme assure qu'elle est vertueuse, un homme qu'il est parfait galant homme, ou une communauté qu'elle est loyale, un pays qu'il obéit aux lois — dirigez-vous dans la direction contraire ! »

Et pourtant, alors que la conversation des hommes était si agréable et si nouvelle, leur parole écrite semblait être jetée dans des moules conventionnels pour ne pas dire démodés. Il y a un quart de siècle, le sous-directeur d'un journal pouvait, en lisant le courrier, identifier, même de très loin, l'*Argus* de Melbourne, le *Héraut du Matin* de Sydney ou le *Times* du Cap. Même les extraits sans titre dévoilaient leur origine de même que la peau d'un animal trahit la bête qui l'a portée. Mais il remarquait alors que les journaux canadiens ne laissaient ni trace ni odeur et auraient pu venir d'aventure de n'importe quel lieu dans un rayon de trente degrés de latitude. Ce qui obligeait à faire une identification très précise. Aujourd'hui, l'espace laissé entre les lignes, les entêtes, les annonces de journaux canadiens, l'apparence extérieure de la première page qui ressemble à un damier de jeu d'échecs, et qui devrait être un beau dessin quotidien, le papier de pulpe, si cassant, la typographie disposée à la machine, tout cela est aussi « standardisé » que les wagons de chemin de fer du Continent. En vérité, lorsqu'on parcourt une pile de journaux canadiens, c'est comme si l'on essayait de retrouver sa couchette à soi dans un train à couloirs. Les bureaux des Journaux peuvent être classés parmi les organes les plus conservateurs qui soient, mais tout de même, après vingt-cinq ans, on pourrait admettre quelques petits changements ; on pourrait inaugurer quelque originalité dans l'expression ou dans la composition.

J'abordai ce sujet avec d'infinies précautions parmi un groupe formé de camarades du métier. — Vous voulez dire, dit un des jeunes, aux yeux francs, que nous sommes d'anciens numéros copiant un ancien numéro ?

C'était précisément ce que je voulais dire, je m'empressai donc de le nier. — Nous le savons bien, répondit-il avec entrain. N'oubliez pas que nous n'avons pas la mer autour de nous, et la taxe postale pour l'Angleterre vient seulement d'être abaissée. Tout s'arrangera.

Oui, sans doute ; mais en attendant on souffre de voir un

peuple aussi magnifique se servir de mots de second ordre pour exprimer des émotions de tout premier ordre.

Ainsi l'on passe tout naturellement du Journalisme à la Démocratie. Chaque pays a droit à ses réserves, à ses faux semblants, mais plus un pays est « démocratique » plus est grand le nombre des frimes que l'étranger doit respecter. Certains des Hérauts de la Tribu se sont montrés à cet égard très bons pour moi, et, pour ainsi dire, me poussèrent du coude quand il fallait m'incliner dans la maison de Rimmon. Aux heures de bureau ils professaient une croyance ferme en ce mot béni « Démocratie » et qui signifie n'importe quelle foule qui s'agite, autrement dit cette chose sans recours qui vous passe à travers les parquets et tombe dans les caves ; fait couler un bateau de plaisir en se ruant de babord à tribord ; foule sous ses pieds et réduit en marmelade les gens parce qu'elle croit avoir perdu dix sous ; et se fait griller en obstruant les portes de sortie dans les théâtres qui ont pris feu. Une fois leur travail terminé, ils se détendaient, comme tout le monde. Beaucoup clignaient de l'œil, un petit nombre prenaient des airs cavaliers, mais tous reconnaissaient que le seul inconvénient dans la Démocratie était Démos — dieu jaloux aux goûts primitifs et à tendances despotiques. Un politicien qui l'avait vénéré sa vie entière m'en traça un portrait fidèle ; genre d'épître de Jérémie — le sixième chapitre de Baruch — rendu en un anglais impossible à citer.

Mais le Canada n'est pas encore une Démocratie idéale.

D'abord il lui a fallu travailler dur dans un milieu âpre, ce qui entraîne des conséquences inévitables. Et puis la loi au Canada existe et elle est administrée, non en tant que surprise, comme plaisanterie, comme faveur, comme brigue, ou comme tour de force de jongleur turc, mais en tant que partie intégrale du caractère national — que l'on ne doit pas oublier, ou dont on ne doit pas plus parler que de son pantalon. Si vous tuez on vous pend, si vous volez on vous emprisonne. Cela a conduit à la paix, au respect de soi-même, et, si je ne me trompe pas, à la dignité innée du peuple. D'autre part — et c'est là que des complications sont à craindre — les chemins de fer et les bateaux à vapeur permettent l'introduction de gens qui ont toujours à leur disposition des robinets à eau chaude et froide, des tables garnies et de la faïence, jusqu'au jour où ils sont expulsés et renvoyés, tout ébahis, dans le désert. Les longues semaines d'eau salée, le long voyage à travers les plaines qui cuisaient et tannaient les premiers émigrants leur manquent totalement. Ils arrivent le corps mou et l'âme sans air. C'est ce que me fit bien comprendre un voyageur dans un train au milieu des Selkirks. Il se tenait sur l'arrière-plate-forme munie d'un bon garde-fou, regardait l'énorme épaule de la montagne toute couverte de sapins et autour de laquelle des hommes au péril de leur vie avaient construit chaque mètre de la voie, et s'égosillait : — Dites donc, pourquoi tout cela ne serait-il pas propriété de l'Etat ! Il n'y avait rien au monde, sauf la neige et l'escarpement qui pouvaient l'empêcher de descendre séance tenante et de chercher une mine pour son propre compte. Au lieu de cela il entra dans le wagon-restaurant. C'est là le premier des types que l'on rencontre.

Quelqu'un d'autre me raconta l'histoire bien connue d'une foule d'immigrants qui, lors d'un grand incendie dans une ville, revint au type primitif, et bloqua les rues en hurlant : « A bas le Czar ». C'est le second type. Quelques jours plus tard on me montra une dépêche apprenant qu'une communauté de Doukhobors, — encore des Russes — s'étaient, et pas pour la première fois, déshabillés et couraient, à toute vitesse, sur la voie, pour trouver le Messie avant que la neige ne vînt à tomber. La police les poursuivait munie de chauds vêtements de dessous, et les trains étaient priés de prendre des précautions pour ne pas les écraser.

Voilà donc trois sortes d'incapacité amenées dans le pays sur des bateaux à vapeur, le type mou, sauvage et fou. Il y a une quatrième espèce qui est soit indigène soit importée, — mais les démocraties ne la connaissent pas — de gens absolument pervers : des hommes et des femmes adultes, sains, qui prennent un vrai plaisir à faire le mal. Ces quatre classes agissant ensemble pourraient — c'est facile à concevoir, — donner naissance à une démocratie passablement pernicieuse ; l'hystérie étrangère, la folie sanglante et autres choses analogues renforçant l'ignorance, la paresse, l'arrogance locales. Par exemple, j'ai lu dans un journal une lettre exprimant de la sympathie pour ces mêmes Doukhobors. L'auteur de la lettre connaissait une communauté de braves gens en

Angleterre (vous voyez où commence le mal !) qui allaient nu-pieds, ne payaient pas de contributions, se nourrissaient de noix et ne connaissaient que l'union libre. C'étaient des gens tout âme, et qui menaient des vies pures. Les Doukhobors étaient également purs, étaient tout âme, et avaient dans un pays libre le droit de vivre leur vie sans être opprimés, etc., etc. (Notez comment l'espèce molle importée rivalise avec l'espèce folle non moins importée). En attendant la police, outrée, donnait la chasse aux Doukhobors pour les vêtir de flanelle, pour qu'il leur fût possible de continuer à vivre et de produire un jour des enfants dignes d'épouser les fils de l'individu auteur de la lettre en question et les filles de la foule qui avait perdu la tête lors de l'incendie.

— Tout cela, nous le reconnaissons, répondirent hommes et femmes, mais que voulez-vous que nous y fassions ? Il nous faut du monde. Et ils faisaient voir des écoles vastes et bien équipées, où les enfants des immigrants slaves apprennent l'anglais et les chansons canadiennes. — Lorsqu'ils sont grands, disait-on, vous ne pouvez pas les distinguer des Canadiens. C'était merveilleux. Le professeur montre des plumes, des bobines, etc., en désignant ces articles en anglais ; les enfants répètent à la manière chinoise. Au bout de quelque temps, lorsqu'ils possèdent assez de mots, ils se trouvent à même d'établir comme un pont entre ce qu'ils savent et ce qu'ils ont appris dans leur propre pays ; de sorte qu'un garçon de douze ans pourra, mettons au bout d'un an, faire une bonne rédaction en anglais sur son voyage de Russie ; raconter par exemple combien sa mère a payé en route pour sa nourriture et à quel endroit son père a obtenu son premier travail. De plus, il mettra la main sur son cœur et dira : « Je, suis, un, Canadien. » Cela fait plaisir au Canadien qui forcément se sent très fier d'un immigrant qui doit tout à la terre qui l'a adopté et l'a lancé. Madame La Bienfaitrice dans un village anglais témoigne pareil intérêt à un enfant qu'elle a aidé à faire son chemin dans la vie. Mais l'enfant la récompense-t-il par sa gratitude et sa bonne conduite ?

Personnellement, on ne peut avoir beaucoup d'affection pour ceux qui ont renoncé à leur propre pays. Il se peut qu'ils aient eu de bonnes raisons, mais ils ont enfreint les règles du jeu et devraient être punis au lieu de voir augmenter leur cote. Et il n'est pas vrai, comme les gens prétendent, que quelques bons repas et de beaux habits effacent toute trace d'instinct étranger et d'hérédité. Mille années ne peuvent pas compter comme hier quand il s'agit de l'humanité, on n'a qu'à jeter un coup d'œil sur les races de l'autre côté de la frontière pour se rendre compte combien, dans les façons de concevoir, dans les manières, dans l'expression et dans la morale, le Sud et le Sud-Est modifient, profondément, fatalement le Nord et le Nord-Ouest. Voilà pourquoi le spectacle de ces femmes aux yeux de jais, à la peau épaisse, portant des tabliers, avec des mouchoirs autour de la tête et les mains chargées de paquets orientaux, m'a toujours fâcheusement impressionné.

— Mais *pourquoi* acceptez-vous pareille marchandise ? demandai-je. Vous savez qu'elle ne vous vaut pas, et elle sait qu'elle ne vous vaut pas et c'est mauvais pour l'un comme pour l'autre. Mais que faites-vous avec les immigrants anglais ?

Les réponses furent précises : « Parce que les Anglais ne travaillent pas ; parce que nous en avons assez des hommes avec pension et des cagnards qu'on nous envoie ici ; parce que les Anglais sont pourris de socialisme ; parce que les Anglais ne s'adaptent pas à notre genre de vie. Ils regimbent en présence de notre façon de faire. Ils sont constamment à nous expliquer comment on fait en Angleterre. Ils portent des fraises ! Ne connaissez-vous pas l'histoire de l'Anglais qui s'était perdu et que l'on trouva à moitié mort de soif au bord d'une rivière ? Lorsqu'on lui demanda pourquoi il ne buvait pas il répondit : — Comment diable voulez-vous que je fasse sans *vairre ?*

— Mais, insistai-je, pendant tout mon voyage de cinq mille kilomètres, ce sont là d'excellentes raisons pour que l'on amène l'Anglais. Il est vrai que dans son propre pays on lui apprend à éviter le travail, parce que des gens bien intentionnés, mais bêtes, vont jusqu'à se bousculer les uns les autres pour se porter à son secours, le débaucher et l'amuser. Chez vous le Général Janvier lui donnerait du nerf. Les gens pensionnés sont une plaie pour toutes les branches de la Famille, mais vos manières et votre morale ne doivent pas être à ce point peu résistantes pour souffrir de la présence parmi vos six millions de quelques milliers des leurs. Quant au socialisme, l'Anglais pris en lui-même est l'animal le moins social qui soit. Ce que vous appelez son socialisme est ce qui tient lieu chez lui de Diabolo et des concours de devinettes. Pour ce qui est de ses critiques, vous ne voudriez pas tout de même épouser une femme qui aurait toujours le même avis que vous sur toutes choses ? Il vous faut choisir vos immigrants de même façon. Vous reconnaissez que le Canadien est trop occupé pour regimber contre quoi que ce soit. Quant à l'Anglais il regimbe contre tout par nature. (« Assurément tout cela c'est bien lui », dirent-ils). Il regimbe par principe et c'est ce qui procure la civilisation. Il en était de même pour l'Anglais et son instinct à propos de son verre à boire. Chaque pays neuf a besoin, et c'est un besoin vital, d'avoir un demi pour cent de sa population dressé à mourir de soif plutôt que de boire dans la main. Vous ne cessez de parler de la seconde génération de vos Smyrniotes et de vos Bessarabiens. Pensez donc ce qu'est la seconde génération des Anglais.

Ils essayèrent bien de se la représenter — mais apparemment sans grand enthousiasme. Il y avait une étrange réticence dans leur conversation, — comme un brusque effarement — lorsqu'on touchait à ces questions. Au bout d'un certain temps, je me rendis auprès d'un Héraut de la Tribu en qui je pouvais avoir confiance, et lui demandai, à brûle-pourpoint, en quoi consistait la difficulté, et qui, en définitive, la provoquait.

— C'est le Travail, me dit-il. Vous feriez mieux de ne pas vous en occuper.

LE TRAVAIL

Il est difficile de ne pas s'occuper d'une question qu'on vous met sous le nez à tout propos. Il n'y avait pas trois minutes que j'avais quitté le vapeur de Québec lorsqu'on me demanda à brûle-pourpoint : — Que pensez-vous de l'Exclusion des Asiatiques Qui Agite Notre Communauté ?

Le Second Poteau Indicateur sur la Grande Route Principale dit : « Au cas où une communauté serait agitée par une Question, prenez poliment des nouvelles de la santé de l'Agitateur ». Je le fis, mais sans succès — et dus temporiser tout le long de ma traversée du Continent jusqu'à ce qu'il me fût possible de rencontrer quelqu'un à même de fournir des réponses acceptables. Cette Question semble être confinée à la Colombie Britannique. Là, au bout d'un certain temps, les hommes qui avaient de bonnes raisons pour ne pas vouloir causer m'en référèrent à d'autres qui me fournirent des explications, et lorsqu'il eut été bien bien entendu qu'aucun nom ne serait prononcé (il est doux de voir des ingénieurs épouvantés à la pensée de sauter grâce à leurs propres explosifs) il fut possible d'en arriver à des faits à peu près précis.

Le Chinois a de tout temps eu l'habitude de venir dans la Colombie Britannique où, comme domestique, il n'a pas son pareil. Personne, m'assura-t-on partout, ne trouve à redire au Chinois qu'on achète aux enchères. Il accepte de faire un travail qu'aucun blanc dans un pays neuf ne consent à prendre et, lorsque le blanc mesquin le mène à coups de pied, il ne riposte pas. Il a toujours consenti à payer le privilège qu'on lui octroie de faire fortune sur cette côte merveilleuse, mais, il y a quelques années, la Volonté populaire, avec une prévoyance et une science de gouvernement rares, a décidé de doubler la taxe d'entrée qu'on lui impose. Quelque étrange que cela puisse paraître, le Chinois demande, actuellement, deux fois plus de gages et, même à ce prix, se fait rare. C'est, dit-on, une des raisons pour lesquelles la femme blanche trop surmenée meurt ou devient folle ; c'est également pourquoi l'on voit construire des pâtés de maisons louées en appartements en vue d'amoindrir les embarras des ménages dépourvus de domestiques. Plus tard la natalité décroîtra en raison directe du nombre de ces appartements.

Depuis la Guerre Russo-Japonaise, les Japonais se sont mis à venir dans la Colombie Britannique. Eux aussi font un travail que n'accepte aucun blanc, par exemple celui qui consiste à tirer de l'eau glacée des bûches toutes mouillées pour les scieries, aux gages de huit à dix shillings par jour. Ils sont domestiques dans les hôtels et dans les restaurants et ils tiennent aussi de petites boutiques. L'ennui avec eux c'est qu'ils sont un peu trop débrouillards, et lorsqu'on les attaque ils se défendent âprement.

Bon nombre de Punjabis — autrefois soldats, Sikhs, Muzbis et Jats — débarquent en ce moment des bateaux. La peste qui sévit chez eux semble les avoir poussés à s'en aller, mais je ne pus savoir pourquoi tant d'entre eux arrivent par la route de Shahpour, Phillour et Jollundur. Ces gens-là ne viennent pas s'offrir comme domestiques, ils iront travailler dans les scieries ; pourtant, avec un peu de soin et d'attention, on pourrait les rendre hors de pair. On devrait leur dire de ne pas amener leurs vieillards avec eux, et d'autre part on devrait s'y prendre mieux pour leur faciliter l'envoi d'argent dans leurs villages. On ne les comprend pas, bien entendu ; en tous cas ils ne sont pas détestés.

Ce sont les Japonais auxquels on trouve toujours à redire. Jusqu'à présent — sauf en ce qui concerne la pêche à Vancouver, dont on les accuse de s'être emparés, tout comme les Malais l'ont fait au Cap — ils n'ont pas encore concurrencé les blancs. Pourtant bien des personnes m'ont assuré d'un air sérieux qu'ils risquaient d'abaisser le niveau de la vie et des gages.

Le vœu formel de certains est donc que — absolument, sans conditions — ils s'en aillent. (Vous avez pu remarquer que les Démocraties insistent toujours sur l'impératif catégorique). Avant mon arrivée à Vancouver on venait d'essayer de les transporter ailleurs, mais sans grand succès, parce que les Japonais barricádèrent leur quartier, sortirent en foule, un tesson de bouteille dans chaque main qu'ils mirent énergiquement en contact avec les figures des Agitateurs. Sans doute il est plus facile d'embrouiller et d'abasourdir des Indous et des Tamils ébahis, ainsi qu'on le fait de l'autre côté de la frontière, que de semer la terreur dans les rangs des soldats de Yalu et Liaoyang [1].

Mais dès que l'on se mettait à poser des questions l'on se perdait dans un labyrinthe d'allusions, de réserves, de discours, pour la plupart faits avec contrainte, comme si les interlocuteurs récitaient quelque chose appris par cœur. En voici quelques exemples : Un homme m'accula dans un coin au moyen d'une phrase — une seule — où tout, à peu près, était lettre majuscule : — Le Sentiment Général chez notre Peuple est qu'il FAUT QUE LES JAPONAIS S'EN AILLENT !

— Fort bien, répliquai-je. Comment pensez-vous vous y prendre ?

— Cela ne nous regarde pas. Le Sentiment Général, etc.

— Sans doute. Le Sentiment est une belle chose, mais que comptez-vous faire ? Il ne condescendait pas à s'abaisser jusqu'à fournir des détails, mais ne cessait de répéter le Sentiment, que, me conformant à ma promesse, je ne manque pas de rapporter ici.

Un autre fut un peu plus explicite. — Le Chinois, dit-il, nous désirons le garder, mais le Japonais doit partir !

---

1. Batailles livrées pendant la guerre Russo-Japonaise.

— Mais alors qui prendra sa place ? Ce pays-ci n'est-il pas un peu trop neuf pour qu'on en chasse les gens à coups de pied ?

— Nous devons développer nos Ressources lentement, Monsieur, sans perdre de vue les Intérêts de nos Enfants. Nous devons conserver le Continent pour les Races qui s'assimileront avec les Nôtres. Nous ne devons pas nous laisser submerger par des Etrangers.

— Alors amenez votre propre race, et amenez-la vite, osai-je répondre. Voilà cependant la seule observation qu'il ne faut pas faire dans certaines régions de l'Ouest. Je perdis de mon prestige furieusement pendant qu'il expliquait (tout comme les Hollandais l'avaient fait au Cap, il y a de çà des années) comme quoi la Colombie Britannique n'était pas du tout aussi riche qu'elle en avait l'air ; qu'elle était étouffée par des capitalistes et monopoleurs de toute sorte ; la main-d'œuvre des blancs devait être interrompue, nourrie et chauffée pendant l'hiver ; que les frais d'existence étaient énormes ; qu'on touchait à la fin d'une ère de prospérité, que les années maigres arrivaient enfin, que même si des mesures étaient devenues nécessaires pour faire venir d'autres blancs elles devaient être prises avec beaucoup de précaution. Puis il ajouta que les tarifs des chemins de fer de la Colombie Britannique étaient si élevés qu'ils empêchaient les émigrants de s'y rendre.

— Mais est-ce que les tarifs n'ont pas été diminués ? demandai-je.

— Si, — si, je crois, mais on a tellement besoin d'immigrants qu'ils sont raflés avant d'arriver aussi loin du côté Ouest. Il ne faut pas oublier non plus que la main-d'œuvre d'ouvriers de métier est bien différente de la main-d'œuvre agricole. Elle dépend de tant de choses. Et puis, il faut que le Japonais parte.

— C'est ce que l'on m'a dit. Mais on m'a raconté aussi qu'il y avait des laiteries et des vergers dans la Colombie Britannique qu'on a dû abandonner parce qu'on ne trouvait personne ni pour traire ni pour cueillir les fruits. Pensez-vous que ce soit vrai ?

— Voyons, vous ne voudriez pas qu'un homme, avec tous les débouchés possibles que notre pays lui prodigue, aille traire des vaches dans un pré ? Un Chinois suffit pour cela. Il nous faut des races qui puissent s'assimiler, etc., etc.

— Mais l'Armée du Salut n'a-t-elle pas offert, il y a peu de temps, d'amener ici trois ou quatre mille Anglais ? Qu'est devenue cette idée ?

— On n'y a pas, — comment dirai-je ? — donné suite.

— Pourquoi pas ?

— Pour des raisons politiques, je crois. Il ne nous faut pas des Gens susceptibles d'abaisser le Niveau de la Vie. Voilà pourquoi les Japonais devront s'en aller.

— Alors pourquoi garder les Chinois ?

— Avec les Chinois on s'entend ; on ne peut pas se

passer d'eux. Mais il nous faut une Emigration d'un Type tel qu'il lui soit possible de s'assimiler avec Notre Peuple. Je pense être clair.

J'espérais qu'il l'avait été.

Et maintenant écoutez ce qu'ont à dire une mère et une ménagère.

— Ce joli état de choses nous coûte notre santé et celle de nos enfants. Avez-vous entendu dire couramment « la Frontière fait souffrir les femmes et le bétail ? » Nous ne sommes pas sur la Frontière ici, mais à certains égards c'est pis parce que nous avons tous les luxes et toutes les apparences — du joli cristal et de l'argenterie, à étaler sur la table. Il faut les épousseter, les polir, les arranger une fois que notre travail de ménage est fini. Sûrement que cela ne vous dit pas grand'chose, à vous, mais essayez-en pendant un mois ! Nous n'avons pas de domestiques. En ce moment un Chinois coûte cinquante ou soixante dollars par mois. Nos maris n'ont pas toujours le moyen de payer ça. Quel âge me donnez-vous ? Je n'ai pas encore trente ans. Dieu soit loué en tous cas que j'aie empêché ma sœur de venir dans l'Ouest. Ah ! oui, c'est un beau pays — pour les hommes !

— Ne pourriez-vous pas faire venir des domestiques d'Angleterre ?

— Je n'ai pas le moyen de payer le transport d'une fille pour qu'elle se marie au bout de trois mois. Et puis elle ne voudrait pas travailler. Une fois qu'elles ont vu le Chinois à l'œuvre elles refusent.

— Et vous, vous ne refusez pas le Japonais ?

— Certainement pas. Personne ne le refuse. Tout ça c'est de la politique. Les femmes des hommes qui gagnent six à sept dollars par jour — les ouvriers spécialistes — ont des domestiques chinois et japonais. Nous ne pouvons pas faire comme eux, nous autres. *Nous* avons à penser à l'avenir, à épargner, mais ceux-là dépensent jusqu'à leur dernier centime. Ils savent, eux, qu'ils n'ont rien à craindre. Ils sont Le Travail. On s'occupera d'eux quoiqu'il arrive. Vous pouvez juger, vous-même, si l'État s'occupe de moi.

Un peu plus tard, j'eus l'occasion de traverser une grande et belle ville entre six et sept heures par une matinée fraîche. Des Chinois et des Japonais livraient aux maisons silencieuses le lait, le poisson, les légumes, etc. Pour cette corvée glaciale pas un seul blanc n'était visible.

Plus tard encore un homme vint me voir sans trop afficher son nom. Il faisait d'assez importantes affaires et il me fit comprendre (d'autres avaient parlé à peu près de même) que si je répétais ses paroles ses affaires en souffriraient. Il parla sans discontinuer pendant une demi-heure.

— Dois-je donc en conclure, lui dis-je, que ce que vous appelez « Le Travail » domine absolument cette partie-ci du monde ?

Il fit signe que oui.

— Qu'il est difficile d'amener ici l'ouvrier de métier ?

— Difficile ? Seigneur Dieu ! s'il me faut un ouvrier supplémentaire pour mon travail (je paie, bien entendu, les gages fixés par l'Union) il faut que je le fasse venir en cachette ; il faut que j'aille le rencontrer comme par accident, plus bas sur la ligne, et si l'Union vient à le savoir, très probablement elle lui intimera l'ordre de s'en retourner vers l'Est, ou le congédiera et l'enverra de l'autre côté de la Frontière.

— Même s'il appartient à l'Union ? Pourquoi ?

— On lui dira que les conditions de Travail ne sont pas bonnes ici. Il sait fort bien ce qu'il faut entendre par là. Il fera demi-tour assez vite. Je fais pas mal d'affaires, et je ne puis m'exposer à entrer en lutte ouverte avec les Unions.

— Qu'arriverait-il au cas où vous le feriez ?

— Savez-vous ce qui se passe de l'autre côté de la Frontière ? On fait sauter les gens à coups de dynamite.

— Mais ici on n'est pas de l'autre côté de la Frontière.

— C'est bigrement trop près pour être agréable. Et puis, aux témoins, tout autant qu'aux autres, il arrive d'être dynamités. Voyez-vous, la situation créée par le Travail ne résulte pas de ce que l'on fait ou ne fait pas de notre côté, tout est géré là-bas. Vous avez pu vous rendre compte qu'en général on en parle avec précaution.

— Oui, je l'ai remarqué.

— Eh bien, tout cela n'est pas bien. Je ne dis pas que les Unions d'ici feraient quelque chose *contre* vous, — et, retenez-le bien, je suis partisan moi-même des droits du Travail, le Travail n'a pas de meilleur défenseur que moi-même ; j'ai été, moi aussi, ouvrier, bien que je sois patron aujourd'hui. N'allez pas croire, n'est-ce pas, que je sois contre le Travail.

— Pas le moins du monde. Je comprends fort bien. Vous trouvez seulement que le Travail agit, parfois, — comment dire — inconsidérément ?

— Voyez ce qui se passe de l'autre côté de la Frontière ! On a dû vous expliquer que cette petite affaire avec les Japonais à Vancouver a été manigancée en-dessous, n'est-ce pas ? Il m'est avis que les nôtres ne l'auraient pas fait tout seuls.

— On me l'a souvent répété. Est-ce jouer tout-à-fait beau jeu que d'incriminer un autre pays ?

On voit que vous ne demeurez pas ici, vous. Mais, pour reprendre, si nous nous défaisons des Japonais actuellement, l'on viendra nous demander bientôt de nous défaire de quelqu'un d'autre. Il n'y a aucune limite, Monsieur, aux exigences du Travail, aucune !

— Je croyais que tout ce qu'ils demandaient c'était de bons gages pour du bon travail ?

— En Angleterre peut-être, mais ici ils ont l'intention de diriger le pays, ah, oui alors !

— Et le pays ? comment cela lui plaît-il ?

— Nous ne sommes pas loin d'en avoir assez. Ça n'importe pas beaucoup dans les moments de plein rendement, les patrons feront tout plutôt que d'arrêter le travail — mais lorsque les temps seront mauvais, vous en aurez des nouvelles. Notre pays est un pays riche, — malgré tout ce qu'on raconte — mais nous sommes arrêtés à tout propos par la main-d'œuvre. Voyez-vous, il y a des quantités et des quantités de petites affaires que des amis à moi désireraient lancer. Des affaires partout, si seulement on les laissait tranquilles — mais non !

— Ça, c'est dommage. A propos, que pensez-vous de la question Japonaise ?

— Je ne pense pas. Je sais. Les deux partis politiques jouent le jeu du vote du Travail, mais comprenez-vous ce que cela veut dire ?

Je m'efforçais de comprendre.

— Et pas un ne dira la vérité, à savoir que si l'Asiatique s'en va, ce côté-ci du Continent disparaîtra complètement, à moins que nous n'obtenions une immigration blanche libre. Pourtant tout parti qui proposerait l'immigration blanche sur une large échelle serait blackboulé aux prochaines élections. Je ne vous dis là que ce que pensent les Politiciens. Mon avis personnel est que si un homme osait résister au Travail — pas que j'en veuille le moins du monde au Travail — et parlait raison, bien des gens se rangeraient à son avis — sans bruit, bien entendu. Je crois qu'il obtiendrait, au bout d'un certain temps, même l'immigration blanche. Il serait blackboulé aux premières élections, ça va sans dire, mais en fin de compte... Nous en avons assez du Travail. Je tenais à vous dire la vérité.

— Merci bien. Et vous ne pensez pas qu'une tentative pour introduire l'immigration blanche réussisse ?

— Non, si elle ne convenait pas au Travail. Essayez, si vous voulez, mais vous verrez ce qui arrivera.

En tenant compte de cette indication j'ai fait une expérience dans une autre ville. Il y avait là trois hommes haut placés, riches, tous les trois vivement préoccupés du développement de leur terre, tous trois affirmaient que ce qui manquait à la terre c'était l'immigration blanche. Et tous les quatre nous en avons parlé, dans tous les sens, de toutes les manières possibles et imaginables. La seule chose sur laquelle leur avis ne variait pas c'était, qu'au cas où l'on importerait de quelque façon que ce fût des blancs en Colombie Britannique, le recrutement pouvant être confié à des particuliers ou à d'autres, les mesures nécessaires devaient être prises secrètement, sans quoi les affaires des intéressés en souffriraient.

A cet endroit, j'abandonnai la conversation touchant la Grande Question qui Agite Toute Notre Communauté ; je vous laisse, à vous plus spécialement, Australiens et Habitants du Cap, le soin d'en tirer vos conclusions.

Extérieurement, la Colombie Britannique paraît être la région la plus riche et la plus séduisante de tout le Continent. En plus de ses ressources propres elle a de bonnes chances d'acquérir un immense commerce avec l'Asie, qu'elle désire ardemment. Sa terre, en bien des endroits sur de vastes étendues, convient admirablement au petit fermier et à l'arboriculteur, qui peut envoyer son camion aux villes. De tous les côtés j'entendis réclamer de la main-d'œuvre de toute espèce. Et d'autre part, dans nul autre lieu sur le Continent je ne rencontrai tant d'hommes qui décriaient la valeur et les possibilités de leur pays, ni qui s'appesantissaient plus volontiers sur les souffrances et les privations que l'immigrant blanc avait à endurer. Je crois que deux ou trois messieurs se sont rendus en Angleterre pour expliquer les inconvénients de vive voix. Il est possible qu'ils encourent une très grande responsabilité actuellement, et une plus terrible encore dans l'avenir.

LES VILLES FORTUNÉES

Après la Politique, revenons à la Prairie qui est le Grand Veldt, et, en plus, l'Espoir, l'Activité, et la Récompense. Winnipeg en est la porte d'entrée, grande cité dans une grande plaine, et qui se compare elle-même, très innocemment du reste, à d'autres villes de sa connaissance, mais elle en diffère totalement.

Lorsqu'on vient a rencontrer, dans sa propre maison à elle, une femme que l'on n'a pas vue depuis son enfance, elle vous est tout à fait inconnue jusqu'au moment où quelque geste, quelque intonation vous rappelle le passé, et alors on s'écrie : — Mais, tout de même, c'est bien *vous* ! Cependant l'enfant s'est évanouie, la femme et ses influences ont pris sa place. Je m'efforçais vainement de retrouver la ville gauche et laide que j'avais connue, elle si peu formée, et qui insistait tant sur sa modestie. J'osai même rappeler le fait à un de ses habitants : — Je m'en souviens, dit-il en souriant, mais nous étions jeunes à ce moment-là. Tout ceci, — il indiquait du doigt une avenue, immense étendue qui plongeait sous trente voies de chemin de fer, — est né dans les dix dernières années — pratiquement dans les cinq dernières années. Il nous a fallu agrandir tous ces dépôts là-bas en y ajoutant deux ou trois étages ; malgré cela c'est à peine si nous commençons à progresser. Nous ne faisons que commencer.

Dépôts, voies de garage, et choses analogues, ne sont que des jetons dans le Jeu du Blanc, et que l'on peut ramasser et resservir de nouveau selon les variations de la partie. Ce qui me réjouissait surtout là-dedans, c'était l'esprit répandu partout dans l'air léger et palpitant — ce nouvel esprit de la ville nouvelle. Winnipeg possède des « Choses » en abondance, mais elle a appris à ne pas se laisser aveugler par elles, et par là elle est plus âgée que bien d'autres villes. Nonobstant il importait de les faire valoir — car faire valoir sa ville c'est, pour l'homme de jugement, ce qu'est pour une femme faire des emplettes. D'abord venaient les faubourgs, kilomètre sur kilomètre de maisons de bois, aux contours précis, chaudes maisons coquettes, chacune d'elles séparée sans jalousie de sa voisine par la plus légère des bornes. On pouvait, grâce à leur architecture, en fixer la date, en remontant décade par décade jusqu'autour de 1890, c'est-à-dire à l'époque où commença la civilisation ; deviner, à quelques dollars près, leur prix de revient, les revenus de leurs propriétaires, et poser des questions au sujet des nouvelles inventions ménagères.

— Les rues d'asphalte et les contre-allées en béton sont à la mode depuis quelques années, dit notre hôte, pendant que nous en traversions au trot kilomètre sur kilomètre. Nous avons trouvé que c'était le seul moyen d'avoir raison de la boue de la prairie. Regardez ! Là même où se terminait la route audacieuse, s'étendait, invaincue, au même niveau que le pâle asphalte, la tenace prairie, par-dessus laquelle la civilisation se frayait un chemin vers l'Ouest.

Et au moyen de l'asphalte et du béton on refoule la prairie à chaque saison de construction. Puis venaient les maisons de parade, construites par des hommes riches, eu égard pour l'honneur et la gloire de leur ville, ce qui est le premier devoir de l'opulence dans un pays neuf.

Nous avons passé, serpenté, au milieu de boulevards et d'avenues, larges, propres, bordés d'arbres, inondés de soleil et balayés d'air si pur qu'il interdisait toute idée de fatigue, avons bavardé d'affaires municipales, impôts municipaux jusqu'au moment où, dans un certain silence, on nous fit voir un faubourg de maisons, de boutiques, de banques négligées, dont les flancs et les côtés étaient devenus graisseux à force d'être frottés par des épaules de cagnards. La saleté et des boîtes en fer-blanc envahissaient toute la rue. On y sentait moins la hideur de la pauvreté que le manque du sens de la propreté. Certaine race préfère vivre dans cette atmosphère.

Puis rapide aperçu d'une cathédrale froide, blanche, d'écoles en briques rouges, presqu'aussi grandes (Dieu soit loué !) que certains couvents, d'hôpitaux, d'instituts, un kilomètre environ de magasins, et, enfin, un lunch tout à fait intime dans un Club, qui aurait fort étonné mon Anglais de Mont-

réal, et où des hommes, jeunes encore, parlaient de Fort
Garry, tel qu'ils se le rappelaient, pendant que des histoires
touchant la fondation de la ville, et celles d'expédients administratifs et d'accidents administratifs se mêlaient aux prophéties ou frivolités des hommes plus jeunes.

Il reste encore quelques endroits où les hommes savent s'occuper de grosses affaires avec doigté et légèreté, et qui prennent
pour avérées plus de choses qu'un Anglais en Angleterre ne
pourrait tirer au clair en une année. Mais on ne rencontrerait
pas beaucoup d'Anglais à un lunch dans un Club de Londres
qui auraient pu s'engager à construire Le Mur de Londres ou
qui auraient aidé à contraindre le roi Jean à signer la Grande
Charte.

J'eus deux visions de la ville. La première par une journée
grise, du toit d'un bâtiment monstre d'où elle semblait débor-
der et remplir de bruits toute la vaste coupe de l'horizon, et
pourtant, tout autour de ses bords des jets de vapeur et les cris
impatients de machines prouvaient qu'elle minait la Prairie
comme un feu qui couve.

La seconde fut une silhouette du flanc de la ville, mystérieuse comme une ligne de falaises non explorées, sous un
ciel barré de rouge incarnat depuis le zénith jusqu'au sol où
elle s'étendait, couleur d'émeraude pâle, derrière les remparts
inégaux. Lorsque notre train s'arrêta dans le crépuscule final et
que les rails brillèrent rouge-sombre, j'aperçus la profonde
soulevée de cette houle et, à travers les sept milles de ses
plaines empourprées, je vis en bas le papillotement doré

de ses lumières. C'est une chose assez effarante que d'écouter quelque avant-garde de la civilisation se parlant à elle-même dans la nuit sur le même ton qu'une ville vieille de mille années.

Tout le pays à l'entour est criblé de voies ferrées, trains de marchandises ou de plaisir inconnus il y a quinze ans ; et il fallut pas mal de temps avant que nous n'atteignîmes la prairie nette avec l'air, l'espace, et la terre découverte. L'air ici est différent de tout air qui ait jamais soufflé, l'espace est plus étendu que tout autre espace, parce qu'il retourne vers un libre Pôle, sans rien rencontrer sur sa route, et la terre découverte garde le secret de sa magie aussi étroitement que la mer ou le désert.

Ici les gens ne se heurtent pas les uns contre les autres en tournant le coin, mais voient avec ampleur et tranquillité, de très loin, ce qu'ils désirent, ou ce qu'ils veulent éviter, et ils tracent leur chemin en conséquence à travers les ondulations, les creux, les langues, les défoncements et les élargissements du terrain.

Lorsque l'horizon sans bornes et la voûte du ciel élevé commencent à accabler, la terre ménage de petits étangs et de petits lacs, blottis dans des creux aux flancs paisibles où l'on peut descendre et sortir des flots d'air et se délecter à des distances petites et familières. La plupart des femmes que je rencontrai près des demeures étaient, en bas, dans les creux, et la plupart des hommes étaient sur les crêtes et sur la plaine. Une seule fois, comme nous nous arrêtions, une femme dans une voiture fondit, pour ainsi dire du ciel, en ligne droite sur nous, par une route dorée qui dévalait entre des terres noires et labourées. Lorsque le cheval, qui avait la direction des affaires, se fut arrêté devant les wagons, elle secoua la tête d'un air mystérieux et nous montra un très petit bébé blotti sur son bras. Elle était, à n'en point douter, quelque Reine exilée fuyant vers le Nord pour y fonder une dynastie et créer un pays. La Prairie revêt toute chose d'un air féerique.

Des deux côtés de la voie, à perte de vue, on battait le blé. La fumée des machines montait, en perspective ordonnée, à côté des amoncellements de menue paille : d'abord une machine, puis une maison, puis un tas de menue paille, puis du blé en moyettes — après cela, répétez ce même dessin sur toute l'étendue d'un certain nombre de degrés de longitude se suivant sur l'hémisphère.

Nous avons passé à travers une véritable chaîne de petites villes se touchant presque, où je me souviens d'avoir vu de temps à autre un pâturage, et à travers de grandes villes jadis représentées seulement par une pancarte, un garage, et deux agents de la police du Nord-Ouest. En ces temps-là, les gens démontraient que le blé ne pousserait pas au-delà de telle ou telle ligne fixée par le premier idiot venu, ou bien que s'il y poussait personne ne s'en occuperait. Et voici que le Blé s'avançait, marchant avec nous à perte de vue ; les chemins de fer s'étaient portés à trois ou quatre cents kilomètres au nord, peuplant un nouveau pays à blé ; et plus au nord encore, le Grand Tronçon était en train de continuer la ligne suburbaine longue de quelques milliers de kilomètres, avec des embranchements qui iraient peut-être jusqu'à Dawson City, en tous cas jusqu'à la baie de Hudson.

« Venez au Nord et regardez ! s'écriaient les Lutins du Chemin de fer, ici vous n'en êtes qu'à la lisière. » Je préférai suivre la vieille route et regarder, ébahi, les miracles accomplis depuis mon temps. L'Hôtel d'autrefois, à la façade en toc, à l'intérieur creux, et qui était seul connu dans l'Ouest, avait cédé la place à des bâtiments en pierre ou en brique hauts de cinq étages, à des Bureaux de Poste faisant pendants. De temps à autre quelque fragment du passé oublié par mégarde demeurait accroché à une ville, et permettait de reconnaître en elle une vieille connaissance, mais le plus souvent il fallait s'éloigner d'un kilomètre et regarder de loin — tout comme on tient un palimpseste contre la lumière, — pour pouvoir identifier les lignes tracées au début maintenant recouvertes depuis longtemps. Chaque ville pourvoyait à la vaste région fermière derrière elle et chaque école arborait le drapeau national anglais au bout d'un mât dans la cour de récréation. Il paraîtrait qu'on n'apprend aux écoliers ni à détester ni à mépriser leur propre pays, ni à en solliciter des secours.

Je dis à voix basse à un des voyageurs que j'étais un peu las de la tyrannie du Blé qui avait duré trois jours, en même temps que choqué de voir les fermiers brûler de la paille si propre et faire des feux de joie avec leur menue paille. — Vous retardez beaucoup, me dit-il. Il y a des vergers et

des laiteries et d'autres exploitations agricoles, autant que vous
en voudrez, qui marchent dans tous ces pays-ci, — sans parler de l'irrigation plus à l'Ouest. Le Blé n'est pas notre unique
roi, de beaucoup. Attendez que vous soyez à tel ou tel
endroit. C'est là que je fis la rencontre d'un prophète et
d'un prédicateur, sous la forme d'un commissionnaire du
Commerce de l'endroit (toutes les villes en ont), qui me
montra d'un air résolu les légumes que produisait sa région.
Et c'en étaient des légumes ! tous rangés avec soin dans un
petit kiosque près de la gare.

Je crois que le pieux Thomas Tusser aurait chéri cet
homme. — La Providence, disait-il, répandant à chaque
geste des brochures, n'a pas voulu le Blé éternel dans cette
région. Non, Monsieur ! Notre affaire à nous c'est de devan-
cer la Providence, d'aller au-devant d'elle avec la culture
mixte. Vous intéressez-vous à la culture mixte ? Ah !
dommage alors que vous ayez manqué notre exposition de
Fruits et Légumes. Ce genre de culture, ça vous réunit les
gens. Je ne prétends pas que le Blé vous rétrécit, mais j'ose
affirmer que la première rend plus sociable et rapporte
davantage. Nous nous sommes laissé hypnotiser par le Blé et
le Bétail. Eh bien — mais non, le train ne part pas encore,
— je vais vous dire quelles sont mes idées là-dessus.

Pendant quinze minutes superbes il me livra la quintes-
sence de la culture mixte accompagnée d'incursions sur
le terrain de la betterave (saviez-vous qu'on est en train
de faire du sucre à Alberta ?) et il se mit à discourir, avec la

dévotion qui convenait, sur la sombre poussière des cours de fermes qui est la mère de toutes choses.

— Ce qu'il nous faut maintenant, s'écria-t-il en prenant congé de moi, ce sont des hommes, encore des hommes. Oui, et des femmes.

Ils ont un bien grand besoin de femmes pour aider dans les travaux domestiques, et faire face à la terrible poussée qui les accable à la moisson — des filles qui puissent aider dans la maison, la laiterie, le poulailler, jusqu'à ce qu'elles se marient.

Déjà se manifeste en ce sens un véritable afflux : tel colon, satisfait des conditions qu'il y trouve en amène d'autres de l'Angleterre. Mais si un dixième de l'énergie que l'on gaspille en « Réformes sociales » pouvait être consacré à organiser et à surveiller convenablement l'émigration (le « Travail » ne s'oppose pas encore à ce que les gens travaillent le sol), nous pourrions faire quelque chose qui vaille la peine qu'on en parle. Les races qui travaillent et qui ne forment pas des Comités se mettent à travailler la terre au moins aussi vite que les nôtres. Cela rend jaloux et inquiet de voir des étrangers en train de puiser, quoique honnêtement, dans ces trésors de bonne chance et de vie saine.

Il se trouvait, sur la voie, une ville au sujet de laquelle j'avais entendu une discussion, pour la première fois, presque vingt ans auparavant, entamée par une loque de chercheur d'or qui voyageait dans un fourgon : — Jeune homme, me dit-il après une prophétie toute professionnelle, vous entendrez parler de cette ville si Dieu vous prête vie. Elle est née heureuse.

Plus tard, j'eus l'occasion de la revoir, c'était une voie de garage à côté d'un pont où les Indiens vendaient des ornements en perles tressées. Et à mesure que s'écoulaient les années, j'apprenais que la prophétie du vieux chemineau s'était réalisée et qu'une chance — je ne savais laquelle — était échue à la petite ville auprès du grand fleuve. C'est pourquoi, cette fois-ci, je m'arrêtai pour m'en assurer. C'était une belle ville de six mille habitants, un embranchement à côté d'un immense pont en fer ; à la gare il y avait un jardin public plein d'arbres. Une joyeuse compagnie d'hommes et de femmes, que cet air, cette lumière et leur propre amabilité rendaient frères et sœurs avec nous-mêmes arrivèrent en automobiles et occupèrent notre journée de la façon la plus agréable qui soit.

— Eh bien ! et votre Chance ? dis-je.

— Comment ! répondit l'un d'eux, vous n'avez pas entendu parler de notre gaz naturel — le plus grand gaz naturel qui soit au monde ? Ah ! venez donc voir.

On m'emporta en tourbillon jusqu'à un dépôt rempli de machines et d'ateliers à mécaniques actionnés par du gaz naturel, sentant légèrement l'oignon frit, qui sort de terre, à une pression de trois cents kilogs qui, grâce à des valves et des robinets, est réduit à deux kilogs. Il y avait là en fait de Chance de quoi créer une métropole. Représentez-vous le chauffage et l'éclairage de toute une ville, sans parler de force motrice, installés avec la seule dépense des tuyaux.

— Y a-t-il des limites aux possibilités que cela suppose ? demandai-je.

— Qui sait ? Nous ne faisons que commencer. Nous vous montrerons une fabrique de briques, là-bas dans la prairie, et que le gaz fait marcher. Mais pour le moment nous voulons vous faire voir une de nos fermes favorites.

Et les automobiles repartent, filant comme des hirondelles sur des routes de toutes les dimensions et grimpant pour arriver jusque sur ce qui paraissait être le Haut Veldt lui-même. Un commandant de la Police montée, qui avait fait une année de la Guerre (du Transvaal), nous expliqua comment les grilles entourant les fermes à autruches et les petits « meercats » tantôt assis et tantôt galopant dans l'Afrique du Sud lui avaient donné la nostalgie des « gophers » au bord de la route et des kilomètres interminables de grillages en fil de fer le long desquels nous courions. (La Prairie n'a rien à apprendre du Veldt en ce qui concerne les grillages ou les portes habilement combinées.)

— Après tout, dit le Commandant, il n'y a pas de pays qui puisse rivaliser avec celui-ci. J'y suis depuis trente ans et je le connais d'un bout à l'autre.

Alors ils désignèrent du doigt les quatre coins de l'horizon, mettons à quatre-vingts kilomètres, dans quelque direction que l'on se tournât — et en donnèrent les noms.

Le fermier amateur d'expositions était parti avec sa famille pour le culte mais nous, en tant qu'amis, avons pu nous glisser chez lui et arriver devant la maison silencieuse, toute neuve, avec sa grange bien ordonnée, et un immense monticule de blé cuivré entassé au soleil entre deux amoncellements de balle dorée. Chacun en prit un peu entre les doigts et dit ce qu'il en pensa, — il devait valoir, tel quel, sur le Veldt, quelques centaines de louis d'or. Et pendant que nous nous mettions, assis en cercle, sur les machines agricoles, il nous semblait entendre, au milieu du calme émanant de la maison fermée, la terre prodigue qui se préparait en vue de nouvelles moissons. Il n'y avait pas à vrai dire de vent, mais plutôt aurait-on dit comme une poussée de toute l'atmosphère de cristal.

— Et maintenant allons voir la briqueterie, s'écrièrent-ils. Elle se trouvait à plusieurs kilomètres. Le chemin qui y menait passait, par une descente inoubliable à jamais, jusqu'à une rivière aussi large qu'est l'Orange au pont de Norval, bruissant entre des collines de boue. Un vieil Ecossais ressemblant à s'y méprendre à Charon, avec des bottes montant jusqu'à la hanche, dirigeait un ponton qui, maintenu par un fil de fer, faisait la navette. Les automobiles intrépides grimpèrent avec force cahots sur ce bac à travers un pied d'eau et Charon, sans relâche, nous mena majestueusement à travers la sombre et large rivière jusqu'à l'autre bord. Une fois là nous fîmes volte-face pour contempler l'heureuse petite ville, et échanger nos impressions au sujet de son avenir.

— Je crois que c'est d'ici que vous pourrez le mieux la voir, dit l'un.

— Non, c'est plutôt d'ici, dit l'autre, et leurs voix prenaient une intonation plus douce en la nommant.

Puis, pendant une heure, nous avons dévoré à toute vitesse la vraie prairie, de grandes plaines vert-jaune traversées par d'anciennes pistes de buffles, ce qui ne rend pas les ressorts d'automobiles meilleurs, jusqu'au moment où se dressa, isolée, à l'horizon, une cheminée, tel un mât en pleine mer, et, tout autour, se trouvaient encore des hommes et des femmes au cœur réjoui, un appentis, une ou deux tentes pour des ouvriers, le squelette du mécanisme à fabriquer des briques, un puits de quinze pieds carrés s'enfonçant à soixante pieds jusqu'à la terre glaise, et, noir et raide, le tuyau d'une mine de gaz naturel. Tout le reste c'était la Prairie, rien d'autre que la courbe de l'écorce terrestre — avec de petits oiseaux solitaires s'appelant les uns les autres. J'avais cru qu'il était impossible que cela fût plus simple, plus audacieux, plus impressionnant jusqu'au moment où je vis des femmes en jolies robes s'approcher et regarder avec précaution les valves à gaz d'où s'échappait la vapeur.

— Nous avons pensé que cela vous intéresserait, me dirent tous ces gens joyeux; et tout en riant et en devisant ils discutèrent leurs projets pour construire, d'abord leurs villes puis celles des autres, en briques de toutes sortes ; indiquant des chiffres de production et les frais d'installation qui vous coupaient la respiration. A l'œil nu l'affaire n'était rien de plus qu'un pique-nique inédit, charmant. Ce qu'elle voulait dire en réalité c'était la création d'un Comité qui modifierait le fond même de la civilisation sur un rayon de cent soixante kilomètres à la ronde. Il me semblait que j'assistais aux plans de construction de Ninive, et quoi qu'il arrive de bon à cette petite ville qui est née heureuse, j'en veux toujours réclamer une part.

Mais la place me manque pour raconter comment nous avons mangé avec l'appétit que donne la Prairie, dans les quartiers des hommes, un repas préparé par un artiste ; comment nous sommes revenus à la maison à des vitesses dont même un enfant n'a jamais entendu parler, et auxquelles aucun adulte ne devrait se livrer ; comment les autos s'enlisèrent au gué, et tirèrent des bordées sur le ponton jusqu'à ce que même Charon sourît ; comment d'énormes chevaux arrivèrent et firent gravir aux autos les pentes caillouteuses jusque dans la ville, comment, en rencontrant des gens endimanchés en voiture et à pied, nous avons pris des airs recueillis et vertueux, et comment la compagnie joyeuse subitement et doucement s'éclipsa pensant que ses invités devaient être fatigués. Je ne saurais vous donner une idée de la folâtrerie pure, irresponsable, qui caractérisa le tout, de la bonté affectueuse, de l'hospitalité gaie et ingénieuse qui régnait si délicatement dans toute l'affaire, pas plus que je ne saurais décrire une certaine demi-heure passée dans le calme du crépuscule juste avant de partir, lorsque la compagnie se réunit de nouveau pour les adieux, cependant que de jeunes couples se promenaient par les rues et que la réverbération des lampes à gaz naturel, qu'on n'éteignait jamais, donnait aux feuilles des arbres une coloration pareille à celle des décors de théâtre.

Ce fut une femme, dont la voix sortait de l'ombre, qui exprima ce que nous sentions tous : — Voyez-vous, nous sommes tout simplement amoureux de notre ville.

— Nous aussi, dis-je.

Et la petite ville disparut derrière nous.

———

DES MONTAGNES ET LE PACIFIQUE

La Prairie, ce qui du moins mérite ce nom, finit à Calgary, au milieux des ranches à bétail, des usines, des brasseries, et des travaux d'irrigation s'étendant sur trois millions d'acres. La rivière qui charrie le bois de charpente depuis la montagne jusqu'à la ville ne glisse pas souple en bruissant comme les rivières de la Prairie, mais gronde en passant au-dessus des barres de cailloux bleus, et la coloration légèrement verdâtre de ses eaux fait soupçonner les neiges.

Ce que je vis de Calgary fut condensé en une seule demi-heure d'intense activité (manifestement les autos ont été inventées pour parcourir des villes nouvelles). Ce que j'entendis, je l'appris, chose assez bizarre, bien des semaines plus tard, grâce à un jeune Danois, dans la mer du Nord. Il avait des nausées mais sa Saga de triomphe le soutint.

— Il y a trois ans je viens au Canada en troisième classe. Et j'ai la langue à apprendre — regardez-moi ! — J'ai maintenant ma propre laiterie à moi à Calgary et — regardez-moi ! — ma demi-section, m'appartenant en propre, c'est-à-dire trois cent vingt acres. Toute ma terre qui est à moi ! Et maintenant, je viens à la maison, première classe, pour Noël ici au Danemark, et je ramènerai avec moi des amis qui sont fermiers, pour être fermiers sur ces terres à irrigation près de Calgary. Ah ! je vous assure qu'il n'y a rien qui cloche dans le Canada pour un homme qui travaille.

— Vos amis iront-ils donc ? lui demandai-je.

— Pouvez être sûr. Tout est déjà arrangé. Je parie qu'ils se préparent déjà et au bout de trois ans ils reviendront pour la Noël ici au Danemark, première classe comme moi.

— Alors à votre avis ça marche à Calgary ?

— Je vous crois. Nous ne faisons que commencer. Regardez-moi. Des poulets ? mais j'en élève aussi à Calgary. Etc., etc.

Après toute cette parade de prospérité matérielle sans détente, c'était un vrai repos que d'arriver au silence des grandes collines au pied des monts, bien qu'elles, — elles aussi — eussent été mises à contribution par la civilisation. Même en ce moment le bois de charpente ravi à leurs flancs descendait leurs rapides cours d'eau, avec des soubresauts et des plongeons, avant d'être scié et transformé en matériaux à construction pour tout l'univers. La charpente d'une villa purement anglaise peut tirer son origine d'autant de sources différentes et impériales que les revenus de son propriétaire.

Le train glissa, tout en sifflant pour se donner du courage, à travers les défilés sinueux des collines, jusqu'au moment où il se présenta, très humblement, devant les vraies montagnes, celles qui étaient sœurs, même pas si petites, des Himalayas.

Des montagnes, de l'espèce qui est couverte de sapins et encapuchonnée de neige, sont des choses païennes.

Les hommes perforent leurs flancs à la recherche de mines, et comptent que la science moderne les tirera d'affaire. Il n'y a pas bien longtemps une montagne s'agenouilla, tout comme un éléphant irrité s'agenouille, sur un petit village de mineurs ; mais elle ne se releva pas et une moitié de ce camp ne fut plus vue sur la terre. L'autre moitié existe encore, inhabitée. « Le Païen dans son aveuglement » aurait fait des arrangements avec le Génie local avant même d'y enfoncer son pic. Et, comme le dit un savant érudit d'une petite université peu connue à un officier du Génie, sur la route de l'Himalaya au Thibet. — Vous autres blancs, vous ne gagnez rien à ne pas faire attention à ce que vous ne pouvez pas voir. Vous tombez de la route, ou la route tombe sur vous, et vous périssez, et vous vous imaginez que tout cela c'est par accident. Combien plus sage c'était, Monsieur, quand on nous permettait de sacrifier un homme, officiellement, avant d'entreprendre des ponts ou autres travaux publics. A ce moment-là, Monsieur, les divinités locales étaient officiellement reconnues et ne donnaient plus de fil à retordre, et les ouvriers de l'endroit, Monsieur, étaient très contents que ces précautions eussent été prises.

Il y a beaucoup de divinités locales sur la route qui passe à travers les Montagnes Rocheuses ; vieilles montagnes chauves qui ont abandonné jusqu'à la moindre parcelle de verdure, et se dressent revêtues de plis de rocher argenté, que l'œil parcourt lentement comme lorsqu'on a le délire ; montagnes folles, aux cornes aiguës, entourées comme d'une guirlande de brumes dansantes ; fakirs du bord de la route, assis, le front penché, le dos voûté, plongés dans la méditation, courbés sous un fardeau de glace qui s'épaissit un peu plus tous les ans ; montagnes présentant d'un côté un bel aspect mais, de l'autre, ravinées de creux où ne pénètre jamais le soleil, où la neige de l'année dernière est noircie par la saleté et la fumée des feux de forêts de cette année-ci. L'égouttement qui sort de là s'écoule à travers des dévalements de cailloutis et de débris jusqu'au moment voulu, et alors le demi-kilomètre de talus miné glisse, et hurlant se précipite dans la vallée épouvantée.

La voie ferrée s'y fraye un chemin sinueux, faisant d'inexplicables écarts et détours, un peu comme avance le daim traversant la clairière, marchant diagonalement et passant avec appréhension à des endroits qui paraissent aisés. C'est seulement lorsque la voie a dépassé une bosse ou deux que l'on se rend compte, en apercevant, en arrière, et en haut, une pente menaçante, pourquoi le train n'a pas suivi la route en apparence plus facile qui se trouve de l'autre côté de la gorge.

De temps à autre les montagnes s'écartent et bercent entre elles quelque vallée dorée aux lents cours d'eau, aux gras pâturages, et aux hautes terres qui ressemblent à des parcs : c'est tantôt quelque petite ville, tantôt le bruit de clochettes suspendues au cou des vaches et qui tintent parmi des buissons d'arbustes à baies ; tantôt des enfants qui n'ont jamais vu le soleil se lever ni se coucher, qui poussent des cris lorsque passent les trains ; et tantôt de vrais jardins entourant les maisons.

A Calgary, il avait gelé et les dahlias étaient morts. Mais le lendemain, voici que des capucines fleurissaient, indemnes, tout près des quais de la gare, et l'air était lourd et liquide du souffle du Pacifique ! On sentait changer l'esprit du pays à mesure que se changeaient les contours des montagnes, à tel point que, parvenu aux plaines plus basses du Fraser, il semblait que même les dunes de Sussex devaient avoir plus d'affinité avec la Prairie que la Colombie Britannique. Les gens de la Prairie remarquent la différence, et les gens des Montagnes insistent — à tort, à mon avis — là-dessus. Peut-être que cette magie s'explique par l'odeur d'étranges plantes toujours vertes, ou de mousses inconnues en dehors de ces parages ; ou bien il se peut que cette odeur soit renvoyée, de parois en parois, des crevasses et gorges sans limite d'âge ; mais, à mon avis, elle semblait sortir bien plutôt de l'immense mer qui baigne l'Asie lointaine, l'Asie où les montagnes, les mines et les forêts sont alliées entre elles.

Nous nous sommes reposés un jour, bien haut dans les Montagnes Rocheuses, pour pouvoir visiter un lac taillé dans du jade pur, et qui a la propriété de colorier de sa propre teinte chaque image qui se reflète dans son sein. Une ceinture de bois de charpente, brun et mort, sur le faîte d'un rocher escarpé, paraissait, vu sens-dessus-dessous, comme de sombres cyprès montant d'entre des gazons verts, tandis que les neiges reflétées à la surface de l'eau étaient d'un vert pâle. En été beaucoup de touristes s'y rendent, mais nous ne vîmes rien, sinon le lac enchanteur qui s'étendait muet au milieu des forêts environnantes, où parmi de la mousse grise et bleue poussaient des lichens rouges et orange. Nul son à part le bruit du torrent qui se pressait à travers un encombrement de bûches blanches comme des ossements humains. Tout cela aurait pu appartenir au Thibet ou à quelque vallée inexplorée derrière le Kinchinjunga et n'avait rien à voir avec l'Ouest.

Au moment où notre voiture parcourait l'étroit sentier de la colline, un poney de somme, couleur pie, avec des yeux d'un bleu de porcelaine, déboucha à un tournant de la route, suivi de deux femmes aux cheveux noirs, tête nue, portant des boléros de passementerie en perles et montées à califourchon. Une longue file de poneys trottinait derrière à travers les sapins. — Des Indiens qui se déplacent, dis-je, c'est caractéristique !

Au moment où, secouées par leurs montures les femmes nous dépassèrent, l'une d'elles tourna, très légèrement, les yeux vers nous. Se mouvant dans cette figure d'un brun foncé, c'étaient là, à n'en pas douter, les yeux intelligents et bien placés qui seuls appartiennent à la blanche civilisée.

— Oui, répondit notre guide, lorsque la cavalcade eut doublé la courbe suivante. C'est Madame une Telle et Mademoiselle une Telle. La plupart du temps elles bivouaquent par ici trois mois tous les ans. Si je ne me trompe, elles se rapprochent de la gare avant que la neige ne vienne.

— Et où vont-elles ? demandai-je.

— Oh ! à peu près partout ; si vous voulez dire : d'où viennent-elles en ce moment, eh bien la piste est là-bas.

Il indiqua du doigt une crevasse mince comme un cheveu qui rayait la face de la montagne, et je le crus sur parole. Le même soir, dans un hôtel tout à fait luxueux, une femme mince, vêtue d'une robe de soirée fort jolie, s'amusait à regarder des photographies, et les yeux, qui regardaient sous les cheveux bien soigneusement arrangés, étaient ceux de la femme portant le boléro de perles tressées et qui, montée sur un poney pie, avait dépassé notre voiture.

Loué soit Allah pour la diversité de ses êtres ! Mais connaîtriez-vous par hasard quelque autre pays au monde où deux femmes pourraient s'en aller se promener pendant trois mois et tirer du fusil en toute sécurité et avec le confort voulu ?

Ces montagnes ne se trouvent qu'à dix jours de Londres, et de plus en plus les gens y viennent en villégiature. D'autres personnes, celles auxquelles on n'aurait jamais pensé, achètent des vergers dans la Colombie Britannique afin d'avoir une excuse pour visiter tous les ans le beau pays, entraînant avec elles des amis d'Angleterre. Cela existe indépendamment du flot ordinaire d'émigrants, et sert à faire connaître le pays. Si vous demandiez à un chemin de fer appartenant à l'État de tenter la chance, avec l'espoir d'attirer des touristes, le Commissaire des Chemins de fer vous démontrerait que la tentative ne pourrait jamais réussir, et que ce serait mal de risquer l'argent du contribuable en construisant des hôtels de première classe. Pourtant on pourrait faire du Sud Africain, même maintenant, un rendez-vous de touristes, si seulement les voies ferrées et les lignes de bateaux à vapeur possédaient la foi.

En y réfléchissant je soupçonne que l'on ne voulait pas me voir apprécier trop hautement les mérites de la Colombie Britannique. Il se peut que j'aie mal jugé, il se peut qu'elle ait été exprès mal représentée ; mais il m'a bien semblé entendre parler, dans les limites de son territoire plus que nulle part ailleurs, de « problèmes » et de « crises » et de « situations » Autant qu'on pouvait s'en rendre compte, le problème le plus urgent de tous était de trouver assez d'hommes et de femmes pour faire le travail nécessaire.

Bois de charpente, houille, minéraux, pêcheries, sol convenant à des vergers, à des laiteries ou à des basses-cours, tout s'y trouve dans un climat superbe. La beauté naturelle du ciel et la beauté naturelle de la terre forment le pendant de ces dons magnifiques ; ajoutez à cela des milliers de kilomètres de routes fluviales, abritées et sûres pour le commerce côtier ; des ports profonds qui n'ont pas besoin de drague ; des bases de ports libres de glace ; en un mot tous les titres de propriété à la moitié du commerce de l'Asie.

Pour amuser et délecter le peuple, le saumon, la truite, la caille, la perdrix s'ébattent à la fois devant et à travers les faubourgs de ses capitales. Un peu de travail à la hache, et un peu aussi sur les routes et voilà qu'une ville se trouve en possession d'un des plus charmants parcs entourés d'eau que nous puissions trouver en dehors des tropiques. Telle autre ville reçoit en cadeau une centaine d'îles, de monticules, d'anses boisées, des étendues de plages et de vallons, le tout installé comme exprès pour une vie de camp, pour des pique-niques et des parties de canotage, sous des cieux qui ne sont jamais trop chauds et rarement trop froids. S'il vous plaît de lever les yeux de dessus les jardins presque tropicaux on peut voir, à travers des baies bleues, des pics neigeux qui doivent être une véritable réjouissance pour l'âme. Bien qu'on soit face à face avec une mer d'où peut surgir n'importe quel présage de malheur, on n'est pas obligé de protéger ses eaux ni d'en faire la police. On ignore la grande sécheresse, l'épizootie, la peste, les invasions de sauterelles et la brouissure tout autant qu'on ignore le vrai sens du mot besoin ou crainte.

Pareille terre est bonne pour un homme énergique. Elle n'est pas trop mauvaise, non plus, pour le cagnard. J'avais été, je vous l'ai dit, renseigné sur ses inconvénients. On me donnait nettement à entendre qu'il n'y avait pas à compter avec certitude sur quelque emploi que ce fût, et qu'un homme qui gagnait de formidables gages pendant six mois de l'année serait à la charge de la communauté s'il manquait de travail pendant les six autres. Je ne devais pas me laisser tromper par des tableaux dorés placés devant mes yeux par des gens intéressés (c'est-à-dire par presque tous ceux que je rencontrais) et je devais tenir compte des difficultés et des déboires qui pouvaient échoir à celui qui avait l'intention d'immigrer. Si j'en avais réellement envie je consentirais à supporter bien des inconvénients pour pouvoir m'installer sur la terre de la Colombie Britannique, et si j'étais riche, et sans lien sauf l'Angleterre, j'acquerrais bien vite à force d'argent une ferme ou une maison dans ce pays pour le seul plaisir que cela donnerait.

J'oubliais, au milieu des gens qui croyaient fermement au Canada, ces conspirateurs lugubres et dépourvus d'humour, mais plus tard ce souvenir me laissa un goût amer à la bouche. Les cités, comme les femmes, ne sauraient trop veiller à quel genre d'hommes elles permettent de parler d'elles.

Le temps a changé Vancouver littéralement au point de la rendre méconnaissable. Depuis la gare jusqu'au faubourg, et de nouveau depuis les faubourgs jusqu'aux quais, chaque pas apportait du nouveau. Là où je me souvenais d'avoir vu des espaces découverts et des forêts indemnes, le tramway portait rapidement des gens hors de la ville pour jouer une partie de « Lacrosse. » Vancouver est une ville âgée car, seulement quelques jours avant mon arrivée, le Bébé de Vancouver, — c'est-à-dire le premier enfant né à Vancouver — venait de se marier.

Un bateau à vapeur — jadis bien connu dans Table-Bay — avait débarqué quelques centaines de Sikhs et Jats du Punjab ; chaque homme portait son paquet et les petits groupes déambulaient avec inquiétude, seuls, marchant — car plusieurs avaient été soldats — au pas. Oui, ils disaient qu'ils étaient venus dans ce pays pour obtenir du travail. Des nouvelles leur étaient parvenues dans leurs villages qu'on pouvait y gagner de bonnes journées. Leurs frères qui les avaient précédés leur avaient envoyé la nouvelle — oui, et parfois aussi l'argent pour payer le voyage. L'argent serait payé avec les gages si considérables qu'on aurait plus tard. Avec intérêts ? Assurément, avec intérêts. Est-ce que les hommes prêtent de l'argent dans quelque pays que ce soit sans intérêt ? Ils attendaient que leurs frères vinssent leur montrer d'abord où manger, ensuite comment travailler. En attendant c'était un pays nouveau. Comment saurait-on en parler ? Non, il ne ressemblait pas à Gurgaon ou Shahpur ou Jullundur. La maladie (peste) avait envahi tous ces pays. Elle était entrée dans le Punjab par toutes les routes et beaucoup, — beaucoup, — beaucoup étaient morts. La moisson, aussi, avait été défectueuse dans bien des endroits. Ayant entendu parler de ces énormes gages, ils s'étaient embarqués sur le vaisseau à cause du ventre, à cause de l'argent, à cause des enfants.

— Y retourneraient-ils ?

Ils ricanèrent, tout en se poussant du coude. Le Sahib n'avait pas très bien compris. Ils étaient venus à cause de l'argent — des roupies, non, des dollars. Le Punjab était leur demeure, là-bas étaient leurs villages, où attendaient leurs familles. Oui, sans doute, sans aucun doute ils s'en retourneraient. A ce moment survinrent les frères qui travaillaient dans les usines : cosmopolites portant des habits de confection et fumant des cigarettes. — Par ici, vous autres, s'écrièrent-ils. Les paquets furent replacés sur les épaules et les turbans noués disparurent. Les dernières paroles que je saisis étaient du vrai Sikh : — Mais l'argent, mon frère, l'argent dont tu nous as parlé ?

Certains habitants du Punjab ont découvert que l'argent peut être trop chèrement acheté.

Il y avait un Sikh dans une scierie qui, chez lui, avait été conducteur de batterie de montagnes. Lui-même venait d'Amritsar (oh ! agréable comme de l'eau froide dans un pays assoiffé, le son d'un nom familier dans un beau pays !)

— Mais vous aviez votre pension. Pourquoi est-ce que vous êtes venu ici ?

— Fils d'immortel, parce que j'ai manqué de bon sens. Et puis il y avait la maladie à Amritsar.

(L'historien dans cent ans d'ici pourra écrire un ouvrage sur les changements économiques survenus par suite de la peste. Il existe quelque part une étude fort intéressante des conséquences sociales et commerciales résultant de la Peste Noire en Angleterre).

Sur un quai, et attendant un bateau à vapeur, une trentaine de Sikhs, la plupart portant leurs vieux uniformes (ce qui ne devrait pas être permis) conversaient à tue tête, de sorte que le hangar résonnait comme une gare indienne. On leur fit entendre que s'ils parlaient plus bas la vie en deviendrait plus facile ; ils adoptèrent la proposition aussitôt. Alors un officier supérieur portant une médaille de l'Inde Britannique demanda avec un empressement plein d'espoir : — Le Sahib a-t-il reçu quelque ordre touchant l'endroit où nous devons nous rendre ?

Hélas ! il n'en avait point reçu — rien que des bons vœux et des salutations pour les fils de Khalsa, et, quatre par quatre ils s'en furent.

On dit que lorsque éclata la petite révolte à Vancouver ces « Païens » reçurent de la part des autres asiatiques l'invitation de faire avec eux cause commune contre le Blanc. Ils refusèrent alléguant qu'ils étaient sujets du Roi. Je me demande quels racontars ils ont renvoyés à leurs villages et où et jusqu'à quel point chaque détail de l'affaire fut discuté. Les Blancs oublient qu'aucune partie de l'Empire ne saurait vivre ou mourir pour elle seule.

En voici un exemple, un peu comique, en ce qui touche le côté matériel. Les merveilleuses eaux entre Vancouver et Victoria sont remplies de baleines qui bondissent et se réjouissent dans le bleu vigoureux tout autour du paquebot. Il y a donc « une baleinerie » sur une île tout auprès et j'eus la chance de voyager avec un des actionnaires.

— Les baleines sont de belles bêtes, me dit-il affectueuse-ment. Nous avons fait un contrat avec une maison écos-saise pour chaque barrique d'huile livrable d'ici plusieurs années. Elle passe pour être la meilleure qui soit pour le nettoyage des harnais.

Il poursuivit en me disant comment un vaisseau rapide fait la pêche à la baleine avec un obusier et fait éclater des obus à l'intérieur de leur corps de façon qu'elles périssent immédiatement. — Toute la vieille méthode de harpon et de bateau n'en finirait plus. Nous les tuons tout de suite !

— Et comment leur enlevez-vous la peau ?

A l'en croire, ce vaisseau expéditif portait également à bord une grande pompe à air, qui pompait de l'air dans la carcasse jusqu'à ce qu'elle flottât convenablement en attendant qu'on pût s'en occuper. A la fin de son carnage quotidien il revenait, remorquant parfois quatre baleines gonflées, jusqu'à la balei-nerie qui est une factorerie nantie d'un outillage moderne. Les baleines sont traînées au sommet d'une planche inclinée, tout comme les solives à la scierie, et tout ce qui ne peut fournir de l'huile à l'usage du peaussier écossais, ni être séché en vue du marché japonais, est transformé en engrais puis-sants.

— Il n'y a pas d'engrais qui puisse rivaliser avec le nôtre, dit l'actionnaire. Il renferme tant de calcaire. Voyez-vous, la seule chose qui nous ait tracassés jusqu'ici, c'est leurs peaux. Mais nous avons inventé un procédé maintenant pour les transformer en linoléum. Oui, ce sont de belles bêtes. Celle-

16

là — et il indiqua du doigt une bosse noire au milieu d'une guirlande d'embrun, — pourrait être découpée merveilleusement.

— Si vous marchez de ce train-là, lui dis-je, il ne vous en restera pas.

— C'est vrai. Mais ça rapporte trente pour cent, et il y a quelques années personne n'y croyait.

Je lui pardonnai tout à cause de cette dernière phrase.

UNE CONCLUSION

Le Canada possède deux piliers de force et de beauté en Québec et Victoria. La première se classe seule parmi ces villes-mères dont personne ne peut dire « ceci me rappelle. » Pour vous faire une idée de Victoria il faut prendre tout ce que l'œil admire le plus à Bournemouth, Torquay, l'île de Wight, la Vallée fortunée à Hong-Kong, le Doon, Sorrente, et Camps Bay ; ajoutez des souvenirs des Mille Iles et disposez le tout autour de la baie de Naples, avec quelques Himalayas comme arrière-plan.

Les agents de biens immeubles la recommandent comme un petit morceau de l'Angleterre — l'île sur laquelle elle se trouve est à peu près grande comme l'Angleterre — mais aucune Angleterre ne se trouve placée au milieu de telles mers imprégnées du mystère de l'océan plus vaste situé au-delà. Les crépuscules élevés, tranquilles, que l'on a tout le long des plages viennent de l'Orient antique qui est là, tout près, sous la courbe du globe, et même en octobre le soleil se lève chaud dès le début. La terre, le ciel, l'eau attendent à la porte de chaque homme pour le contraindre, de vive force, à sortir pour jouer, si d'aventure il quitte un instant des yeux son travail ; et bien que certaines autres villes du Dominion ne comprennent pas tout à fait cette disposition immorale de la Nature, ceux qui ont fait fortune dans ces mêmes villes partent pour Victoria, et avec le zèle qui caractérise les convertis, prônent et préservent ses beautés.

Nous sommes allés regarder un magasin de bœuf salé appartenant à la marine, qui jadis avait été esquimau, dépôt de la marine britannique. On y arrivait à travers des chemins plus beaux que des sentiers anglais, serpentant le long de rives et de parcs naturels, dont le moindre aurait fait la fortune d'une ville.

— La plupart des villes, dit quelqu'un soudain, construisent leurs routes à angle droit. C'est ce que nous faisons dans les quartiers d'affaires. Qu'en pensez-vous ?

— Si je ne me trompe, certaines de ces grandes villes seront forcées de dépenser des millions un jour ou l'autre en courbes ; histoire de changer, lui dis-je ; vous possédez ce que nul argent ne peut acheter.

— C'est bien ce que les gens nous disent quand on vient habiter Victoria, — et ils ont de l'expérience.

Il est amusant de penser à quelque millionnaire arrivant tout chaud de quelque gril rectangulaire de la civilisation occidentale en train d'engager le bon habitant de Victoria à garder ses perspectives variées et ses courbes reposantes à l'œil.

Il y a une vue, lorsque le brouillard du matin se lève du port où les steamers relâchent, du Parlement d'une part, et d'un énorme hôtel de l'autre qui, en tant que spécimen de quais et de façades, s'adaptant et s'encastrant habilement ensemble, mérite qu'on vienne de loin pour la contempler. On finissait l'hôtel. Le salon des dames, long peut-être d'environ cent pieds sur quarante de large, avait un plafond en plâtre, voûté et superbement orné de bosses, d'arabesques et d'entrelacs, et qui, je ne sais pourquoi, paraissait familier.

— Nous en avons vu une photographie dans *La Vie au Grand Air*, nous expliqua l'entrepreneur. Cela nous a paru être juste ce qu'il fallait pour la pièce, de sorte qu'un de nos plâtriers, un Français, celui là-bas, l'a pris et l'a copié. Ça fait bien, n'est-ce pas ?

A peu près à l'époque où l'on installait le noble original en Angleterre, Drake pouvait être en train de quitter, toutes voiles dehors, cette même rive. Vous voyez donc que Victoria légalement possède les droits d'auteur.

Je m'efforçais, en toute honnêteté, de rendre un peu de la couleur, de la gaieté, de la gracieuseté de la ville et de l'île, mais découvris en fin de compte que je parvenais seulement à entasser des épithètes invraisemblables. Je me résignais à abandonner la tâche, en renonçant à décrire mille autres merveilles, fâché d'avoir perdu mon temps et le vôtre à m'occuper de messieurs à l'air anxieux et qui parlaient de « désavantages ». Quelques vers, découpés dans un journal, résument, me semble-t-il, leur attitude :

De même que Le Pays de peu de Loisir
Est l'endroit où s'accomplit la besogne,
De même Le Pays de peu de Plaisir
Est l'endroit où l'on peut prendre le plus d'amusement.
Dans Le Pays de multiples Soucis
Les Gens rient comme ils doivent le faire
Bref, il y a toujours des Gens qui regimbent
Dans Le Pays cent fois trop bon.

A chaque pas de mon voyage des gens m'assurèrent que je
n'avais rien vu du Canada. Mineurs silencieux du Nord,
fruitiers de la vallée de Okanagan ; contremaîtres d'équipes
d'ouvriers des voies ferrées, venus depuis peu des écoles secon-
daires anglaises ; l'habitant le plus vieux de la ville de Ville-
neuve, âgé de vingt-huit ans ; certains Anglais qui vivaient sur
la prairie et qui trouvaient le moyen de se procurer de l'amusement, des bons camarades aussi bien que de l'argent ; cultivateurs de blé et marchands de bestiaux, tous deux animés
d'un même esprit sincère ; agents électoraux ; agents de la
police montée, devenus expansifs au crépuscule, dans les
haltes au bord de la route ; employés qui dépendaient du bon
vouloir populaire et qui parlaient avec autant de précaution
qu'ils en mettaient à marcher ; même les créatures bizarres qui
ne parlaient pas anglais et l'affirmaient bruyamment dans le
wagon-restaurant. Voilà ce qu'un chacun ou une chacune, à sa
façon, me donnait à entendre. Il existait le même rapport
entre mon excursion et leur pays que celui qui existe entre
une promenade sur un omnibus à travers le Strand et la ville
de Londres, de sorte que je connaissais leurs impressions.

Mon excuse est que notre chair et notre sang nous intéressent plus que n'importe qui d'autre ; et j'avais de par ma naissance les mêmes droits sur eux et leur vie qu'eux-mêmes possédaient dans toute autre partie de l'Empire. Parce qu'ils étaient devenus un peuple dans l'Empire mon droit était reconnu et nul n'y fit aucune objection, — ce qui ne serait pas arrivé il y a seulement quelques années. On peut se tromper sur le sens de bien des indications le long de la route, mais il n'y a pas moyen de se tromper sur l'esprit d'une nationalité sensée et reconnue, qui remplit le pays d'un bout à l'autre exactement comme le bourdonnement joyeux d'une grosse dynamo bien appliquée à sa tâche forme un fond sur lequel se détachent tous les autres bruits de l'atelier. Pour bien des raisons cet esprit est venu tard, mais puisqu'il est venu, après l'époque des bagatelles, des doutes, des dédains ouverts ou voilés, il y a moins de danger qu'il s'égare au milieu de la richesse et du luxe incommensurables qui lui échoue-ront. Les gens, les écoles, les églises, la Presse selon sa mesure, et surtout les femmes, comprennent sans manifestes que leur terre doit maintenant, comme toujours, rester sou-mise à la Loi en actes, en paroles et en pensée. C'est là leur marque de caste, l'arche de leur pacte, leur raison d'être ce qu'ils sont. Dans les grandes cités, avec leurs listes de con-traventions publiées tout comme dans les villages ; dans les petites villes occidentales grandes ouvertes où le présent est aussi libre que les vies, et l'avenir aussi sûr que la propriété de leurs habitants ; dans les villes côtières navrées et humiliées de leur unique nuit de dissipation (— Ce n'est pas notre habitude, Monsieur, ce n'est pas notre habitude !), bien haut dans les montagnes où les officiers de la loi poursuivent et ramènent soigneusement à la justice le malfaiteur ébahi ; et derrière les prairies bien ordonnées jusqu'aux terres stériles, aussi loin qu'un homme blanc solitaire peut marcher, l'inflexible esprit de la race rejoint, surveille, et exerce son contrôle. Cela ne s'exprime guère en paroles, mais parfois dans des discussions intimes on a le privilège d'entrevoir les feux intérieurs. Ils brûlent avec éclat.

— Nous ne voulons pas qu'on nous décivilise, *nous*, me dit le premier à qui j'en parlais.

C'était là la réponse partout, la note dominante, laconique, et l'explication.

En dehors de cela les Canadiens sont humains autant que nous le sommes tous quand il s'agit d'éviter ou de contester une simple vérité. Le devoir de développer leur pays leur est toujours présent à l'esprit ; mais quand il est question de prendre des dispositions — de meilleures dispositions — pour le défendre, ils se réfugient derrière des paroles vagues, des anticipations puériles de miracles — tout à fait à la manière impériale la mieux recommandée. Tous admettent que le Canada est opulent ; très peu admettent qu'il est faible ; un plus petit nombre encore que, s'il restait sans appui, il cesserait très vite d'exister en tant que nation. A celui qui s'enquiert avec anxiété à son sujet on répond qu'il fait son devoir envers l'Angleterre en développant ses ressources ; que les gages offerts sont si élevés qu'il ne peut être question de payer une armée ; il est réellement en train de préparer de magnifiques projets pour la Défense, mais il ne faut ni le presser ni lui faire la loi ; un peu de sage diplomatie est tout ce dont il est besoin en cette ère si civilisée ; lorsque viendra la crise quelque phénomène se produira (sûrement !). Et l'on termine très souvent par un discours sur l'immoralité foncière de la guerre — tout cela ayant à peu près autant de rapport avec la question que si l'on promenait une tourterelle à travers les rues pour empêcher la peste.

La question vitale pour le Canada n'est pas ce qu'il pense ou ce qu'il paie, mais ce qu'un ennemi pourrait estimer nécessaire de lui faire payer. S'il continue à être opulent, tout en restant faible, il sera attaqué sûrement sous un prétexte quelconque. Et alors il succombera, et l'esprit qui l'anime disparaîtra avec son pavillon lorsqu'il glissera le long de la drisse.

« Cela, c'est absurde, est la riposte que l'on vous fait toujours : dans son propre intérêt l'Angleterre ne le permettrait jamais. Ce que vous dites là présuppose la chute de l'Angleterre. »

Pas forcément. Rien de plus dangereux qu'un faux pas fait en marchant ; mais quand l'Angleterre trébuche, l'Empire tremble. La faiblesse du Canada, c'est le manque d'hommes. La faiblesse de l'Angleterre, c'est l'excès de votants qui proposent de vivre aux frais de l'Etat. Ceux-là s'indignent bruyamment lorsqu'on dépense des crédits autrement que pour eux ; et puisque l'on consacre de l'argent à la flotte et à l'armée pour protéger l'Empire pendant qu'il est en train de se consolider, ils raisonnent que si l'Empire cessait d'exister les armements cesseraient également ; l'argent ainsi épargné pourrait être réservé à leur confort matériel. Ils s'enorgueillissent d'être l'ennemi avoué et organisé de l'Empire qui, comme les autres le voient bien, est tout disposé à leur donner la santé, la prospérité et la puissance au delà de tout ce que leurs votes pourraient leur valoir en Angleterre. Mais leurs chefs ont besoin de leurs votes en Angleterre, comme ils ont besoin de leurs protestations et de leurs malaises pour les aider dans leurs carrières municipales et parlementaires. Aucun ingénieur ne modère la vapeur dans ses propres chaudières.

De sorte que l'on ne leur dit guère autre chose que du mal du grand héritage extérieur et on les tient claquemurés dans les villes par des promesses de libres rations et d'amusements. Si l'Empire était menacé, ils ne conseilleraient pas, dans leur propre intérêt, à l'Angleterre de dépenser de l'argent pour lui. En conséquence, ce ne serait pas un mal si les nations appartenant à l'Empire se trouvaient être assez fortes pour encaisser au début quelques bons coups en attendant que l'Angleterre pût se porter à leur secours.

Dans ce but, un apport d'hommes intègres, de valeur, devient nécessaire de plus en plus chaque année pendant laquelle dure la paix — d'hommes loyaux, propres, expérimentés en questions gouvernementales, de femmes qui n'ignorent pas le sacrifice.

En cela les Messieurs qui proposent que leurs voisins les entretiennent nous servent d'utiles alliés. Ils ont réussi à rendre inquiètes les classes se trouvant immédiatement au-dessus d'eux qui constituent la classe ouvrière anglaise. Cette classe, en effet, n'est pas encore contaminée par la tentation de la paresse entretenue par l'Etat, ou par le manque de responsabilité garanti par l'Etat. L'Angleterre a des millions de gens de cette espèce, silencieux, appliqués, accoutumés même maintenant à pourvoir aux besoins de leurs propres rejetons, à les élever dans la ferme crainte du Seigneur, et dans le seul désir de n'être récompensés que pour ce qu'ils ont fait. Il y a quelques années seulement cette classe n'aurait pas eu même l'envie de bouger ; aujourd'hui elle ressent l'inquiétude générale. Ils vivent dans son atmosphère. Des amis qui d'aventure leur viennent emprunter du sucre ou du thé leur ont appris en plaisantant, ou avec des menaces, que bientôt viendraient des jours heureux où celui qui refuserait de donner de bon gré en verrait de dures. La perspective ne fait appel ni à leur raison ni à leurs carnets de caisse d'Epargne. Ils entendent, — ils n'ont pas besoin de lire — les discours prononcés le dimanche matin. Une de leurs préoccupations est d'envoyer leurs enfants à l'école du dimanche par des voies détournées, de peur qu'ils n'entendent et n'apprennent d'abominables blasphèmes. Lorsqu'on dévalise les caisses de petites boutiques ou lorsque l'apache extorque de l'argent aux femmes de sa famille avec une brutalité plus grande qu'à l'ordinaire, ils savent, parce qu'ils souffrent, quels sont les principes que l'on met en pratique. Si on pouvait sans bruit indiquer à ces gens un moyen tranquille d'en sortir, beaucoup d'entre eux feraient rentrer leurs épargnes (ils sont plus riches qu'ils n'en ont l'air), et fileraient sans rien dire. Dans les campagnes anglaises, aussi bien que dans les villes, il existe un sentiment — qui n'est pas encore de la panique, mais une sorte de panique atténuée — que l'avenir ne sera rien moins que gai pour ceux qui travaillent, ou qui ont l'habitude de travailler. Tout cela est à notre avantage.

Le Canada pourra servir au mieux ses propres intérêts et ceux de l'Empire en exploitant systématiquement ce nouveau terrain de recrutement. Maintenant que le Sud de l'Afrique, avec la seule exception de la Rhodésie, se trouve paralysé, et que l'Australie n'a pas encore appris les choses qui sont nécessaires à sa paix, le Canada a la meilleure chance du monde d'attirer des hommes de valeur et des capitaux dans le Dominion. Mais les hommes ont beaucoup plus d'importance que l'argent. Il se peut qu'ils ne soient pas de prime abord aussi habiles avec la houe que l'habitant de Bessarabie ou que celui du Bokhariot, ou telle race à la mode, quelle qu'elle soit. Mais ils ont des qualités de courage, de bonne humeur, et certaine vertu à toute épreuve, choses pas entièrement à dédaigner. Ils ne se tiendront pas à l'écart de la vie de la terre ni ne feront des prières en des langues inconnues à des

saints Byzantins ; tandis que, d'autre part, cette même téna-
cité, cette même prudence qui les a tenus attachés jusqu'à
présent à l'Angleterre, les aideront à jeter de profondes
racines ailleurs. Il y a plus de chance pour que, eux, plutôt
que d'autres classes, amènent leurs femmes, et ces femmes-là
fonderont des foyers sacrés et individuels. Une Colonie de
la Couronne, peu estimée, dit proverbialement qu'aucune
région n'est réellement colonisée tant qu'on ne voit pas de
pots de musc sur les rebords des fenêtres — signe certain
qu'une famille anglaise est venue s'y installer. On ne peut
savoir exactement combien de gens, parmi la population
étrangère que le bateau débarque, possèdent quelque chose
d'approchant ces idées-là. Dans certain pays nous avons vu une
panique financière renvoyer de véritables armées d'étrangers
aux pays avec lesquels ils niaient toute allégeance. Que
feraient-ils, ou ceux qui leur ressemblent, en temps de réel
danger, puisque aucun instinct de leur corps ou de leur âme
ne les forcerait à attendre jusqu'à ce que la tempête eût pris
fin ?

A n'en point douter la conclusion de toute la question dans
l'Empire entier ne doit-elle pas être qu'il faut amener des
hommes et des femmes de notre souche, ayant nos habitudes,
notre langue, nos espoirs, par tous les moyens possibles que
comporte une politique bien réglée ? Le temps ne nous sera
pas alloué en quantité suffisante pour que nous nous multi-
pliions jusqu'au moment d'imposer une paix incontestable,
mais en puisant dans l'Angleterre nous pourrons rapidement

effectuer la transfusion dans ses veines de ce qui nous manque de sa force, et, grâce à cette opération, obtenir par une saignée bienfaisante sa propre santé de corps et d'esprit.

En attendant, le seul ennemi sérieux de l'Empire, dedans ou dehors, c'est cette même Démocratie qui dépend de l'Empire pour tout ce qui concerne son confort individuel, et en considération duquel nous insistons au moyen des arguments qui précèdent.

L'ÉGYPTE DES MAGICIENS

(1913)

VOYAGE SUR MER.

RETOUR A L'ORIENT.

UN SERPENT DU VIEUX NIL.

EN REMONTANT LE FLEUVE.

POTENTATS MORTS.

LA FACE DU DÉSERT.

L'ÉNIGME D'EMPIRE.

*Et de même firent les Magiciens de l'Égypte, grâce
à leurs enchantements.*

Exode, VII, 22.

VOYAGE SUR MER

J'avais quitté l'Europe dans le seul but de découvrir le Soleil, et des bruits couraient qu'on devait le trouver en Egypte.

Cependant, je ne m'étais pas rendu compte de ce que j'y trouverais en plus.

Un bateau de la Cie P. et O. nous emmena hors de Marseille. Un sérang de lascars, muni d'un sifflet, portant une chaîne, un châle et des vêtements bleus flottants s'affairait à la cale aux bagages. Quelqu'un au treuil manœuvra mal. A celui-là le sérang appliqua un nom, bien vilain en lui-même, mais qui, sur-le-champ, éveilla chez celui qui l'entendit de délicieux souvenirs.

— O Sérang ! cet homme est donc bien sot ?

— Très sot, Sahib! Il vient de Surah. Mais seulement pour sa nourriture.

Il eut un large sourire ; l'habitant de Surah également. Le treuil se remit à grincer. Les voix, qui criaient : « Laissez aller ! Arrêtez ! » étaient non moins familières que l'amicale bouffée qui s'échappait de la cuisine des lascars ou le bruit mat des

pieds nus se plaquant sur le pont du navire. Certes, sans la
présence de quelques impertinentes années écoulées, je n'aurais pas hésité à aller partager avec eux leur riz. Bien, bien
gentils, en effet, s'étaient montrés jadis certains sérangs
envers de petits blancs, trop petits encore pour avoir de
caste ! Mais c'était le vaisseau lui-même qui restait l'objet le
plus familier entre tous : j'avais oublié, — et rien dans le tarif
à bord ne pouvait me le rappeler, — que, dans le métier
resplendissant exercé par les paquebots pour voyageurs,
survivaient encore des vaisseaux n'ayant qu'une seule hélice.

Ce furent des passagers du Nord Atlantique, habitués à de
vrais vaisseaux, qui en firent la découverte et se montrèrent
aussi ravis que l'eussent été des touristes américains en train
de visiter Stratford-sur-Avon.

— Venez donc voir ! s'écrièrent-ils,... il n'a qu'une hélice,
rien qu'une ! Ecoutez comme ça cogne ! Réellement, vous l'avez
vue leur vieille grange de salon ? Ah oui ! mais la bibliothèque des officiers ? Elle est ouverte pendant deux demi-
heures, la semaine, et une demi-heure le dimanche. Il faut
verser un dollar et quart pour chaque volume. Voilà un
voyage que nous n'aurions pas voulu manquer pour rien au
monde. C'est tout comme si on voyageait avec Christophe
Colomb.

Ils erraient de-ci de-là sur le port, bavards, émerveillés, et
heureux, car ils devaient débarquer à Port-Saïd. Moi aussi,
je me livrai à des explorations. Tout, à bord, depuis le linge
de table mal repassé, les épais verres à dents pour les apé-

ritifs, l'étalage désordonné des victuailles aux repas jusqu'aux règlements affichés dans la cabine dépourvue de rideaux et où on n'avait pas encore trouvé le moyen de se procurer des plateaux s'adaptant aux couchettes pour le thé du matin, tout retardait à bord du P. O.

Soyons justes, cependant, car il faut reconnaître qu'il y avait des ventilateurs dans les cabines, mais... on les faisait payer en supplément. De même on racontait — bruit non contrôlé — qu'il y avait, malgré tout, moyen de manger sur le pont ou dans sa cabine sans être pour cela obligé d'obtenir un certificat de médecin. Tout le reste était sous l'égide de la vieille devise « *Quis separabit* » traduisons : « cette ligne diffère entièrement des autres ». — Après tout, me dit un Anglo-Indien à qui j'expliquais comment on voyage sur mer — quand on est civilisé — ils ne tiennent pas à vous autres excursionnistes Egyptiens. Ils sont sûrs de nous, parce que...— et il me fournit plusieurs fortes raisons touchant les congés, les finances, l'absence de toute concurrence et la possession du rivage de Bombay.

— Mais, c'est absurde ! dis-je, tout ici retarde ! Il y a un avis interdisant de fumer sur le pont et d'avoir des lumières non voilées, voilà un lascar là-bas qui se promène avec une bougie dans une lanterne.

Cependant notre vieux rafiau avançait cahin-cahan vers Port-Saïd parce que nous n'avions pas de courrier à bord, et que la Méditerranée, épuisée par de fortes crises d'hystérie en février, s'étalait lisse comme de l'huile.

Je causai quelque temps avec un quartier maître écossais, qui se plaignait de ce que les lascars ne sont plus ce qu'ils étaient autrefois, vu qu'ils ont l'habitude (mais cela a toujours été) de s'engager par clan ou par famille entière — tous les genres mélangés. Le sérang dit que, pour ce qui le concernait, *lui*, il n'avait remarqué aucune différence depuis vingt ans. — Les hommes sont toujours de plusieurs espèces, Sahib. La raison ? c'est que Dieu les diversifie. Pas tous sur le même patron — non pas du tout sur le même patron. Il m'apprit aussi que les gages augmentaient mais que le prix du ghee, du riz, du cari augmentait aussi, ce qui ne faisait pas l'affaire des femmes et des enfants à Porbandar. — Et cela également est ainsi fait, et parler ne saurait le changer en rien. Après Suez, il se serait épanoui en de minces vêtements et en discours plus longs encore, mais l'âpre froid le paralysa tout comme la pensée de séparations récentes et de travail à venir refroidissait le contingent anglo-indien. Peu à peu on parvenait à savoir l'essentiel des vieilles histoires bien connues — tantôt c'était la femme malade qu'il avait fallu laisser, tantôt l'enfant, tantôt l'une de ses filles encore à l'école ; telle autre toute petite, qu'on avait confiée à des amis ou à des salariés, séparation certaine pendant tant d'années sans grand espoir ni grand plaisir en perspective. Ce n'était pas une Inde très agréable qu'on entrevoyait à travers les récits. En voici un, par exemple, qui explique bien des choses :

Il y avait dans un village hindou un Patan, musulman employé par l'usurier du village pour faire rentrer l'argent prêté ; — c'est loin d'être un métier populaire. — Il se trouvait seul parmi tous ces Hindous et, l'accusation portée contre lui par la cour était ainsi libellée, il avait volontairement fait perdre sa caste à un villageois hindou en le contraignant à accepter des aliments musulmans défendus par sa religion. Lorsque ce pieux villageois avait voulu l'amener devant le chef pour obtenir réparation, l'être impie avait dégainé son couteau afghan, tué le chef et blessé quelques autres en plus. Les témoignages étaient impeccables, et se déroulèrent sans accroc ainsi qu'il doit en être de toutes les affaires bien combinées, et le Patan fut condamné à mort pour homicide volontaire. — Il fit appel, et, grâce à Dieu sait quel arrangement, il obtint la permission de se défendre en personne devant la cour d'appel, « je crois bien qu'il a déclaré qu'il n'avait pas beaucoup confiance dans les avocats, mais que si les sahibs voulaient bien lui accorder une audience, d'homme à homme, il pourrait peut-être en avoir pour son argent. »

Le voilà donc sorti de prison, et, en vrai Patan, ne voulant pas se contenter des faits précis en sa possession, il lui fallut inventer, faire croire qu'il avait été délégué secrètement pour espionner ce village. Puis s'échauffant, il était, certes, l'agent de cet usurier, et sa mission était, si vous voulez, de faire usage de sa persuasion auprès des gens qui faisaient preuve de mauvaise grâce, il travaillait pour le compte d'un Hindou. Forcément beaucoup de gens lui en voulaient. Beaucoup de dépositions étaient véridiques, absolument véridiques, mais ses accusateurs avaient dénaturé les faits abominablement. Par exemple en ce qui concernait ce couteau, certainement il avait eu ce couteau en sa possession tout comme on le prétendait, mais pourquoi ? Parce que avec ce même couteau il était en train de découper et de distribuer un mouton rôti dont il venait de faire cadeau en guise de festin aux villageois. A ce même festin où il était assis en paix avec tout son monde, le village s'était soudain dressé, et, sur un ordre donné, s'était emparé de lui, et l'avait traîné à la maison du chef. Comment pouvait-il porter atteinte à la caste *de qui que ce fût*, puisque tous étaient en train de manger de son mouton ? Une fois arrivé dans la cour de la maison du chef ils brandirent leurs gros bâtons, et, en s'excitant les uns les autres, firent mousser leur colère contre lui. Lui était Patan. Il savait ce que voulait dire ce genre de conversation. Un homme ne peut pas obliger les gens à payer leurs dettes sans se faire des ennemis. Il les avertit donc ; coup sur coup il les avertit en leur disant : —Laissez-moi tranquille. Ne portez pas la main sur moi. Mais l'agitation ne fit que s'accroître. Il vit bien qu'on avait l'intention de l'assommer à coups de bâton, tout comme un chacal dans un égout. Alors il dit : — Si vous me portez des coups, je frapperai, et moi, quand je frappe, je tue, parce que je suis Patan. Mais les coups furent portés, de lourds coups. C'est pourquoi, avec ce même couteau, qui avait servi à découper le mouton, il frappa le chef. — Aviez-vous l'intention de tuer le chef ? — Assurément, je suis Patan. Quand je frappe c'est pour tuer. Je les avais avertis, coup sur coup. Je crois l'avoir atteint au foie, il est mort. Et voilà toute l'affaire, Sahibs.

C'était ma vie ou la leur. Ils auraient voulu me priver de la mienne, et cela sur la viande même que je leur donnais gratuitement. Et maintenant qu'allez-vous faire de moi ?

En fin de compte, il fut condamné à plusieurs années de prison pour homicide volontaire.

— Mais, dis-je, lorsque l'histoire eut été racontée, qu'est-ce qui a fait accepter par la cour tout le témoignage du village ? Il sautait aux yeux qu'il ne fallait pas y croire ?

La cour déclara qu'elle ne pouvait pas admettre que tant de gens bien élevés et natifs du pays se fussent concertés pour dire un mensonge.

— Ah oui ! Cette cour était-elle depuis longtemps dans le pays ?

— Le juge était indigène, me dit-on.

Examinez la chose au point de vue portée générale, et vous vous rendrez compte que la cour était absolument sincère. Ce tribunal n'était-il pas lui-même un produit de la civilisation occidentale et par là forcé de tenir l'enjeu, de prétendre penser selon les idées occidentales, de traduire chaque rang de la société villageoise indienne en son équivalent anglais, et de régler toutes les questions comme les aurait réglées un juge anglais ? Il faut donc que les Patans, et incidemment les fonctionnaires anglais, se débrouillent d'eux-mêmes.

Il y a une affreuse maladie du siècle qui s'appelle « snobisme de l'âme ». Le germe a été développé avec violence dans les cultures modernes depuis le bacille non complexe, isolé, il y a soixante ans par feu William Makepeace Thackeray. Exactement de même que le major Ponto, avec ses plats d'argent et son garçon d'écurie qui devait jouer le rôle de valet, mentait à lui-même et à ses invités, de même... mais le Livre de Snobs ne peut être rendu d'actualité que par celui qui l'a écrit.

Puis un homme du Soudan, du Sud bien lointain, intervint avec une histoire d'un juge très troublé et d'un prisonnier bien trop calme.

Au grand bazar d'Omdurman où l'on vend de tout, vint, du fin fond de je ne sais quel désert, un jeune homme. Il lui arriva d'entendre un gramophone. L'existence lui parut dénuée de saveur jusqu'au moment où il fut en possession de la créature. Il l'emporta dans son village et, le soir venu, le mit en marche au milieu de ses amis extasiés. Son père, sheik du village, vint écouter avec les autres, constata les cris bruyants produits sans trace de souffle, la puissante musique obtenue sans musiciens et dit, avec assez de justesse : — Cette chose est un diable. Il ne faut pas apporter des diables dans mon village. Mettez-moi cela sous clef.

Ils attendirent qu'il s'en fût allé, puis ils entamèrent un autre air.

Une deuxième fois le sheik vint et réitéra l'ordre, ajoutant que si la boîte chantante se faisait entendre à nouveau il tuerait l'acheteur. Mais leur curiosité et leur joie furent trop fortes, et leur firent braver même cette intimation et, pour la troisième fois (fort tard dans la nuit) ils insérèrent plaque et aiguille et laissèrent délirer le djinn. Donc le sheik avec son fusil tua son fils ainsi qu'il avait promis de le faire, et le juge anglais devant qui il fut traduit finalement eut une peine inimaginable pour sauver cette grave tête grise de la potence. Voici :

— Allons, mon vieux, il faut dire : coupable ou non coupable.

— Mais je l'ai tué avec mon fusil. Voilà pourquoi je suis ici. Je...

— Chut ! C'est une formalité exigée par la loi : (*A voix basse*). « Inscrivez que le vieil idiot ne saisit pas ». Restez tranquille.

— Mais avec mon fusil, je l'ai tué. Que pouvais-je faire d'autre. Il avait acheté un diable dans une boîte et ...

— Paix ! Cela viendra tout à l'heure. Taisez-vous.

— Mais je suis sheik du village. Il ne faut pas apporter des diables dans le village. Je l'avais prévenu que je le fusillerais.

— Cette affaire est entre les mains de la justice, c'est moi qui juge.

— A quoi bon ? je l'ai fusillé. Supposez que *votre* fils eût apporté un diable dans une boîte jusque dans votre village...

Ils lui firent comprendre enfin que, lorsqu'on était gouverné par les Anglais, les pères doivent livrer leurs enfants ayant conclu pacte avec le diable pour être fusillés par le blanc (premier pas, ainsi que vous le voyez, sur la pente descendante de l'assistance gouvernementale) et qu'il devait, lui, faire quelques mois de prison pour s'être mêlé des exercices de tir de l'Etat.

Nous sommes une grande race. Il y avait une fois dans la Nigritie un jeune juge qui fit attendre pendant plusieurs minutes un prisonnier condamné à mort, pendant qu'il cherchait mot après mot, à travers tout le dictionnaire, en dialecte hausa, pour trouver : *Que, Dieu, ait, pitié, de votre, âme.*

Et l'on m'a raconté une autre histoire encore — cette fois-ci c'est au sujet du canal de Suez — et qui donne une idée de ce qui pourrait bien arriver un jour à Panama. Il y avait un vapeur marchand chargé de gros explosifs en route pour l'Orient, et tout au bout du canal il arriva très naturellement qu'un matelot renversa une lampe dans le gaillard d'avant. Après un intervalle de vif émoi, l'équipage déguerpit dans la direction du désert qui longeait le canal, tandis que le capitaine et le second ouvrirent tous les robinets et firent couler le bateau, non pas dans le chenal, mais tout contre une berge, en laissant juste assez de place pour qu'un vapeur pût passer. Puis les autorités du canal télégraphièrent à ses affréteurs pour savoir exactement la nature de la cargaison. Il paraît que la réponse les a empêchés de dormir, car c'était à eux qu'incombait le soin de le faire sauter.

Pendant ce temps il fallait bien que la circulation se fît comme à l'ordinaire. Advint un steamer de la Cie P. O. D'un côté le canal, de l'autre l'épave coulée, indiquée par un vieil Arabe dans une barque, portant un drapeau rouge, et on avait ménagé environ cinq pieds de marge de chaque côté pour laisser passer le vapeur P. O. Celui-ci marcha avec d'infinies précautions parce que, voyez-vous, même cinquante tonnes de dynamite ont le pouvoir tout de même de causer quelque commotion à bord d'un paquebot, et le bateau marchand en renfermait bien davantage, sans parler de détonateurs. Par suite de quelque miracle cocasse, il se trouvait que le seul passager qui fût à ce moment au courant de la situation était une vieille dame, plutôt fière de son secret.

— Ah ! dit-elle au milieu de cette effarante glissade, vous pouvez être sûr que si tout le monde savait ce que je sais, moi, ils seraient tous de l'autre côté du bateau.

Un peu plus tard, les autorités firent sauter le vapeur avec d'infinies précautions et en se tenant à deux kilomètres de distance. De cette façon il ne détruisit pas le canal de Suez et il ne démolit pas non plus le canal d'eau potable qui le longe, mais creusa seulement un trou de cent pieds, ou cent mètres de profondeur, et disparut ainsi du registre du Lloyd.

Mais nulle histoire ne pouvait détourner pendant très longtemps l'attention des bizarreries de cette étonnante ligne qui existe strictement pour elle-même. — Il y avait une salle de bain (occupée) à l'extrémité d'un passage ouvert à tous les vents. Finalement celui qui se baignait en sortit.

Alors on entendit le garçon, pendant qu'il nettoyait la baignoire pour le successeur : — Celui qui vient de sortir c'est l'ingénieur chef. Il y a mis le temps. Quel sale travail il a dû faire ce matin !

J'éprouve une grande admiration pour les ingénieurs en chef. Ce sont des hommes qui ont à commander et ont besoin de tous les conforts et de toute l'assistance qu'on peut leur fournir, tels que salles de bain bien à eux attenant à leurs cabines où ils peuvent se nettoyer à loisir.

Il n'est pas juste de les mêler avec les passagers vulgaires et on ne le fait pas sur de vrais bateaux. Pas plus que lorsqu'on demande un bain dans la soirée, les garçons ne vous roulent des yeux comme des bedeaux d'église et vous répondent : — Nous allons voir si c'est possible. Ils courent le long du couloir et crient Matcham ou Ponting ou Guttman, et au bout de quinze secondes un de ce rapide trio vous a fait marcher les robinets et tient les serviettes prêtes. Les vrais bateaux ne sont pas des annexes de l'abbaye de Westminster ou de la maison de correction de Borstal. Ils fournissent une bonne commodité en retour de bon argent et je pense que leurs directeurs invitent le personnel à travailler avec le sourire.

Il y a quelques années, on a dû s'imaginer que la P. O. était très supérieure à toutes les lignes existantes, sorte de cérémonie pontificale que l'on ne devait pas critiquer. Il importe fort peu de savoir si vraiment cette idée provenait de sa propre excellence, ou bien du monopole qu'elle exerçait en fait de transport de voyageurs ! Actuellement elle ne nourrit pas ses passagers, pas plus qu'elle ne s'occupe d'eux et n'entretient plus ses bateaux assez bien pour lui permettre de se donner des airs, quels qu'ils soient.

Et voilà pourquoi la nature humaine étant ce qu'elle est, elle s'entoure d'une atmosphère peu gracieuse, d'un rituel absurde, pour cacher sa lésinerie et son manque de réelle efficacité.

Ce qu'il lui faut réellement, c'est d'être précipitée brusquement au milieu d'un Atlantique du Nord en plein mois de mars, privée de lascars et contrainte de nager pour sauver sa vie entre un bateau C. P. R. et un bateau du Lloyd de l'Allemagne du Nord — jusqu'à ce qu'elle ait appris à sourire.

UN RETOUR A L'ORIENT

L'Orient est une tranche du monde beaucoup plus grande que les Européens ne tiennent à l'admettre. Les uns disent qu'il commence à Sᵗ-Gothard, où les odeurs des deux continents se rencontrent et se battent pendant tout le temps que dure ce terrible dîner de wagon-restaurant dans le tunnel. D'autres l'ont découvert à Venise par les chaudes matinées d'avril. Mais l'Orient se trouve partout où l'on aperçoit la voile latine, à grément en forme de nageoire de requin qui, pendant des centaines d'années, a poursuivi les baigneurs blancs sur toute l'étendue de la Méditerranée. Il lui reste encore dans le sang comme une menace, comme une insinuation de piraterie toutes les fois que passe la voie latine, que ce soit pour pêcher, que ce soit pour porter des fruits ou pour longer la côte.

« Celui-ci n'est *pas* mon métier de jadis, dit-elle à voix basse à la mer complice. Si chacun exerçait ses droits je serais en train de faire quelque chose de tout à fait différent, car ma mère était la jonque et mon père était le dhow, et à eux d'eux ils ont fait l'Asie ». Alors elle exécute des bordées désordonnées mais effroyablement vives, et, d'une allure traînante, son chapeau sur l'œil, et pour ainsi dire un coutelas dans son ample manche, dépasse le paquebot peu imaginatif.

Même les bateaux chargés de pierre, affairés à allonger la jetée, montrent leur origine sauvage qui éclate en dépit de leur gauche lourdeur. Ils sont tous enfants du Dhow à nez de chameau, principe de tout mal. Pourtant c'était bien agréable de les rencontrer une fois de plus sous le soleil cru, inchangés même jusque dans leurs agrès et leur rapièce-ment.

Le vieux Port-Saïd de jadis avait disparu sous des kilo-mètres et des kilomètres de bâtiments neufs où l'on pouvait se promener à loisir sans être rembarré par des soldats.

Il restait encore deux ou trois points de repère ; on disait qu'il en existait encore deux ou trois, et certaine Face se mon-trait encore après bien des années — ravagée mais respectable — rigidement respectable.

— Oui, dit la Face, je suis restée tout le temps ici. Mais j'ai gagné de l'argent, et quand je mourrai je m'en retournerai chez moi pour être enterrée.

— Pourquoi ne pas vous en retourner avant d'être enterrée ô Face ?

— Parce que j'ai vécu ici depuis si, si longtemps. Le foyer n'est bon que pour être enterré.

— Et que faites-vous maintenant ?

— Rien, je vis de mes rentes !

Pensez donc ! Vivre à tout jamais au milieu d'un spectacle

cinématographique de voyageurs excités, inquiets, regarder entrer et sortir, tels des wagons de chemins de fer, des gigantesques bateaux à vapeur sans connaître personne et sans être connu d'âme qui vive ; parler cinq ou six langues également bien, et ne posséder aucun pays à soi, aucun intérêt sur terre, sauf une concession dans quelque cimetière continental.

La soirée était froide après une abondante pluie, et les rues à moitié submergées sentaient fort mauvais. Mais nous autres, touristes invaincus, courions de-ci de-là en troupeaux pour voir tout ce qu'il y avait à voir avant le départ du train. La plupart d'entre nous ne vîmes pas le jardin de la Compagnie du Canal qui, par hasard, sert à marquer une ligne de démarcation, à la fois désagréable et exacte, entre l'Orient et l'Occident.

Jusqu'à cet endroit, qui forme une frange de palmiers toute raide sur le fond du ciel, l'élan donné par les souvenirs du foyer et l'intérêt des échos de chez soi suffisent pour rendre le début de ce voyage très agréable au jeune homme, mais arrivé à Suez, il est des choses auxquelles on est obligé de faire face. C'est généralement à cet endroit que les gens les plus sympathiques quittent le bateau — les gens plus âgés, qui se sont découverts et qui vont poursuivre le voyage se sont mis à parler affaires — pas de journaux à bord, rien que des dépêches de Reuter tronquées ; le monde entier paraît cruellement grand et absorbé par ses propres affaires. C'est lorsqu'on va faire une promenade que l'on découvre ce petit bout de terrain bien entretenu, avec, de chaque côté du sentier des maisons confortables devant lesquelles se trouvent de petites barrières. Alors on commence à se demander — de préférence dans le crépuscule — quand on pourra revoir ces mêmes palmiers du côté opposé. Puis c'est l'heure sombre des nostalgies, des vains regrets, des sottes promesses, et des faibles désespoirs qui vous enveloppe en même temps que l'odeur d'une terre étrangère et la cadence de langues inconnues.

Les chemins de traverse et les haltes dans les déserts sont toujours fréquentés par les djins et les lutins. Le jeune homme les trouvera qui l'attendent dans le jardin du Canal de la Compagnie de Port-Saïd.

D'autre part, s'il a assez de chance pour avoir gagné l'Orient en héritage, puisqu'il y a des familles qui l'ont servi pendant cinq ou six générations, il ne rencontrera pas de fantômes dans ce jardin, mais une bienvenue libre, amicale et large d'esprits bienfaisants de l'Orient. Les voix des jardiniers et des veilleurs de nuit seront pareilles aux souhaits des domestiques de son père dans la demeure paternelle. Les senteurs du soir et le spectacle des hibiscus et des poinsetties dénoueront sa langue et il dira des paroles et des phrases qu'il croyait avoir complètement oubliées, et il rentrera à bord de son navire (que j'ai vu) comme un prince dans son royaume.

Il y avait un homme dans notre compagnie, un jeune Anglais, à qui l'on venait d'accorder tout ce que son cœur pouvait désirer sous la forme de quelque région primitive située au sud de tout ce qui est sud dans le Soudan, où avec

des gages un tiers moins forts que ceux d'un député et dans
des conditions de vie qui consterneraient tout fonctionnaire
qui se respecte, il verra en tout une douzaine peut-être de
blancs par an, et ramassera certainement deux sortes de fièvre.
Il avait été amené à travailler très dur pour obtenir ce poste,
par suite des arguments d'un ami employé dans la même
profession qui l'avait assuré que c'était « un emploi pas trop
mauvais » et il était tout feu tout flamme et avait hâte d'arriver à Khartoum faire sa déclaration et commencer son travail. S'il a de la chance il se peut qu'il obtienne une région
où les gens sont si vertueux qu'ils ne portent pas de vêtements du tout, et si ignorants qu'ils ne connaissent pas encore
les boissons alcooliques.

Le train qui nous conduisit au Caire ressemblait à s'y
méprendre à un train quelconque du Sud-Africain — pour
cette raison je l'aimais bien, — mais il fut un vrai supplice
pour certains habitants des Etats-Unis. Ils étaient accoutumés
au système Pullman, et n'étaient pas à leur aise dans les wagons
à couloirs sur les côtés et aux compartiments fermés. L'ennuyeux dans une démocratie « standardisée » est que, lorsqu'elle s'affranchit de ses standards, il ne lui reste plus de
quoi l'étayer. Les gens ne sont pas oubliés et les bagages sont
rarement égarés sur les voies ferrées du vieux monde. Il y a
un rituel prévu pour l'administration de toutes choses, et si
un individu consent à s'y conformer et à rester tranquille
on s'occupera et de lui et des siens aussi bien que des autres.
Les gens que je suivais des yeux ne voulurent pas le croire.

Ils couraient de-ci de-là et perdirent leur temps à essayer d'arriver plus vite que leurs voisins.

Voici un fragment de dialogue entendu dans un wagon-restaurant.

— Dites-moi donc ! moi et quelques-uns de mes amis allons venir dîner à cette table. Nous ne voudrions pas être séparés et...

— Vous avez votre numéro pour le service, M'sieu ?

— Numéro ? Quel numéro ? Je vous dis que nous voulons déjeuner ici.

— Vous prendrez votre numéro pour le premier service, M'sieu.

— De quoi ? Et où diable se procure-t-on ce numéro là ?

— Je vous donnerai le numéro au moment voulu pour le premier service, M'sieu.

— Bien, mais nous voulons déjeûner ici, maintenant.

— Le service n'est pas encore prêt, M'sieu !

Et ainsi de suite, et ainsi de suite, avec des marches, des contre-marches et chacun des mots nerveusement séparés, comme en italiques. En fin de compte ils ont mangé précisément à l'endroit où il y avait de la place pour eux dans ce nouveau monde dans lequel ils s'étaient fourvoyés.

D'un côté nos fenêtres donnaient sur l'obscurité d'une solitude morne, de l'autre côté sur la noirceur du Canal dont les intervalles étaient constellés par les gigantesques lanternes à l'avant des vapeurs qui voguaient la nuit. Puis venaient des villes éclairées à l'électricité, gouvernées par des commissions mixtes et faisant le trafic du coton. Une ville par exemple comme Zagazig, vue pour la dernière fois par un tout petit garçon que l'on souleva et sortit du wagon, et que l'on déposa au pied d'un mur badigeonné et sous les étoiles nues au milieu d'un espace vide, illimité, parce que, lui disait-on, le train avait pris feu. Etant tout enfant cela ne le tourmenta pas. Ce qui resta dans son esprit tout engourdi par le sommeil fut le nom absurde de l'endroit et la prédiction faite par son père qui lui dit que lorsqu'il serait homme il reviendrait par là « dans un grand bateau à vapeur ».

De sorte que, pendant toute sa vie, le nom Zagazig était resté associé dans ses souvenirs avec un hangar en briques, le papillotement d'une mèche de lampe flottant dans de l'huile, un ciel rempli d'yeux, et une locomotive toussant dans un désert au bout du monde. Ces souvenirs renaquirent dans le wagon-restaurant qui avançait avec des cahots au milieu de ce qui semblait être des kilomètres de rues et de factoreries brillamment éclairées. Pas un de tous ceux qui étaient assis à table n'avait même tourné la tête pour regarder le champ de bataille de Kassassin et de Tel-El-Kébir ; et puis, après tout, pourquoi l'auraient-ils fait ? Ce travail là est terminé et des enfants se préparent à naître qui diront : « Moi, je me souviens de Gondokoro (ou bien de El Obeid ou de quelque grande bifurcation à laquelle on ne pense même pas encore sur la route d'Abyssinie), avant même qu'une seule factorerie n'eût été fondée, avant que la circulation aérienne ne commençât, oui, quand il y eut une épidémie, oui parfaitement, une épidémie dans la ville elle-même !!... »

L'intervalle n'est pas plus grand que celui qui existe entre le Zagazig d'aujourd'hui et celui de jadis, entre les chars à chevaux de la voie de terre qui existaient du temps du lieutenant Waghorn et l'auto étincelante qui, en un clin d'œil, nous transporta à notre hôtel au centre du Caire, en passant par ce qui ressemblait aux faubourgs de Marseille ou de Rome.

Gardez toujours une ville inconnue pour le matin. « Dans la journée », il est écrit dans le Livre de Perspicuité [1], « tu as de longues occupations. » Notre fenêtre donnait sur la rivière, mais avant même que de s'y diriger on entendait le cri rauque des milans, — de ces mêmes malandrins voleurs de route qui, à cette heure, surveillaient le déjeûner de chaque Anglais dans chaque habitation et dans chaque camp depuis le Caire jusqu'à Calcutta.

Des voix montaient d'en bas — mots intelligibles en des accents familiers jusqu'à en être exaspérants. Un petit nègre vêtu d'un unique vêtement bleu grimpa, en se servant de ses orteils en guise de doigts, le long d'un mât incliné d'un bateau du Nil, et profila sa silhouette dans l'encadrement de la fenêtre. Alors, parce qu'il se sentait heureux, il se mit à chanter au milieu des milans tournoyants. Et sous notre fenêtre le Nil, le Nil Lui-Même, roulait ses eaux dorées par le soleil,

1. Le Coran.

plissées par de fortes brises, avec une foule de bateaux à chargement qui craquaient et attendaient qu'on ouvrit un pont.

Sur le quai aux pierres taillées qui se trouve au-dessus, une file de cochers de fiacre, station de *Ticca-gharri*, rien de moins, se prélassaient, plaisantaient et tripotaient leurs harnais dans toutes les belles atttiudes de l'Orient non ceint. Partout le sol était jonché de canne à sucre mâchée — premier signe de chaleur dans l'univers entier.

Des troupes aux figures d'un rose qui surprenait (chose que l'on n'aurait pas remarquée hier) déambulèrent sur le pont à traverses entre les files d'autos ronflantes et des chameaux baveux : c'était tout entier le monde musulman aux longues vestes aux manches flottantes déjà éveillé et s'adonnant à ses affaires, comme il convient aux gens sensés qui prient à l'aube.

Je me hâtais de traverser le pont pour écouter le bruit des palmiers dans le vent du côté éloigné. Ils chantaient aussi dignement que s'ils eussent été de vrais cocotiers, et la poussée du vent du Nord derrière eux était presque aussi franche que la poussée des Alizés. Puis vint un enterrement — le cadavre recouvert d'un linceul sur l'étroit berceau ; les porteurs à l'allure rapide (s'il fut bon, plus il sera enterré vite, plus vite il sera au ciel ; s'il a été mauvais, enterrez-le vite à cause de la maisonnée ; de toute façon, dit le prophète, que ceux qui le pleurent ne restent pas trop longtemps à pleurer ou sans manger) ; les femmes derrière agitant les bras et se lamentent, les hommes et les enfants chantant bas et haut.

Ils auraient pu aussi bien sortir de la porte Taksali dans la ville de Lahore par une matinée tout aussi froide que celle-ci, en route pour le champ de sépulture musulman auprès du fleuve. Et les paysannes voilées, traînant la savate, côte-à-côte, coude contre hanche, et la main droite éloquente pivotant, la paume en l'air pour donner de la valeur à chaque phrase criarde, auraient pu être les femmes d'autant de fermiers du Punjab, n'était qu'elles portaient des bracelets et des pantoufles d'un autre genre. Un adolescent aux genoux noueux, perché bien haut sur un âne, tous deux revêtus d'amulettes pour les protéger contre le mauvais œil, mastiquait trois pieds de canne à sucre empourprée qui vous rendait envieux et vous donnait une voluptueuse nostalgie, bien que la canne à sucre d'Égypte ne vaille pas celle de Bombay.

Hans Breeitmann écrit quelque part :

> Ah, si vous demeurez dans la ville de Leyde
> Vous rencontrerez à vrai dire
> Les formes de tous les amis qui vous étaient chers
> Quand vous aviez six ans.

Ils étaient tous là sous les palmiers chantants : saices, ordonnances, colporteurs, porteurs d'eau, balayeurs des rues, marchands de volailles et le buffle couleur d'ardoise, aux yeux de porcelaine bleue, auquel s'adresse la petite fille qui porte un long bâton. Derrière les haies des jardins bien entretenus était accroupi le jardinier hâlé traçant des sillons indifféremment avec une houe ou son orteil, et sous le réverbère municipal s'adossait langoureusement le policeman au teint bronzé —

sa bouche et sa narine mince rappelant un peu l'arabe — ne se souciant nullement d'une effroyable dispute entre deux conducteurs d'ânes. Ils se battaient par-dessus le corps étendu d'un Nubien qui avait choisi ce gîte pour dormir. Au bout d'un instant, l'un deux, en faisant un pas en arrière, planta son pied en plein sur le ventre du dormeur. Le Nubien poussa un grognement, se mit sur le coude, roula les yeux et fit entendre quelques paroles absolument dépourvues de colère. Les deux guerriers s'arrêtèrent aussitôt, ajustèrent leurs burnous et s'enfuirent tout aussi vite que le Nubien de son côté se rendormit. C'était là la vie même, la vie non falsifiée et qui valait tout un désert bourré de momies. Puis au travers de cet ensemble passa, en faisant hurler ses sirènes, en remuant et soulevant les eaux du Nil, un vapeur Cook tout prêt pour emmener des touristes à Assouan.

Du point de vue du Nubien, c'était ce vapeur et non lui-même qui était la merveille, merveille grande comme l'hôtel dirigé par des Suisses, avec son personnel suisse, et dont l'ascenseur était probablement géré par le Nubien. Marids, afrites, gardiens d'or caché qui étouffent ou écrasent le téméraire chercheur ; rencontres dans une ruelle obscure du Caire avec les morts enterrés depuis longtemps ; avancements inespérés ; amours soudainement nées ; voilà ce qui forme la matière de la vie courante de toute personne qui se respecte ; mais l'homme blanc qui vient de par delà les mers par centaines avec ses femmes dépourvues de voiles, qui se construit des chambres volantes et parle le long de fils de fer, qui remonte et descend follement le cours de la rivière, qui montre un fol empressement à monter sur des chameaux et des ânes, forcé de jeter à terre de l'argent à double poignée, à la fois enfant et sorcier, voilà ce qui, aux yeux du Nubien, doit sortir tout droit des *Mille et une Nuits*. En tous cas le Nubien était parfaitement sain d'esprit. Ayant mangé il dormait dans le soleil même de Dieu, et je le quittai pour visiter la ville du Caire, ville fortunée, désirable et bien gardée, à la population de laquelle, tant mâle que femelle, Allah a prodigué la subtilité. On sait que leurs bouffons ont surpassé les bouffons de Damas au point de vue raffinement, de même que leurs douze capitaines de police surpassaient en corruption et en audace les plus connus de tout Bagdad au temps de Haroun al Raschid, tandis que leurs vieilles femmes et leurs jeunes épouses sauraient tromper le Diable lui-même. Delhi est un endroit célèbre aux Indes — la plupart des conteurs du Bazar font venir leurs ruffians de là — mais lorsque l'intrigue et l'intérêt palpitant sont à leur comble, que l'histoire s'arrête en attendant que les derniers couris haletants soient tombés sur son tapis, alors, secouant la tête et l'index crochu levé, le conteur continue son récit : « *Mais* il y avait un homme du Caire, un Égyptien de l'Égypte qui... » et toute la foule sait qu'une histoire de véritable sorcellerie métropolitaine va leur être servie.

UN SERPENT DU VIEUX NIL

Le Caire moderne est un endroit qui a un air négligé. Les rues sont malpropres et mal construites, les trottoirs jamais balayés et souvent démolis, les lignes de tramway plus souvent projetées sur le sol que posées, et les ruisseaux mal entretenus. On s'attend à mieux dans une ville où le touriste dépense tant d'argent chaque saison. Il est entendu que le touriste n'est qu'un chien, mais du moins vient-il un os à la bouche, os que se partagent bien des gens. Vraiment on lui doit une niche plus propre. Officiellement on vous répond que la circulation des touristes compte pour moins que rien en comparaison de l'industrie cotonnière. Tout de même le terrain dans la ville du Caire doit avoir trop de valeur pour qu'on l'emploie à la culture du coton. On pourrait, tout bien considéré, la paver et la balayer. On dit bien qu'il existe des autorités qui passent pour avoir la haute direction des affaires municipales, mais son fonctionnement se trouve être paralysé par ce que l'on appelle « Les Capitulations ». On m'a assuré que tout le monde au Caire, exception faite pour les Anglais qui apparemment sont les blancs inférieurs dans ces régions, a le privilège de faire appel au consul de son pays à propos de tout et de rien, que ce soit au sujet d'une boîte à ordures ou d'un cadavre à enterrer. Or, comme presque tous ceux qui sont respectables, et sans aucun doute tous ceux qui ne le sont pas, ont un consul, il s'en suit naturellement qu'il existe un consul par chaque mètre de superficie, chaque arshinon, chaque coudée d'Ezechiel à l'intérieur de la ville.

Et comme chaque consul montre un zèle extrême en l'honneur de son pays et ne se gêne pas pour ennuyer les Anglais au point de vue des principes généraux, les progrès municipaux sont lents.

Le Caire vous produit l'effet d'être une ville malsaine et pas aérée, même lorsque le soleil et le vent la nettoient ensemble. Le touriste, ainsi que vous vous en apercevez ici même, parle beaucoup, mais l'Européen qui y réside d'une façon permanente n'ouvre pas la bouche plus qu'il ne faut. Les sons vont si vite à travers la surface de l'eau plate ! Sans compter que dans ce pays toute la situation est, politiquement et administrativement, fausse.

Voici en effet un pays qui n'est pas un pays, mais bien une bande passablement longue de jardin potager, nominalement sous la direction d'un gouvernement qui n'est pas un gouvernement, mais bien plutôt la satrapie disjointe d'un empire à moitié mort, régi avec hypocrisie par une Puissance qui n'est pas une puissance mais une Agence, laquelle Agence se trouve avoir été embobinée, par suite du temps, de coutumes, de calomnies, jusqu'à être nouée en relations très étroites avec six ou sept Puissances Européennes : toutes ces Puissances possédant des droits, des pots de vin, sans qu'aucun de leurs sujets puisse, apparemment, être justiciable à aucune Puissance qui, directement ou indirectement, ou même de quelque façon que ce soit, passe pour être responsable. Et ce n'est là qu'une simple esquisse de l'ensemble. Compléter le tableau (si quelqu'un au monde en sait assez pour le faire) serait aussi facile que d'expliquer le base ball à un Anglais, ou le jeu du Mur, joué à Eton, à un habitant des Etats-Unis. Mais c'est un jeu fascinant. Il y a là dedans des Français dont l'esprit logique se trouve offensé, et ils se vengent en faisant imprimer les rapports financiers et le catalogue du Musée de Bulak en un français pur. Il y a des Allemands là-dedans dont il faut examiner soigneusement les exigences, non pas qu'on puisse les satisfaire en quelque façon que ce soit, mais elles servent à bloquer celles des autres. Il y a des Russes qui ne comptent pas beaucoup actuellement, mais dont on entendra parler plus tard. Il y a des Italiens et des Grecs (tous deux assez satisfaits d'eux-mêmes en ce moment) remplis de haute finance et de belles émotions. Il y a aussi des Pachas Egyptiens qui de temps en temps rentrent de Paris et demandent plaintivement à qui ils sont censés appartenir. Il y a son Éminence le Khédive, et celui-là, il faut en tenir compte, et il y a des femmes tant que vous en voudrez. Et il y a de grands intérêts cotonniers et sucriers anglais, et des importateurs anglais demandant, avec des éclats de voix, pourquoi on ne leur permet pas de faire des affaires d'une façon rationnelle et d'entrer dans le Soudan qui, à leur avis, est mûr pour le développement, si seulement l'administration qui le dirige consentait à agir raisonnablement. Au milieu de tous ces intérêts et de ces passe-temps qui se contrecarrent, le fonctionnaire anglais reste assis, transpirant à grosses gouttes, lui qui a pour tâche d'irriguer, de dessécher ou de défricher pour une bagatelle de dix millions de gens, et il se trouve à tout propos empêtré dans des réseaux d'intrigues qui le font échouer et qui s'étendent à travers une demi-douzaine de harems et quatre consulats. Tout cela vous rend suave, tolérant et l'on acquiert la bienheureuse habitude de ne plus s'étonner de quoi que ce soit.

Ou du moins c'est ce qu'il semblait pendant que je suivais des yeux un grand bal dans un des hôtels. Toutes les races et variétés Européennes en même temps que la moitié des Etats-Unis s'y trouvaient représentées, mais je crus pouvoir discerner trois groupes distincts : celui des touristes, avec, dans leurs chers petits dos qui se trémoussaient, les plis occasionnés par les malles des paquebots ; celui des soldats et des fonctionnaires sûrs d'avance de leurs partenaires, et disant clairement ce qui devait se dire ; celui d'un troisième contingent à la voix plus basse, au pas plus doux, aux yeux plus vifs que les deux premiers, très à l'aise comme le sont les bohémiens lorsqu'ils se trouvent sur leur propre terrain, lançant par dessus l'épaule à leurs amis des moitiés de mots en argot local, se comprenant d'un signe de tête et mus par des ressorts n'appartenant qu'à leur clan. Par exemple, une femme parlait un anglais impeccable à son partenaire, 'un officier anglais. Juste avant que ne commençât la danse suivante, une autre femme lui fit signe de la main à la manière orientale, les quatre doigts abaissés. La première femme traversa la salle et se dirigea vers un palmier qui était dans un vase ; la deuxième s'y dirigea aussi jusqu'au moment où toutes les deux s'arrêtèrent sans se regarder, avec le palmier entre elles. Alors celle qui avait fait le signe de la main parla dans une langue étrangère *dans la direction* du palmier. La première femme, les yeux toujours ailleurs, répondit de la même manière avec un flot de paroles qui passèrent comme une fusillade à travers les feuilles raides, son ton n'avait rien à faire avec celui dont elle se servit pour saluer son nouveau partenaire, qui survint au moment où recommença la musique. Celui-ci était traînant et délicieux, l'autre avait eu l'accent guttural et sec du bazar ou de la cuisine. Elle s'éloigna et au bout d'un instant l'autre femme disparut dans la foule. Très probablement, il ne s'était agi entre elles que de toilette ou d'une question de programme, mais ce qu'il y avait là-dedans de rapide, de furtif, de félin et de calme, cette navette, faite en un clin d'œil, d'une civilisation à l'autre, toutes deux pourtant à ce point distinctes, me resta dans la mémoire. De même la figure exsangue d'un très vieux Turc, frais émoulu de quelque horrible assassinat à Constantinople où il avait failli être tué à coup de pistolet. Mais, disait-on, il avait discuté avec calme en présence du cadavre d'un ancien collègue, en homme pour qui la mort importe peu, jusqu'à ce que les Jeunes Turcs hystériques eussent honte et le laissassent partir — pour entrer dans la lumière et la musique de cet hôtel élégant.

Ces « Mille et une Nuits » modernes sont trop fiévreuses pour des gens tranquilles ; je me réfugiai dans un Caire plus raisonnable, les quartiers arabes où tout est tel qu'il était lorsque Marouf le Savetier s'enfuit de Fatima-El-Orra et se rencontra avec le Djin dans l'Adelia Musjid. Les artisans et les marchands étaient assis sur les planches de leurs boutiques, avec, derrière eux, un ample mystère d'obscurité, et les étroits défilés étaient polis jusqu'à hauteur d'épaule par le simple frottement de la marée humaine. Le blanc qui porte chaussure — à moins qu'il ne soit agriculteur, — frôle légèrement, de la main tout au plus, en passant. L'Oriental, lorsqu'il baguenaude, s'appuie, s'adosse aux murs et s'y frotte. Chez ceux dont les pieds sont nus c'est tout le corps qui pense. Et puis il n'est pas bien d'acheter ou de faire quoi que ce soit et d'en finir sur-le-champ. Bon pour ceux qui portent des vêtements serrés ne nécessitant aucun soin. Donc, nous autres, portant robe lâche, pantalon ample, et savate large, faisons de grands saluts complets à nos amis et les multiplions quand il s'agit de ceux à qui nous voulons du mal ; si donc il s'agit d'un achat il nous faut toucher du doigt l'étoffe, la louer en citant un proverbe ou deux, et s'il s'agit d'un nigaud de touriste qui s'imagine qu'il ne va pas être volé, ô vrais croyants !

approchez-vous, et soyez témoins de quelle manière nous le mettrons à sac.

Mais je n'achetai rien. La ville m'offrait plus de richesses que je ne pus en emporter. Elles sortaient des obscurs couloirs, sur le dos des chameaux basanés, chargés de pots ; sur des ânes dont les sabots clapotaient, à moitié enfouis sous des filets gonflés de trèfle coupé ; dans des mains exquisement façonnées de petits enfants qui rentraient en vitesse des restaurants avec le repas du soir, le menton collé contre le rebord de l'assiette, les yeux dépassant la pile d'aliments, tout arrondis par la responsabilité ressentie ; dans les lumières brisées qui radiaient des chambres surplombant la rue dans lesquelles s'étalaient les femmes, le menton appuyé contre les deux paumes en regardant par des fenêtres surélevées d'un pied à peine au-dessus du niveau du parquet ; dans chaque regard jeté dans chaque cour où, auprès du bassin d'eau, fument les hommes ; dans les tas de débris et de briques pourries amoncelés au flanc des maisons nouvellement peintes et qui attendaient qu'on s'en servît de nouveau pour en faire des maisons ; dans le trémoussement et le glissement des savates sans talons, rouges et jaunes, qu'on entend de tous côtés, et surtout dans les odeurs mélangées si délicieuses de beurre que l'on fait frire, de pain musulman, de kababs, de cuir, de fumée de cuisine, de poivres et de tumeric. Les diables ne peuvent supporter l'odeur de tumeric, mais l'homme sensé l'accepte. Cela évoque le soir qui ramène tout le monde à la maison, le repas du soir, les mains amies qui plongent dans le plat, la face unique, le voile tombé et, en fin de séance, la grosse pipe qui gargouille.

Loué soit Allah pour la diversité de ces créatures et pour les Cinq Avantages du Voyage et pour les gloires des Cités de la Terre ! Aroun-al-Raschid dans le bruyant Bagdad de jadis ne connut jamais les délices infinies dont je jouis cet après-midi là. Il est vrai que l'appel à la prière, la cadence de certains des cris de la rue, et la coupe de certains vêtements différaient assez sensiblement de ce à quoi j'étais accoutumé par l'éducation, mais quant au reste l'ombre sur le cadran avait rétrogradé pour moi de vingt degrés, et je me trouvais en train de dire, tout comme, peut-être, disent les morts lorsqu'ils ont retrouvé leurs esprits : « Voici de nouveau mon monde réel ! »

Certains hommes sont musulmans par naissance, certains par éducation, mais je n'ai jamais encore fait la rencontre d'un Anglais qui déteste l'Islam et ses peuples, comme j'ai vu des Anglais détester certaines autres croyances. *Musalmani awadani* — comme on dit, — là où il y a des musulmans, là se trouve une civilisation qu'on peut comprendre.

Ensuite nous rencontrâmes sur notre route une mosquée abandonnée avec des colonnes en briques autour d'une vaste cour intérieure ouverte au ciel pâle. Elle était complètement vide, exception faite de l'esprit qui lui était propre et qui lui convenait ; c'était cela qui vous prenait à la gorge lorsqu'on y entrait. Les églises chrétiennes peuvent faire un compromis

avec des statues et des chapelles latérales où les indignes
ou les éhontés font un trafic avec des saints abordables.
L'Islam, lui, n'a qu'une chaire et une affirmation que l'on
soit vivant ou mourant, une seule ; et, dans l'endroit où les
hommes ont répété cela avec une croyance enflammée, à
travers des siècles, l'air en est encore tout vibrant. Actuellement certains prétendent que l'Islam est en train de mourir
et que personne n'en a cure ; d'autres disent que s'il s'étiole
en Europe, il ressuscitera en Afrique et en Asie, et reviendra
terrible au bout de quelques années à la tête de tous les neuf
fils de Ham ; d'autres s'imaginent que les Anglais comprennent l'Islam mieux que n'importe qui, et que dans les siècles
à venir l'Islam le reconnaîtra et tout l'univers en sera modifié.
Au cas où vous vous rendriez à la mosquée de Al Azhar —
université vieille de mille ans du Caire — il vous sera possible
d'en juger vous même. Rien à y voir sauf de multiples cours,
fraîches en été, entourées de murs de briques hauts comme
des falaises. Des hommes vont et viennent par des entrées
sombres donnant sur des cloîtres plus sombres encore, et
cela aussi librement que si c'était un bazar. Là nul appareil
d'enseignement qui soit agressif et moderne : les étudiants
s'asseyent à terre et les maîtres leur enseignent, le plus souvent de vive voix, la grammaire, la syntaxe, la logique ; *al-
hisab* qui est l'arithmétique ; *al-jab'r, w'al muqabalah* qui est
l'algèbre ; *al-tafsir*, ou commentaires sur le Koran, et le dernier et le plus ennuyeux, *al-ahadis*, traditions et nouveaux
commentaires sur la loi d'Islam, qui de nouveau ramènent,

comme toutes choses, au Koran, (car il est écrit : « En vérité
Le Quran n'est rien autre qu'une révélation »). C'est un plan
d'études très étendu. Nul ne peut s'en rendre maître entièrement, mais libre à chacun d'y séjourner aussi longtemps
qu'il le désire. L'université procure des vivres, vingt-cinq
mille pains par jour si je ne me trompe ; de plus il y a toujours
un endroit où se coucher si l'on ne veut pas de chambre fermée et un lit. Rien ne saurait être plus simple, ni, étant
donné certaines conditions, plus efficace. Tout près de six cents
professeurs qui, officiellement ou non, représentent toutes les
variétés de la pensée, enseignent à dix ou douze mille étudiants qui viennent de toutes les communautés musulmanes
de l'ouest à l'est entre Manille et le Maroc, et du nord au sud
entre Kamechatka et la mosquée malaise à Capetown. Ceux-
ci s'en vont, à l'aventure, pour devenir maîtres dans de petites
écoles, prédicateurs dans des mosquées, étudiants dans la Loi
connue par des millions d'êtres (mais rarement par des Européens), rêveurs dévots ou faiseurs de miracles dans l'univers
entier. L'individu qui m'intéressait le plus ce fut un Mullah de
la frontière indienne, à la barbe rouge, aux yeux caves, qui
très certainement ne serait jamais le dernier à une distribution d'aliments, et se dressait, tel un chien-loup hâve au
milieu de chiens de berger, dans une petite assemblée sur le
seuil d'une porte.

Il y avait encore une autre mosquée somptueusement
tapissée et illuminée (chose que le Prophète n'approuve pas)
où des hommes parlaient au milieu du sourd marmottement

qui, parfois, monte et croît sous les dômes comme un roulement de tambour ou un grondement de ruche avant que l'es-
saim ne s'élance dehors. A l'extérieur, et au coin même de
cet édifice, nous sommes tombés presque dans les bras d'un
représentant de Notre Simple Fantassin, personnage qui ne
tire pas l'œil et qui personnifie la distraction. La tunique
déboutonnée, la cigarette allumée, il était adossé à une grille
tandis qu'il contemplait la ville à ses pieds. Les hommes
dans les forts, les citadelles et les garnisons par le monde
entier montent aussi automatiquement au crépuscule pour
jeter un dernier coup d'œil général que le font les moutons
au coucher du soleil. Ils parlent peu et reviennent aussi silencieusement en passant sur le gravier qui grince et, détesté
des pieds nus, jusqu'à leurs chambres badigeonnées en blanc
et leurs vies bien réglées. Un de ceux-ci me dit qu'il se plai-
sait au Caire. C'était un endroit intéressant. — Croyez-m'en,
me dit-il, cela vaut la peine de voir des pays, parce que vous
pouvez vous en souvenir plus tard.

Il avait bien raison : les brumes pourpres et citron, formées
du crépuscule et du jour qui projetait encore ses reflets, se
répandaient au-dessus des rues toutes palpitantes et scintil-
lantes, masquaient les grands contours de la citadelle et des
collines du désert et conspiraient à susciter, à éveiller des souvenirs, à les rendre confus, tellement que la Ville sorcière se
dépouilla de sa forme vraie et devant moi dansa sous la ressemblance désolante de chaque cité qu'un peu plus bas sur la
route j'avais connue et aimée.

C'était là une sorcellerie cruelle, car à l'heure même où mon âme nostalgique venait de se livrer au rêve de l'ombre qui sur le cadran avait rétrogradé, je me rendis compte combien désolés, combien nostalgiques devaient être les jours de tous ceux qui sont parqués en des lieux lointains, au milieu de bruits étranges et d'odeurs étranges.

EN REMONTANT LE FLEUVE

Il y avait une fois un assassin qui s'en tira avec les travaux forcés à perpétuité. Ce qui l'impressionna le plus, dès qu'il eut le temps d'y penser, ce fut l'ennui, réel et assommant, éprouvé par tous ceux qui avaient pris part au rite. — C'était comme si l'on allait chez le Docteur ou chez le Dentiste, expliqua-t-il. C'est *vous* qui arrivez chez eux, plein de vos affaires à vous, et vous découvrez que tout cela ne forme *pour eux* qu'une partie de leur travail quotidien. Sans doute, ajouta-t-il, que j'aurais découvert que c'était encore la même chose si, — ahem... — j'étais allé jusqu'au bout !

Sans aucun doute. Entrez dans n'importe quel nouvel Enfer ou Paradis, et, sur le seuil bien usé, vous trouverez à vous attendre les experts pleins d'ennui qui assurent le service.

Pendant trois semaines nous restâmes assis sur des ponts copieusement meublés de chaises et de tapis, soigneusement isolés de tout ce qui en quelque façon se rapportait à l'Égypte, et

sous le chaperonnage d'un drogman convenablement orien-
talisé. Deux ou trois fois par jour notre bateau s'arrêtait
devant un rivage de boue couvert d'ânes. On sortait des selles
de l'écoutille de l'avant, on harnachait les ânes qui étaient
ensuite distribués comme autant de cartes, puis nous partions
au galop à travers les moissons ou les déserts, selon le cas,
on nous présentait en termes retentissants à un temple, puis
finalement on nous rendait à notre pont et à nos Baedekers.
En tant que confort, pour ne pas dire paresse ouatée, la vie
n'avait pas d'égale, et comme la majeure partie des passagers
étaient des citoyens des États-Unis (l'Égypte en hiver devrait
faire partie des États-Unis comme territoire temporaire)
l'intérêt ne faisait pas défaut. C'étaient, en nombre accablant,
des femmes, avec, par-ci par-là, un mari ou un père placide,
mené par le bout du nez, souffrant visiblement d'une con-
gestion de renseignements sur sa ville natale. J'eus la joie
de voir se rencontrer deux de ces hommes. Ils tournèrent le
dos résolument à la rivière, coupèrent avec leurs dents et
allumèrent leurs cigares, et, pendant une heure et quart, ne
cessèrent d'émettre des statistiques touchant les industries, le
commerce, la manufacture, les moyens de transport, et le
journalisme de leurs villes, mettons Los Angeles et Rochester,
N. Y. On aurait dit un duel entre deux enregistreurs de
caisse.

On oubliait, bien entendu, que tous ces chiffres lugubres
étaient animés pour eux, aussi, à mesure que Los Angeles
parlait, Rochester voyait en imagination. Le lendemain je ren-

contrai un Anglais venu de l'autre bout du monde, c'est-à-dire du Soudan, très renseigné sur un chemin de fer peu connu installé dans un pays qui, de prime abord, n'avait paru être qu'un désert aride et qui s'était révélé en fin de compte comme plein de produits à transporter. Il était lancé en plein flot d'éloquence lorsque Los Angeles, fasciné par le seul roulement de chiffres, accosta et jeta l'ancre.

— Commânt ç'a, interposa-t-il avec vivacité pendant une pause.

On lui expliqua comment ; mais il commença aussitôt à mettre mon ami à sec au sujet de cette voie ferrée, mû uniquement par l'intérêt fraternel qu'il éprouvait, ainsi qu'il nous l'expliquait, « pour n'importe quel satané truc qui se fasse où qu'on veut ».

— Ainsi donc, poursuivait mon ami, nous allons pouvoir amener du bétail abyssin jusqu'au Caire.

— A pied ? Puis un rapide regard lancé vers le Désert :

— Mais non, mais non ! par voie ferrée et par la rivière. Et ensuite nous ferons pousser du coton entre le Nil Bleu et le Nil Blanc et « ficherons la pile » aux États-Unis.

— Commânt ç'a ?

— Voici. L'interlocuteur étendit en forme d'éventail ses deux doigts sous l'énorme bec intéressé. Voici le Nil Bleu, et voici le Nil Blanc. Il existe une différence de niveau de tant, entre les deux, et ici, dans la fourche formée par mes deux doigts, nous allons...

— Oui, oui, je comprends, vous ferez de l'irrigation en profitant de la petite différence qui existe entre les deux niveaux. Combien d'acres ?

De nouveau on renseigna Los Angeles. Il se dilata comme une grenouille sous une ondée. — Et dire que je me figurais que l'Égypte n'était que des momies et la Bible ! *Moi*, je m'y connaissais autrefois en coton. Maintenant nous allons pouvoir causer.

Pendant la journée entière nos deux hommes arpentèrent le pont du navire avec l'insolence distraite des amoureux, et, tels des amoureux, chacun s'en allait dire à la dérobée quelle âme rare était son compagnon.

C'était là un des types à bord, mais il y en avait bien d'autres — des professionnels, qui ne fabriquaient ni ne vendaient rien — ceux-là, la main d'une démocratie exigeante semblait les avoir malheureusement tous coulés dans un même moule. Ils ne se taisaient pas, mais d'où qu'ils venaient leur conversation était aussi conforme à un modèle fixe que le sont les agencements d'un wagon Pullman.

J'en touchai un mot à une femme qui était bien au courant des sermons de l'une et l'autre langue.

— Je crois, dit-elle, que la banalité dont vous vous· plaignez... »

— Je n'ai jamais dit banalité, protestai-je.

—Mais vous le pensiez. La banalité que vous avez remarquée provient de ce que nos hommes sont si souvent élevés par des vieilles femmes, des vieilles filles. Pratiquement, jusqu'au

moment où il va à l'Université, et même pas toujours à ce moment, un garçon ne peut pas s'en affranchir.

— 'Alors qu'arrive-t-il ?

— Le résultat naturel. L'instinct d'un homme c'est d'apprendre à un garçon à penser par lui-même. Si une femme
ne peut pas arriver à faire penser un garçon *comme elle*,
elle se laisse crouler et se met à pleurer. Un homme n'a
pas de modèles fixes, il les crée. Il n'y a pas d'être au
monde qui soit plus conforme à un modèle fixe qu'une
femme. Et cela de toute nécessité. Et *maintenant* comprenez-vous ?

— Pas encore.

— Et bien, l'ennui en Amérique, c'est qu'on nous traite
toujours comme des enfants à l'école. Vous pouvez le voir
dans n'importe quel journal que vous ramassez. De quoi
parlaient-ils tout à l'heure ces hommes ?

—De la falsification des denrées, de la réforme de la police,
de l'embellissement des terrains vagues dans les villes, répondis-je vivement. Elle leva les deux bras : « J'en étais sûre »
s'écria-t-elle, « Notre Grande Politique Nationale de la coédu-
cation ménagère. Frimes et hypocrisies que tout cela ! Avez-
vous jamais vu un homme conquérir le respect d'une femme
en se paradant par le monde avec un torchon épinglé aux pans
de ses habits ?

— Mais si cette femme le lui ordonne — lui disait de le faire,
proposai-je.

— Alors elle le mépriserait d'autant plus. N'en riez pas, *vous*. Bientôt vous en serez là en Angleterre.

Je retournai auprès de la petite assemblée. Il y avait là une femme qui leur parlait comme quelqu'un qui en a l'habitude depuis le jour de sa naissance. Ils écoutèrent, avec l'extrême attention d'hommes dressés de bonne heure à écouter les femmes, mais non à converser avec elles. Elle était, pour ne pas dire davantage, la mère de toutes les femmes assommantes qui furent jamais, mais lorsqu'elle s'éloigna enfin, personne ne s'aventura à l'avouer.

— Voilà ce que j'appelle se faire traiter comme des enfants à l'école, dit méchamment mon amie.

— Mais voyons, elle les a figés d'ennui ; pourtant ils sont si bien élevés qu'ils ne s'en sont même pas rendu compte. Viendra un jour où l'Homme Américain se révoltera.

— Et que fera la Femme Américaine ?

— Elle se mettra à pleurer, et ça lui fera beaucoup de bien.

Un peu plus tard, je rencontrai une femme d'un certain État de l'Ouest, et qui voyait pour la toute première fois le grand, l'heureux, l'inattentif monde du Créateur, et se trouvait assez affligée parce qu'il ne ressemblait pas à celui qu'elle connaissait, elle. Elle avait toujours compris que les Anglais étaient brutaux envers leurs femmes. — C'étaient les journaux de son État qui l'affirmaient — (si seulement vous pouviez connaître les journaux de son État !) — Mais jusqu'à présent elle n'avait pas remarqué de sévices exercés et les Anglaises, qu'elle renonçait, disait-elle, à jamais comprendre, avaient l'air de jouir d'une certaine liberté et d'une certaine égalité agréables à l'œil. D'autre part les Anglais se montraient manifestement bons envers des jeunes filles ayant des difficultés au sujet de leurs bagages et de leurs billets lorsqu'elles se trouvaient dans des chemins de fer étrangers. Gens tout à fait gentils, dit-elle en terminant, mais assez dépourvus d'humour.

Un jour elle me montra ce qui avait tout l'air d'être une gravure tirée de quelque journal de modes, représentant une étoffe pour robe — joli médaillon ovale d'étoiles sur un fond de rayures grenat — qui, je ne sais trop pourquoi, me semblait assez familier.

— Que c'est gentil ! Qu'est-ce donc ? dis-je.

— Notre Drapeau National, répondit-elle.

— Ah oui, mais il n'a pas tout à fait l'air...

— Non ; c'est une nouvelle manière d'arranger les étoiles pour qu'elles soient plus faciles à compter et plus décoratives. Nous allons voter là-dessus dans notre État, où nous avons le droit de vote — je voterai quand je serai de retour là-bas.

— Vraiment ! et comment voterez-vous ?

— C'est là justement à quoi je réfléchis.

— Elle étala le dessin sur ses genoux, elle le contempla la tête penchée d'un côté, comme si, en réalité, il eût été de l'étoffe pour robe.

Et pendant tout ce temps la terre d'Égypte se déroulait à notre droite et à notre gauche, en marche solennelle. Comme la rivière était basse nous la vîmes du bateau telle une longue plinthe de boue pourpre et brunâtre, qui aurait de onze à vingt pieds de haut, soutenue visiblement tous les cent mètres par des caryatides en cuivre reluisant, sous forme d'hommes nus écopant de l'eau pour les récoltes qui se trouvaient en dessus.

Derrière cette éclatante ligne émeraude courait le fond fauve ou tigré du désert et un ciel bleu pâle encadrait le tout.

C'était là l'Égypte, celle-là même que les Pharaons, leurs ingénieurs, leurs architectes, avaient vue ; terre à cultiver, gens et bétail pour travailler, et en dehors de ce travail nulle distraction, aucune attirance, sauf lorsqu'on transportait les morts à leur sépulture au delà des limites des terres cultivables. Lorsque les rives devinrent plus basses la vue s'étendait sur au moins deux kilomètres de verdure bondée, tout comme une arche de Noé, de gens, de chameaux, de moutons, de bœufs, de buffles, et, de temps à autre, d'un cheval. Et les bêtes se tenaient aussi immobiles que des jouets parce qu'elles étaient attachées ou entravées chacune à son hémisphère de trèfle, s'avançant lorsque cet espace se trouvait tondu. Seuls les tout petits chevreaux étaient libres, et jouaient sur les bords plats des toits de boue comme des petits chats.

Rien d'étonnant que « chaque berger soit une abomination pour les Égyptiens ». Les sentiers à travers les champs, poussiéreux, foulés des pieds nus, sont ramenés jusqu'à la plus mesquine étroitesse qu'il soit possible d'obtenir ; les routes principales sont soulevées bien haut sur les flancs des canaux, à moins que la route permanente de quelque voie de chemin de fer très légère ne puisse être contrainte à les remplacer. Le froment, la canne à sucre, mûre, pâle et à touffe, le millet, l'orge, les oignons, les bouquets de ricin frangés, se bousculent pour trouver place où planter le pied puisque le désert leur refuse l'espace et que les hommes poursuivent le Nil dans sa chute, centimètre par centimètre, chaque matin, avec de nouveaux sillons où faire pousser les melons, tout le long des rives dégouttant encore d'humidité.

Administrativement un tel pays devrait être une pure joie. Les habitants n'émigrent pas ; toutes leurs ressources sont là devant les yeux, ils sont aussi accoutumés que leur bétail à être menés de-ci de-là. Tout ce qu'ils désirent, et on le leur a accordé, c'est d'être mis à l'abri de l'assassinat, de la mutilation, du viol et du vol. Tout le reste, ils pourront s'en occuper dans leurs villages silencieux, ombragés de palmiers où roucoulent leurs pigeons et où, dans la poussière, jouent leurs petits enfants.

Mais la civilisation occidentale est un jeu dévastateur et égoïste. Comme la jeune femme de « Notre État » elle dit en substance : « Je suis riche. Je n'ai rien à faire. Il *faut* que je fasse quelque chose. Je vais m'occuper de réforme sociale. »

Actuellement, il existe en Égypte une petite réforme sociale qui est assez plaisante. Le cultivateur égyptien emprunte de l'argent — ce à quoi sont astreints tous les fermiers. — Cette terre, sans haie, sans fleur sauvage est sa passion par héritage et souffrance, tous deux immémoriaux, il vit grâce à Elle, chez Elle et pour Elle. Il emprunte pour la développer, pour pouvoir en acheter davantage, soit de trente à deux cents livres anglaises par acre, faisant là-dessus un profit, tous frais payés, de cinq à dix livres par acre. Jadis il empruntait à des prêteurs locaux, Grecs pour la plupart, à 30 % par an, ou davantage. Ce taux n'est pas excessif, à condition que l'opinion publique tolère que de temps en temps celui qui emprunte assassine celui qui prête : mais l'administration moderne qualifie cela désordre et meurtre.

Donc il y a quelques années on établit une banque avec garantie sur l'État qui prêtait aux cultivateurs à huit pour cent, et le cultivateur s'empressa de profiter de ce privilège. Il n'était pas plus en retard pour régler que de raison, mais étant fermier il ne payait naturellement pas avant d'avoir été menacé de saisie. De sorte qu'il fit de bonnes affaires et acheta encore de la terre, c'était là ce que désirait son cœur. Cette année-ci, c'est-à-dire 1913, l'administration promulgua soudain des ordres selon lesquels aucun fermier possédant moins de cinq acres ne pourrait emprunter sur ses terres. L'affaire m'intéressait directement, parce que j'avais cinq cents livres sterling d'actions dans cette même banque garantie par l'État et plus de la moitié de nos clients étaient des individus ne possédant pas plus de cinq acres. Donc je pris des renseignements dans des milieux qui semblaient être au courant. On me dit que la nouvelle loi était complètement d'accord avec le Décret des États-Unis, celui de la France et les intentions de la Divine Providence, — ou ce qui revenait au même.

— Mais, demandai-je, est-ce que cette limitation de crédit n'empêchera pas les hommes qui ont moins de cinq acres d'emprunter davantage pour acheter davantage de terrain et de faire leur chemin dans le monde ?

— Si fait, me répondit-on, évidemment. Et c'est justement là ce que nous voulons éviter. La moitié de ces gens-là se ruinent en essayant de s'agrandir. Il faut que nous les protégions contre eux-mêmes.

C'est là, hélas ! l'unique ennemi contre lequel aucune loi ne saurait protéger aucun fils d'Adam, puisque les véritables raisons qui font ou perdent un homme sont absurdes ou trop obscènes pour qu'on les atteigne du dehors. Donc je cherchai ailleurs pour découvrir comment le cultivateur allait faire.

Lui ? me dit une des nombreuses personnes qui m'avaient renseigné, lui ! il va bien, rien à craindre. Il y a environ six façons que je connais, *moi*, d'éluder le Décret. Et très probablement que le Fellah en connaît six autres. Il a été dressé à se débrouiller tout seul depuis les temps de Ramsès. Ne serait-ce que pour la ·cession du terrain, il sait falsifier les documents, emprunter assez de terre pour que son bien dépasse cinq acres le temps nécessaire pour faire faire l'enregistrement de l'emprunt ; obtenir de l'argent de ses femmes (oui, voilà un résultat du progrès moderne dans ce pays !) ou bien aller retrouver le vieil ami le Grec à 30 %.

— Mais le Grec le ferait saisir et ce serait contraire à la loi, n'est-ce pas ? dis-je.

— Ne vous tracassez pas au sujet du Grec. Il sait tourner n'importe quelle loi qui existe pourvu qu'il y ait cinq piastres à gagner là dedans.

— Sans doute, mais est-ce que réellement la Banque Agricole faisait saisir trop de cultivateurs ?

— Pas le moins du monde. Le nombre de petits biens est plutôt en augmentation. La plupart des cultivateurs ne consentent à payer un emprunt que si on les menace d'une assignation. Ils s'imaginent que cela les pose et cependant leur inconséquence fait augmenter le nombre des assignations bien que ces dernières n'impliquent pas toujours la vente du terrain. Et puis il y a autre chose encore : tout le monde (dans la vie réelle) ne réussit pas de même. Ou bien ils ne font pas le métier de fermier comme il faut, ou bien ils s'adonnent au hashish, ou s'entichent bêtement de quelque fille, et empruntent pour elle ou font quelque chose d'analogue ; et alors ils sont saisis. Vous avez pu le remarquer.

— Assurément. Et en attendant que fait le fellah ?

— En attendant, le fellah a mal lu le Décret — comme toujours. Il s'imagine que son effet sera rétrospectif, et qu'il n'a pas à payer ses dettes anciennes. Il se peut qu'ils causent des embarras, mais je crois que votre Banque restera tranquille.

— Restera tranquille ! Avec les trois quarts de ses affaires compromises — et mes cinq cents livres engagées !

— C'est là votre ennui ? Je ne crois pas que vos actions montent bien vite, mais si vous voulez vous amuser allez en causer avec les Français.

C'était là évidemment un moyen aussi bon qu'un autre de se distraire. Le Français auquel je m'adressais parlait avec une certaine connaissance de la finance et de la politique et avec la malice naturelle que porte une race logique à une horde illogique :

— Oui, me dit-il. C'est une idée absurbe que de limiter le crédit dans de telles circonstances. Mais là n'est pas tout. Les gens ne sont pas effrayés, les affaires ne sont pas compromises par suite d'une seule idée absurde, mais bien par l'éventualité d'autres pareilles.

— Il y a donc bien d'autres idées encore que l'on voudrait essayer dans ce pays ?

— Deux ou trois, me répondit-il avec placidité. Elles sont toutes généreuses, mais toutes sont ridicules. L'Égypte n'est pas un endroit où l'on devrait promulguer des idées ridicules.

— Mais, mes actions, mes actions, m'écriai-je, elles ont déjà baissé de plusieurs points.

— C'est fort possible. Elles baisseront davantage. Puis elles remonteront.

— Merci, mais pourquoi ?

— Parce que l'idée est fondamentalement absurde. Votre pays ne l'admettra jamais, mais il y aura des arrangements, des accommodements, des ajustements, jusqu'à ce que tout soit comme auparavant. Cela sera l'affaire du fonctionnaire permanent — pauvre diable ! — d'y mettre bon ordre. C'est toujours son affaire. En attendant la hausse va se porter sur toutes les denrées.

— Pourquoi cela ?

— Parce que le terrain est la principale caution en Égypte. Si un homme ne peut pas emprunter sur cette caution, les intérêts augmenteront sur tous les autres cautionnements qu'il offre. Cela aura une répercussion sur le travail en général, les gages et les contrats gouvernementaux.

Il s'exprimait avec tant de conviction et avec tant de preuves historiques à l'appui, que je voyais perspective sur perspective d'anciens Pharaons, énergiques maîtres de la vie et de la mort, sur tout le parcours de la rivière, arrêtés en plein essor par des comptables impitoyables, qui annonçaient prophétiquement que les dieux eux-mêmes ne sauraient faire que deux et deux fassent plus de quatre. Et la vision, parcourant les siècles, aboutit à une seule petite tête grave, à bord d'un bateau Cook, penchée de côté, en train d'examiner ce problème vital : l'arrangement de notre « Drapeau National » pour que ce soit « plus facile de compter les étoiles. »

— Pour la millième fois loué soit Allah pour la diversité de ses créatures !

POTENTATS MORTS

Les Suisses sont les seules gens qui aient pris la peine de se rendre maîtres de l'art de gérer des hôtels. En conséquence, pour toutes choses qui importent réellement — lits, bains et victuailles — ils contrôlent l'Égypte ; et puisque chaque pays fait un retour à sa vie primitive (c'est là la raison pour laquelle les États-Unis trouvent un plaisir extrême à raconter de vieilles histoires) tout Égyptien ancien comprendrait aussitôt la vie qui rugit tout le long de la rivière où tout le monde s'ébat au soleil dans les casernes à touristes revêtues de nickel, la comprendrait et y prendrait part.

De prime abord le spectacle vous permet de moraliser à peu de frais jusqu'au moment où l'on se souvient que les gens occupés ne sont visibles que lorsqu'ils sont oisifs, et les gens riches que lorsqu'ils ont fait fortune. Un citoyen des États-Unis — c'était son premier voyage à l'étranger — m'indiqua du doigt un Anglo-Saxon entre deux âges qui se détendait à la manière de plusieurs écoliers.

— En voilà un exemple ! s'écria avec dédain le Fils de l'Activité Fiévreuse. Vous voudriez me faire croire qu'il a jamais rien fait de sa vie ? Malheureusement il était tombé sur quelqu'un qui, lorsqu'il est sous le harnais, trouve que treize heures et demie de travail par jour n'est qu'une journée passable.

Parmi l'assemblée se trouvaient des hommes et des femmes brûlés jusqu'à n'avoir plus qu'une seule teinte bleu-noir — des gens civilisés aux cheveux blanchis, aux yeux étincelants. Ils s'appelaient des « fouilleurs », rien que des « fouilleurs », et me découvrirent un monde nouveau. Si l'on accorde que l'Égypte tout entière n'est qu'une vaste entreprise de pompes funèbres, quoi de plus fascinant que d'obtenir la permission du Gouvernement de farfouiller dans un coin quelconque, de former une compagnie et de passer le temps froid à payer des dividendes sous forme de colliers d'améthystes, de scarabées lapis-lazulis, de pots d'or pur, et de fragments de statues inestimables ? Ou bien, si l'on est riche, quoi de plus amusant que de fournir le nécessaire pour une expédition jusque sur l'emplacement supposé d'une cité morte, et voir ce qu'il en advient ? Il y avait parmi les voyageurs un grand chasseur qui connaissait la plus grande partie du Continent, et qui était tout à fait emballé par ce sport.

— J'ai l'intention de prendre des obligations dans l'exploration d'une ville l'année prochaine, et je surveillerai les fouilles moi-même, dit-il, c'est cent fois plus agréable que la chasse aux éléphants. Dans *cette partie-ci* on déterre des choses mortes pour les rendre vivantes. N'allez-vous pas vous payer une partie ?

Il me fit voir un attrayant petit prospectus. Pour ce qui est de moi-même, je préférerais ne pas profaner les effets ou l'équipement d'un mort, surtout lorsqu'il s'est couché dans la tombe avec la conviction que ces babioles là sont garantes de son salut. Bien entendu il existe l'autre argument, que font valoir les gens sceptiques, à savoir que l'Égyptien était un fanfaron et un vantard, et que rien ne lui ferait plus de plaisir que la pensée qu'on le regardât, qu'on l'admirât après tant d'années. Pourtant il se pourrait aussi qu'il nous arrive de voler quelque âme offusquée qui ne verrait pas les choses de la même façon.

A la fin du printemps les fouilleurs rentrent en foule du désert et échangent des plaisanteries et des nouvelles sur les vérandas somptueuses. Par exemple la bande A a fait la découverte de choses inestimables, vieilles Dieu sait combien, et ne s'en montre — pas trop modeste. La bande B, moins heureuse, insinue que si seulement la bande A savait à quel point ses ouvriers indigènes ont volé et disposé de leurs vols sous son archéologique nez même, elle ne serait pas si heureuse.

— Bêtise, dit la bande B, nos ouvriers ne sauraient être soupçonnés, et puis nous les avons surveillés.

— Ah ! vraiment, leur répond-on. Eh bien, la prochaine fois que vous serez à Berlin, allez au Musée et vous verrez ce que possèdent les Allemands. Ça a dû sortir de votre terrain. La Dynastie en est la preuve. De sorte que la coupe de délice de A est empoisonnée jusqu'à l'année prochaine.

Aucun collectionneur ou directeur de Musée ne devrait avoir de scrupules, et je n'en ai jamais rencontré qui en eût, mais des personnes de quatre nationalités différentes m'ont affirmé avec indignation que les Allemands sont les pillards les plus éhontés de tous.

Explorer c'est une chose à peu près aussi romanesque que le travail de terrasse sur les chemins de fer indiens. Il y a les mêmes tramways à voie étroite, les mêmes ânes, les mêmes équipes reluisantes dans les mines, les mêmes foules, bleu foncé, de femmes et d'enfants chargés de petits paniers pour porter la terre. Mais les houes ne sont pas enfoncées, et les mottes lancées de côté, n'importe comment, et lorsque le travail côtoie la base de quelque énorme muraille les gens se servent de leurs mains soigneusement. Un homme blanc, ou du moins qui l'était le matin à déjeuner, va et vient dans une brume de poussière constamment renouvelée. Des semaines peuvent passer sans qu'on trouve une seule perle en verre, mais n'importe quoi peut surgir à n'importe quel moment, et c'est alors à lui qu'il appartient de répondre au cri annonçant une découverte.

Nous avons eu la bonne fortune de rester quelque temps à la Direction du Musée Métropolitain (New-York) dans une vallée criblée de tombes, comme une garenne. Les écuries, entrepôts et quartiers de domestiques sont de vieilles tombes ; on n'y parle que de tombe ; leur rêve (l'éternel rêve des fouilleurs) est de découvrir une tombe vierge où gisent les morts intacts avec leurs bijoux sur eux. A quatre kilomètres se trouvent les hôtels éclatants aux larges ailes. Ici il n'y a rien d'autre que le détritus de la mort qui est morte il y a des milliers d'années, sur la tombe de laquelle aucune verdure n'a jamais poussé. Des villages rendus experts par le pillage des tombes pendant deux cents générations s'accroupissent au milieu des amoncellements de débris et huent le touriste quotidien. Des sentiers faits par des pieds nus vont d'une demi-tombe, d'un demi-tas de boue à l'autre, pas beaucoup plus distincts que des traînées de colimaçon, mais on s'en est servi depuis...

Jouer avec le temps est chose dangereuse. Ce matin-là le concierge s'était donné beaucoup de mal pour savoir si nous pouvions gagner trois jours entre deux départs de bateaux. Ce même soir nous nous trouvions parmi des gens pour qui le temps n'avait pas bougé depuis les Ptolémées. Je me demandais de prime abord ce qu'ils auraient dit, eux ou d'autres, si tel ou tel Pharaon avait utilisé pour sa propre gloire les plinthes et les colonnes de tel autre Pharaon avant ou après l'époque de Melchisedech. Tout leur arrière-plan était trop éloigné pour que l'esprit pût se représenter quoi que ce soit avec quelque chance de succès. Le lendemain matin on nous conduisit à la tombe peinte d'un noble — un Ministre de l'Agriculture — mort il y a quatre ou cinq mille ans. Il me dit, en autant de paroles : « Remarquez ! Je ressemblais beaucoup à votre ami, feu M. Samuel Pepys, de l'Amirauté. J'ai pris un prodigieux intérêt à la vie, dont j'ai joui complètement, avec le corps et l'esprit à la fois. Je doute que vous trouviez beaucoup de ministères mieux gérés que le mien, ni une maison mieux dirigée, ni des jeunes gens plus agréables... Voici mes filles ! L'aînée, vous le voyez bien, ressemble à sa mère ; la cadette, ma favorite, passe pour me faire honneur. Maintenant je vais vous montrer toutes les choses que j'ai accomplies et auxquelles je prenais plaisir, jusqu'au moment où vint l'heure de présenter mes comptes ailleurs. »

Et il me montra, détail par détail, en peinture et en dessin, son bétail, ses chevaux, ses récoltes, ses tournées dans la région, ses comptables présentant les chiffres de revenus, et lui-même le plus affairé des affairés dans la bonne journée.

Mais lorsque nous quittâmes cette antichambre gaie et vînmes au couloir plus étroit où jadis son corps était couché et où toute sa destinée se trouve représentée, je ne pus le suivre aussi bien. Je ne comprenais pas comment lui, avec sa grande expérience de la vie, pouvait être intimidé par des frises d'apparitions à tête de brute, ou satisfait par des files de personnages répétés. Il me l'expliqua à peu près ainsi :

« Nous demeurons sur la rivière, ligne sans largeur ni épaisseur. Derrière nous est le Désert que rien ne peut toucher, où ne va aucun homme tant qu'il n'est pas mort. (On ne se sert pas du terrain cultivable pour faire des cimetières). Alors, pratiquement, nous ne nous mouvons que dans deux dimensions, en aval ou en amont du fleuve. Enlevez le désert auquel nous ne pensons pas plus qu'un homme sain ne pense à la mort et vous verrez que nous n'avons aucun arrière-plan. Notre monde n'est qu'une grande barre de terre brune ou verte et pendant quelques mois rien que de l'eau qui reflète le ciel et qui efface tout. Vous n'avez qu'à regarder les Colosses pour vous rendre compte des proportions extravagantes et immenses que doivent prendre les hommes et leurs travaux dans un tel pays. Rappelez-vous aussi que nos récoltes sont sûres et notre vie très, très aisée. Surtout nous n'avons pas de voisins. C'est-à-dire qu'il nous faut exporter et non importer. Or, je vous le demande, que peut faire un prêtre doué d'imagination, sinon développer le rituel et multiplier les Dieux sur des frises ? Le loisir illimité, l'espace limité de deux dimensions, partagé par la ligne hypnotisante de la Rivière, et borné par la mort visible inaltérable, doivent forcément... »

— Mais même alors, interrompis-je je ne comprends pas vos dieux, votre adoration directe de Bêtes par exemple.

— Vous préférez l'indirecte ? L'adoration de l'Humanité avec une lettre majuscule ? Mes Dieux, ou plutôt ce que je voyais en eux, me suffisaient.

— Qu'avez-vous vu dans vos Dieux touchant la croyance et la conduite ?

— Vous connaissez la réponse à l'énigme du Sphynx ?

— Non, murmurai-je, quelle est-elle ?

— Tous les hommes sensés ont la même religion, mais aucun homme sensé ne l'avoue. Je dus me contenter de cela car le couloir se terminait en roc solide.

Il y avait d'autres tombes dans la vallée, mais leurs propriétaires étaient muets, excepté un certain Pharaon qui, mû par les mobiles les plus élevés, avait renoncé aux croyances et aux instincts de son pays, et avait failli par là en causer la ruine. Une des découvertes qu'il fit ce fut celle d'un artiste qui voyait les hommes, non sur un seul plan mais modelés, de face ou de trois quarts, avec des membres qui correspondaient à leurs fardeaux et à leurs attitudes. Son œuvre admirablement vivante sautait aux yeux parmi des kilomètres de bas-reliefs faits d'après les vieilles conventions et j'applaudis ainsi que doit le faire un homme bien élevé.

— Mon erreur fut fatale, soupira à mon oreille Pharaon Ahkenaton, je pris les conventions de la vie pour des réalités.

— Ah ! ces conventions qui paralysent l'âme, m'écriai-je.

— Vous me méprenez, *moi,* répondit-il avec plus de hauteur, j'étais si sûr de leur réalité que je pensais qu'elles étaient des mensonges réellement, tandis qu'elles n'ont été inventées que pour couvrir les faits trop crus de l'existence.

— Ah ! ces faits crus de l'existence, m'écriai-je encore plus fort, car ce n'est pas souvent qu'on a la chance d'impressionner un Pharaon, il faut que nous les envisagions les yeux ouverts et l'esprit ouvert. L'avez-vous fait, *vous ?*

— Je n'ai eu aucune occasion de les éviter, répondit-il, j'ai violé toutes les conventions de mon pays.

— Ah ! quelle noblesse ! Et qu'arriva-t-il ?

— Ce qui arrive lorsque vous arrachez ce qui recouvre un nid de frelons ! La vérité crue de l'existence est que l'humanité est un peu plus bas que les Anges, et les conventions sont basées sur cette vérité pour que les hommes deviennent des Anges. Mais si vous partez, ainsi que je l'ai fait, de la convention que les hommes sont des Anges, ils deviendront assurément plus que jamais des bêtes.

— Cela, répondis-je avec fermeté, n'est plus du tout d'actualité. Vous auriez dû apporter une plus large mentalité, une révélation plus vivifiante, et tout, ... et tout,... vous savez bien ce que je veux dire — pour influencer, enfin vous savez bien...

— C'est ce que j'ai fait, répondit Ahkenaton avec tristesse ; cela m'a brisé. Et lui aussi se tut parmi les ruines.

Il y a une vallée de rochers et de pierres, de toutes les nuances rouges et brunes, appelée la Vallée des Rois, où un petit moteur à pétrole tousse derrière sa main tout le long du jour, moulant de l'électricité pour éclairer les faces des Pharaons morts à cent pieds sous terre. Par toute la vallée, pendant la saison des touristes, se tiennent des chars-à-bancs et des ânes et des charrettes à sable avec, par-ci par-là, des couples épuisés qui ont quitté la procession, et, reluisants, s'éventent dans quelque fragment d'ombre. Longeant les tombes de la vallée se trouvent les tombes des Rois numérotées soigneusement comme autant d'entrées de mines, avec des marches en ciment qui y montent et des grilles de fer qu'on ferme la nuit et des concierges de la « Section des Antiquités » qui demandent les billets indispensables. On entre, et, de profondeurs sur profondeurs, on entend les voix résonnantes de dragomans énumérant à tour de rôle les noms et les titres de morts illus-

tres et trois fois puissants. Des marches taillées dans le roc descendent jusque dans une obscurité chaude et immobile, des
couloirs serpentent et conduisent au-dessus de trous en cul
de sac que, dit-on, les constructeurs avisés espéraient dans leur
puérilité voir prendre pour les vraies tombes par les voleurs de
l'avenir. Le long de ces couloirs, montent et descendent
avec bruit toutes les races de l'Europe et une bonne réserve
des États-Unis. Leurs pas sont subitement émoussés sur le
parquet d'une salle pavée de poussière immémoriale qui ne
dansera jamais sous aucun vent. Ils lèvent les yeux vers les
ciels blasonnés, se baissent pour examiner les murs minutieu-
sement décorés, tendent le cou pour suivre les sombres splendeurs d'une corniche, retiennent leur souffle, et regrimpent
vers l'impitoyable soleil pour replonger dans l'entrée suivante
indiquée sur leur programme. Ce qu'ils jugent bon de dire ils
le disent à haute voix, et parfois il est intéressant de les entendre. Ce qu'ils éprouvent, vous pouvez le deviner d'après une
certaine hâte dans leurs mouvements, quelque chose d'intermédiaire entre la modestie hésitante d'un homme exposé au
feu et l'attitude de ceux qui visitent une mine, qui dit clairement « ne ferions-nous pas bien d'avancer ? » Après tout,
ce n'est pas naturel pour l'homme d'aller sous terre, sauf
pour affaires ou pour le dernier voyage. Il a conscience du
poids de la terre-mère au-dessus de lui, et lorsqu'à tout son
poids à elle, — auquel il s'attend bien, — il faut qu'il ajoute
toute la hiérarchie couronnée, à bec, à cornes, à ailes, appartenant à une foi morte qui flamboie chaque fois qu'il tourne

les yeux, il a naturellement envie de s'en aller. Même la vue d'un très, très grand roi, en sarcophage, exposé à la lumière électrique, dans une salle remplie de tableaux très fortifiants, ne le retient pas trop longtemps.

Certains affirment que la crypte de Sᵗ-Pierre à Rome, avec seulement dix-neuf siècles pesant sur les arêtes, mais entourée de tous côtés par les tombes des premiers papes et d'anciens rois, est plus impressionnante que la Vallée des Rois parce qu'elle explique comment une croyance existante est née et de quoi elle est sortie. Mais la Vallée des Rois n'explique rien sinon ce vers si terrible de *Macbeth* :

Jusqu'à la dernière syllabe du Temps

celle-là, — la Terre ouvre ses lèvres sèches et la dit.

Dans une des tombes il y a une petite chambre dont le plafond, probablement à cause d'un défaut dans le rocher, n'avait pas pu être polissé comme les autres. Donc, le décorateur, très habilement, l'a recouvert d'un fin dessin de toile fignolé, tout pareil à ces morceaux d'étoffe en perse dont on se servirait dans la vie réelle pour cacher un plafond grossièrement fait. Il le fit admirablement, là, dans l'obscurité, et s'en fut. Des milliers d'années après naquit un homme de ma connaissance qui, pour de bonnes et suffisantes raisons, avait une horreur presque folle pour tout ce qui ressemblait à une toile de plafond. Il trouvait des excuses pour ne pas aller dans les magasins de nouveautés à Noël, lorsque des annexes agrandies à la hâte sont cachées, plafond et côtés, par des broderies. Peut-être qu'un serpent ou un lézard était tombé du plafond sur la tête de sa mère avant qu'il ne vînt au monde, peut-être était-ce le souvenir de quelque assaut de fièvre contre lequel il avait fallu lutter sous une tente ; quoi qu'il en soit, l'idée que se faisait cet homme du Purgatoire c'était celle d'une chambre brûlante remplie à étouffer, souterraine, avec, étendues sous le plafond, des toiles à dessins. Une seule fois dans sa vie, dans une ville du nord lointain, où il avait à faire un discours, il rencontra cet ensemble parfait. On le conduisit par des couloirs étroits, remplis de monde, chauffés à la vapeur, jusqu'à ce qu'enfin on le planta dans une pièce sans fenêtres visibles (par là, il sut qu'il était sous terre) et immédiatement au-dessous d'une toile à plafond aux chauds dessins ressemblant assez à une doublure de tente, et une fois là il lui fallut dégoiser ce qu'il avait à dire tandis qu'une terreur panique le tenait à la gorge. La seconde fois ce fut dans la Vallée des Rois, où des couloirs presque pareils, remplis de gens, le menèrent jusque dans une chambre taillée dans le roc, à Dieu sait combien de brassées sous terre, tendue de ce qui avait tout l'air d'être une toile perse s'affaissant à moins de trois pieds au-dessus de sa tête. « L'homme que je voudrais bien tenir, dit-il lorsqu'il fut de nouveau dehors, c'est ce décorateur. Croyez-vous qu'il ait eu l'intention de produire cet effet-là ? »

Chaque homme a ses terreurs privées, outre celles de sa propre conscience. D'après ce que j'ai vu dans la Vallée des Rois, les Égyptiens le savaient bien apparemment depuis fort longtemps. Ce qui est certain c'est qu'ils l'ont fait sentir à des gens qu'on ne s'attendrait pas à rencontrer en pareille affaire. J'entendais deux voix parlant ensemble au fond d'un couloir, à peu près comme il suit :

Elle. — Sûrement que nous n'étions jamais destinés à voir de l'intérieur ces vieilles tombes.

Lui. — Comment cela ?

Elle. — Ne serait-ce que parce qu'ils se font une telle idée de la mort. Bien sûr que leur point de vue en ce qui concerne les choses spirituelles n'était pas aussi large que le nôtre.

Lui. — Eh bien il n'y a pas de danger que *nous* nous laissions égarer à ce point de vue. A propos, as-tu acheté au dragoman, ce matin, ce scarabée que l'on disait être authentique ?

LA FACE DU DÉSERT

Remonter le Nil c'est en quelque sorte courir la bouline devant l'Éternité. Tant qu'on ne l'a pas vu on ne se rend pas compte de l'étonnante étroitesse de ce mince et humide filet de vie qui se glisse invaincu à travers la gueule de la mort établie. Un coup de fusil couvrirait ses terres cultivées les plus larges, un coup d'arbalète atteindrait les plus étroites. Une fois qu'on les a dépassées un homme peut attendre pour boire jusqu'à ce qu'il atteigne le cap Blanco à l'Ouest (où il pourra faire des signes à un bateau de l'*Union Castle* s'il veut se désaltérer) ou le club Karachi à l'Est. Mettons quatre mille kilomètres de sécheresse à main gauche et trois mille à main droite.

Le poids du Désert se fait sentir chaque jour à chaque heure. Le matin, lorsque la cavalcade s'en va marchant derrière le dragoman pareil à une tulipe, il dit : « Je suis ici, juste au-delà de cette crête de sable rose que vous êtes en train d'admirer. Arrivez, mes jolis messieurs, et je vous conterai votre bonne aventure. » Mais le dragoman dit très clairement : « Si vous plaît M'ssieu, ne vous séparez *pas en quoi que ce soit* du corps principal », chose que, le Désert le sait bien, vous n'aviez pas le moins du monde l'intention de faire.

A midi, lorsque les maîtres d'hôtel tirent du fond des réfrigérants tout couverts de buée certaines boissons pour le lunch, le Désert gémit plus fort encore que les roues des puits qui se trouvent sur la rive : « Je suis ici, à quelque cent mètres. Pour l'amour de Dieu, mes jolis messieurs, épargnez une gorgée de ce piquant whisky à l'eau minérale que vous portez à vos lèvres. Il y a un homme blanc à quelques centaines de kilomètres d'ici mourant de soif sur mon sein, de la soif que vous guérissez au moyen d'un chiffon trempé dans de l'eau tiède tandis que vous le maintenez, lui, d'une main, et il s'imagine qu'il est en train de vous maudire à haute voix, mais il n'en est rien, car sa langue est sortie de sa bouche et il ne peut pas la rentrer. Merci, mon noble capitaine. » Car naturellement on verse la moitié du breuvage par-dessus bord avec cette prière : « Puisse-t-il arriver à celui qui en a besoin » ; tandis que l'on tourne le dos aux crêtes palpitantes et aux horizons fluides qui commencent leur danse à mirage de midi.

Le soir le Désert fait de nouveau intrusion — attifé comme une fille Nautch de voiles de pourpre, de safran, de clinquant doré, de vert d'herbe. Elle s'étale sans pudeur devant le touriste ravi, en réseaux tissés en forme de pélicans regagnant à tire d'aile leurs demeures, en franges de canards sauvages, en taches noires sur fond carminé, en bijoux de pacotille faits de nuages couleur d'opale. « Remarquez-moi ! » s'écrie-t-elle, comme telle autre femme indigne. « Admirez le jeu de mes traits mobiles, les révélations de mon âme multicolore. Observez mes appâts et mes puissances. Frémissez pendant que je vous fais tressaillir ! » Ainsi, elle flotte, passant à travers toutes ses transformations et se retire en haut jusque dans les bras du crépuscule. Mais à minuit elle abandonne tout faux-semblant et descend sous sa forme naturelle, qui dépend de la conscience du contemplateur et de l'éloignement qui le sépare du blanc voisin.

Vous remarquerez dans le *Benedicite omnia opera* que le Désert est la seule chose à qui l'on n'enjoint pas de « bénir Dieu, le louer et le magnifier à jamais ». Cela, c'est parce que au moment où notre illustre père, le Seigneur Adam et son auguste épouse, la Dame Ève, furent chassés du paradis, Eblis le Maudit, craignant que l'homme ne revienne finalement dans les grâces d'Allah, se mit à brûler et à dévaster toute la terre à l'Est et à l'Ouest de l'Eden.

Chose assez bizarre, le Paradis terrestre est à peu près au centre de tous les déserts du monde, en comptant à partir de Gobi jusqu'à Tombouctou, et toute cette terre, en tant que terre, est « exclue de la miséricorde de Dieu ». Ceux qui s'en servent le font à leurs risques et périls. En conséquence le Désert produit son propre type d'homme tout comme le fait la mer. J'eus la bonne chance d'en rencontrer un spécimen, âgé environ de vingt-cinq ans. Son travail l'obligeait à longer la mer Rouge, où des hommes sur de rapides chameaux viennent faire la contrebande du hashish et parfois de fusils, avec les dhows qui abordent n'importe quelle plage commode. Les contrebandiers doivent être poursuivis sur des chameaux encore plus rapides, et puisque les puits sont rares et bien connus le jeu consiste à arriver les premiers et à les occuper.

Mais il se peut qu'ils brûlent un puits ou deux et fassent étape de plusieurs jours en un seul. Alors celui qui les poursuit doit prendre de plus grands risques encore et faire des marches plus cruelles afin que la loi soit observée. La seule chose en faveur de la loi est que le hashish sent abominablement — pire qu'un chameau qui a chaud — de sorte que lorsqu'ils accostent on ne perd pas de temps à écouter des mensonges. On ne m'a pas expliqué comment ils se dirigent à travers les solitudes ni par quel art ils maintiennent leur vie au milieu des tempêtes de poussière et de chaleur. Cela on le prenait pour démontré, et celui qui le prenait ainsi était l'individu le plus ordinaire que l'on puisse rencontrer. Il fut très ému d'apprendre que les Français sont en train de faire une route aérienne quelque part au Sahara, au-dessus d'une étendue sans eau de six cents kilomètres, et où, si l'aéroplane venait à subir des avaries en route, le pilote mourrait de soif et se dessécherait à côté de son appareil.

Pour être juste, il faut reconnaître que le Désert prend rarement la peine d'effacer les traces d'un meurtre. Il y a des endroits au Désert, dit-on, où même maintenant l'on rencontre les morts de batailles anciennes, tous aussi visibles que les nids de guêpes de l'an dernier, couchés en monceaux ou éparpillés par la fuite avec, par-ci, par-là, les petites lignes brillantes des cartouches vides qui les avaient fait tomber.

Il y a des vallées et des ravins où les contrebandiers les plus fous ne tiennent pas à se réfugier à certains moments de l'année ; de même qu'il y a des demeures faites pour qu'on s'y repose mais où les domestiques indigènes refusent de séjourner parce qu'ils sont arrêtés, en se rendant à la cuisine, par le qui-vive des régiments soudanais qui depuis longtemps sont au Paradis. Et les voix, et les avertissements, et les appels derrière les rochers sont innombrables. Tout cela s'explique par le fait qu'on est très rarement appelé à vivre dans un endroit si calme qu'on peut entendre le murmure rapide de son sang sur son propre tympan. Ni un vaisseau, ni une prairie, ni une forêt ne donnent ce silence-là. Je suis allé une fois à sa recherche, lorsque notre bateau était amarré et que mes compagnons s'en étaient allés voir je ne sais quel spectacle ; mais certes, je n'osai m'aventurer à plus d'un kilomètre de la fumée de notre cheminée. C'est alors que je découvris soudain une colline criblée de tombes qui renfermaient des têtes de morts blanches comme du papier, tous ricanant agréablement comme autant d'ambassadeurs du Désert. Mais je n'acceptais pas leur invitation. On m'avait dit que tous les petits diables apprennent à dessiner au désert, ce qui explique les détails compliqués et futiles qui le remplissent. Personne sauf un diable ne songerait à creuser chaque saillie de rocher de lignes indiquant l'action du vent ou à la réduire par les rafales de sable jusqu'à n'être qu'une nervure étincelante ; à dresser des collines en forme de pyramides, de sphynx et de faubourgs de villes dévastés ; à couvrir des espaces grands comme la moitié d'un comté anglais d'études à la sépia représentant des ravins de Dougas et de Nullahs, se croisant et s'enchevêtrant, chacun étalant une perspective beaucoup trop habile ; à oblitérer le travail à demi terminé au moyen d'un lavis de sable à trois teintes, pour le reprendre de nouveau, à la pointe d'argent, au bord de l'horizon. S'ils font cela, c'est pour amener les voyageurs égarés à se figurer qu'ils pourront reconnaître des points de repère, les forcer à courir de-ci de-là dans l'espoir de les identifier, jusqu'au moment où la folie survient. Le Désert n'est qu'artifice de diable, « satanée habileté », pourrait-on dire, bourré de travaux inutiles, toujours promettant quelque chose au prochain détour, toujours conduisant à travers une décoration excessive et un dessin trop souligné pour aboutir à une stérilité toujours égale.

Il y eut un matin surtout, merveilleux entre tous les matins, où nous nous trouvâmes en face du Temple de Abu Simbel taillé dans le roc. Là, quatre personnages gigantesques, chacun haut de soixante pieds, sont assis les mains sur les genoux à attendre le jour du Jugement dernier. A leurs pieds s'étend une petite étendue de blé vert-bleu. Ils ont l'air de retenir derrière eux tout le poids du désert, qui néanmoins déborde d'un côté sous forme d'une cataracte de sable vif orange. On conseille au touriste d'assister au lever du soleil ici, soit en se tenant à l'intérieur du temple où la lueur tombe sur certain autel érigé par Ramsès en son propre honneur, soit du dehors où une autre Puissance prend la direction.

Les étoiles avaient pâli quand nous commençâmes notre veillée ; les oiseaux de la rivière chuchotaient tout juste en faisant leur toilette dans la lumière incertaine et empourprée. Puis la rivière se ternit comme de l'étain ; la ligne de la cime derrière le Temple se détacha sur le fond laiteux du ciel ; on devinait plutôt qu'on ne voyait les quatre silhouettes dans le trou d'ombre au-dessous. Celles-ci se dessinèrent suffisamment énormes, mais sans terreur spéciale, tandis que l'aube de l'Orient accomplit ses rites magnifiques. Quelque roseau de la rive se révéla par réflexion, noir sur argent ; des ailes en forme d'arc battirent la surface de l'eau, troublant son immobilité et la transformant en fragments de verre ; la cime du désert devint topaze et les quatre silhouettes se détachèrent nettement, sans ombre pourtant, de leur arrière-plan. La lumière plus forte les inonda de rouge depuis la tête jusqu'aux pieds et elles devinrent vivantes, aussi horriblement, aussi fortement mais aussi aveuglément vivantes que des hommes ligotés sur la chaise électrique avant que le courant ne soit ouvert. On sentait que si par un miracle l'aube pouvait être retardée seulement une seconde de plus, elles s'arracheraient de là, se délivreraient, et bondiraient vers Dieu sait quelle vengeance. Mais à cet instant précis le plein soleil les riva à leurs places, — statues, et rien de plus, bala-frées de lumière et d'ombre — et un jour nouveau entama son travail.

A quelques mètres de ces grandes images, tout près de la statue d'une princesse égyptienne dont la face rappelait exacte-ment celle de « Elle »[1], se trouvait une tablette de marbre au-dessus de la tombe d'un officier anglais tué dans un combat contre des derviches il y a presque une génération.

A partir de Abu Simbel jusqu'à Wadi Halfa, la rivière, affranchie de la domination des Pharaons, commence à parler d'hommes blancs morts. Il y a trente ans, de jeunes officiers anglais aux Indes mentaient et intriguaient furieusement pour se faire attacher à des expéditions dont les bases se trou-vaient parfois à Suakim, parfois tout à fait dans l'air du désert, mais dont aujourd'hui tous les exploits sont oubliés. De temps à autre le dragoman agitant une main lisse dans la direction de l'Est ou vers le Sud-Est rappelle quelque combat. Alors tout le monde murmure : « Ah ! oui ; çà c'était Gordon, bien entendu » ou bien : « Était-ce après, ou avant Omdurman ? » Mais la rivière est bien plus précise. Au moment où le bateau fend de biais, comme un chien dérouté, le cours d'eau qui baisse, tous ces noms connus jaillissent sous les roues du bateau : — « Armée de Hicks — Val Baker — El Teb — Tokar — Tamaï — Tamanieb[´] et Osman Digna ! » Son avant vire pour aborder une autre

1. Roman de R. Haggard.

courbe : « *Nous ne pouvons pas débarquer des troupes anglaises ou indiennes ; si l'on demandait notre avis nous recommanderions l'abandon, jusqu'à un certain point, du Soudan.* » C'était là le roucoulement que Lord Granville fit entendre aux conseillers de son Éminence le Khédive, et la phrase revient aussi nette que lorsqu'elle nous choqua en 84. Puis, après une longue étendue se profilant entre des palmiers inondés, vient, bien entendu, Gordon, et un correspondant de guerre irlandais fou, d'une folie délicieuse, emprisonné en même temps que lui dans Khartoum. Gordon, — mil huit cent quatre-vingt-quatre, quatre-vingt-cinq — le chemin de fer Suakim-Berbère réellement commencé et tout aussi réellement abandonné. Korti, Abu Kléa, la Colonne du Désert, un bateau à vapeur appelé le *Safieh*, et non le *Condor,* qui sauva deux autres vapeurs qui avaient fait naufrage en revenant d'un Khartoum qui était tombé entre les mains rouges du Mahdi de cette époque-là. Puis — et voici que le glissement égal sur les eaux profondes continue — une autre expédition de Suakim avec encore et pas mal d'Osman Digna et des tentatives renouvelées pour construire le chemin de fer Suakim-Berbère. « Hashin », disent les roues du bateau, ralentissant tout d'un coup, « la Zareba de Mac Neil, le 15e Régiment des Sikhs, et un autre régiment indigène, — Osman Digna, plein de fierté et de puissance, et Wadi Halfa, ville frontière. Puis de nouveau Tamaï ; nouveau siège de Suakim, Gemaiza, Handub, Trinkitat et Tokar 1887. »

La rivière rappelle les noms ; l'esprit sur-le-champ ramène la physionomie et les tics de langage de quelque adolescent que l'on avait rencontré pendant quelques heures, peut-être dans un train, se rendant en Égypte, dans les temps anciens. Tous deux, nom et physionomie, s'étaient complètement effacés de la mémoire jusqu'à cet instant.

Ce fut une autre génération qui reprit le jeu dix ans plus tard et remporta la partie à Khartoum. Beaucoup de ceux qui étaient à bord du bateau Cook avaient visité la ville. Ils étaient d'accord pour dire que les frais d'hôtel étaient exorbitants, mais que l'on pouvait faire acquisition des curiosités les plus charmantes dans le bazar indigène. Mais je ne n'aime pas les bazars du genre égyptien depuis une découverte que je fis à Assouan.

Il y avait un vieillard — un Musulman — qui me pressait d'acheter quelque marchandise ou autre, mais non pas avec cette infâme camaraderie que des générations de touristes de bas étage ont enseignée aux habitants de la ville, ni, non plus, avec cette façon adroite de faire l'article que l'Égyptien élevé à la ville attrape bien facilement, mais avec une sorte de zèle désespéré, qui était inconnu à toute sa croyance et à sa nature. Il accrochait du doigt, il implorait, il flattait, l'œil peu assuré, et pendant que je me demandais pourquoi, je vis derrière lui la figure bouffie, rose, d'un juif coiffé d'un fez, le surveillant comme une hermine surveille un lapin. Lorsqu'il se déplaçait, le juif le suivait et s'installait de façon à dominer la situation. Le vieillard tantôt le regardait, lui, tantôt me regardait, moi, et renouvelait ses sollicitations. On pouvait de même s'imaginer quelque vieux lapin en train de taper follement sur un tambourin avec une hermine le guettant par derrière. On me dit plus tard que les juifs possèdent la plupart des baraques dans le bazar d'Assouan, les musulmans travaillent pour eux, vu que les touristes exigent la couleur orientale. Comme je n'avais jamais vu un juif en train de forcer la main à un musulman et que je ne m'imaginais pas la chose possible, cette couleur était pour moi à la fois nouvelle et déplaisante.

L'ÉNIGME D'EMPIRE

A Halfa on sent le premier souffle d'une frontière. Ici le gouvernement Égyptien se retire à l'arrière-plan et même le bateau Cook ne s'arrête pas au beau milieu de la carte postale. Au bureau des Postes et Télégraphes, il y a des traces, très diluées, quoiqu'encore reconnaissables, d'administration militaire. Et la ville, ni où que ce soit, ni de quelque façon que ce soit, ne sent mauvais, ce qui prouve qu'on ne s'en occupe pas à la manière du pays. Il n'y a pas plus à y voir que dans le Ponton *C 60*, jadis l'*Himalaya*, vaisseau transportant les troupes de sa Majesté, mais qui, aujourd'hui, n'est plus qu'un ponton à charbon dans le Hamoaze à Plymouth. Une rive avec un étroit chemin en terrasse flanqué de maisons mi-orientales, quelques casernes, une mosquée et une demi-douzaine de rues formant angle droit avec le Désert arrivant à fond de train au bout de chacune, voilà en quoi consiste toute la ville. En remontant le fleuve, un kilomètre environ, sous des palmiers se trouvent des bungalows, restes apparemment de cantonnements, quelques boutiques pour réparations de machines, et des fragments de voie ferrée. Cela forme la plus misérable collection de maisons badigeonnées à la chaux, lamentables jardins, murs décatis, espaces nus foulés et piétinés que l'on peut imaginer ; et cependant chaque fragment de l'ensemble tressaille de la vie d'armées et de flottes dont il se souvient, tout comme le bol résonne encore après que le doigt qui l'a frotté ne le touche plus. Les hommes les plus invraissemblables y ont fait leur temps ; des provisions, par dix mille tonnes à la fois, ont été roulées ou poussées ou traînées jusqu'en haut des rives par des dizaines de milliers de mains éparses ; des hôpitaux s'y sont installés à l'aventure, se sont étendus prodigieusement ou se sont rapetissés, puis se sont évanouis avec les régiments qui eux-mêmes s'évanouissaient ; des voies de garages ont été installées, puis arrachées selon que les besoins variaient, puis enfin complètement oblitérées par le sable.

Halfa a été la tête de ligne, le Quartier Général de l'Armée, le centre de l'Univers, le seul endroit où un homme était sûr de pouvoir acheter du tabac et des sardines et recevoir des lettres pour lui et de l'aide médicale pour ses amis. Aujourd'hui elle n'est plus que la coquille ratatinée d'une ville sans un hôtel convenable et où les touristes se précipitent de la rivière pour acheter au Bureau de Poste des collections complètes de timbres du Soudan.

Je suis allé me promener sans but, d'un bout à l'autre de la ville. Je découvris une foule de jeunes gens du pays en train de jouer au football sur ce qui avait peut-être été jadis un champ de manœuvre.

— Et quelle est cette école ? demandai-je en anglais à un assez jeune garçon très empressé.

— Madrissah, répondit-il avec beaucoup d'intelligence, ce qui, traduit, ne veut dire qu'Ecole.

— Oui, mais *quelle* Ecole ?

— Oui, Madrissah, école, Monsieur, et il me suivit pour voir ce que l'imbécile voulait encore.

Une ligne de voie ferrée qui en son temps avait dû alimenter de gros ateliers me conduisit entre des maisons à vastes pièces et des bureaux aux pancartes indiquant respectivement leurs fonctions avec, par-ci par-là, un employé en train de travailler. Des fonctionnaires égyptiens, fort polis, me donnèrent force indications (je voulais autant que possible arriver à voir un officier blanc, mais aucun ne s'y trouvait à ce moment là). Je fus chassé d'un jardin qui appartenait à une Autorité ; rôdai en lambinant autour de l'entrée d'un bungalow qui avait un enclos déjà très vieux, où deux blancs étaient assis dans des fauteuils sur une véranda ; errai en dévalant vers la rivière sous les palmiers où filtraient les dernières lueurs roses ; me perdis au milieu de chaudières rouillées et de billes de bois de charpente ; et enfin revins en baguenaudant dans le crépuscule, escorté par le petit garçon et par une brigade entière de fantômes, dont je n'avais jamais rencontré un seul auparavant, mais que je connaissais tous jusqu'au dernier très intimement. Ils me dirent que c'était surtout les soirs qui les déprimaient *eux* aussi, de sorte qu'ils revinrent tous après dîner et me tinrent compagnie, pendant que j'allais à la rencontre d'un ami qui devait arriver de Khartoum par le train de nuit.

Il avait une heure de retard, et cette heure nous la passâmes, les fantômes et moi, dans un hangar aux murs de brique, au toit de fer-blanc, chaud encore de la chaleur du jour ; une foule d'indigènes riaient et causaient quelque part derrière dans l'obscurité. Nous en étions arrivés à nous connaître si bien au bout de ce temps que nous avions fini de discuter tous les sujets possibles de conversation : où pourrait bien se trouver par exemple la tête du Madhi, — le travail, la récompense, le désespoir, la reconnaissance de notre mérite, l'échec absolu, tous les motifs réels qui nous avaient poussés à faire quelque chose, et tous les autres ardents désirs qui nous avaient possédés. Donc nous restâmes immobiles et laissions marcher les astres, comme il faut faire quand on rencontre ce genre de train.

Au bout d'un instant je demandai : — Quel est le nom de la station suivante à partir d'ici ?

— Station N° 1, répondit un fantôme.

— Et la suivante ?

— Station N° 2, et ainsi de suite jusqu'à huit, je crois.

—Est-ce que cela ne valait pas la peine de nommer ne serait-ce qu'une seule de ces stations d'après quelque homme vivant ou mort ayant contribué de quelque façon à la construction de la ligne ?

— Eh bien ils ne l'ont pas fait malgré tout, me répondit un autre fantôme, sans doute qu'ils trouvaient que cela n'en valait pas la peine. Pourquoi ? Qu'en pensez-vous, *vous* ?

— Je pense, répondis-je, que c'est le genre de snobisme pour lequel les Nations sont punies par les Enfers.

Les feux de tête se montrèrent enfin, à une immense distance ; les lampes électriques, baissées par économie, furent réouvertes en plein, les fantômes disparurent, les dragomans des différents vapeurs se portèrent en avant, vêtus de magnifiques habits, à la rencontre des passagers qui avaient retenu leurs places dans les bateaux Cook, et le train de Khartoum dégorgea une joyeuse collection de gens, tous décorés de cornes, de sabots de bêtes, de pelages, de couteaux et « d'assegais » qu'ils venaient d'acheter à Omdurman. Et lorsque les facteurs s'emparèrent de leurs paquets hérissés, on aurait dit la Zareba de Mac Neil moins les chameaux.

Deux jeunes gens en tarboushe étaient les seules personnes qui n'avaient pas pris part à l'émeute. L'un d'eux dit à l'autre :

— Tiens !

L'autre dit de même : — Tiens !

Ils échangèrent des grognements pendant un instant. Puis l'un d'eux dit d'une voix agréable :

— Ah ! quel dommage ! Je croyais que j'allais vous avoir sous mes ordres pendant quelque temps. Alors vous allez vous servir de la maison de repos là-bas ?

— Je suppose, répondit l'autre, savez-vous par hasard si le toit est achevé ?

Sur quoi une femme se mit à se lamenter à haute voix pour qu'on retrouve sa lance de derviche qui avait été égarée. Ainsi je ne saurai jamais, sauf peut-être grâce aux dernières pages de l'Almanach Soudanais, dans quel état se trouve cette maison de repos.

D'après le peu que j'ai appris, l'administration du Soudan est un singulier service. Elle s'étend silencieusement depuis les bords de l'Abyssinie jusqu'aux marais de l'Équateur avec une pression moyenne de un homme blanc pour plusieurs milliers de kilomètres carrés. Là où c'est possible elle légifère selon les coutumes de la tribu, et, lorsqu'il n'existe aucun précédent, selon le bon sens du moment. C'est dans l'armée presque exclusivement que se fait son recrutement, armé surtout de binocles, jouissant d'un taux de mortalité un peu inférieur à sa propre réputation. On dit que c'est le seul service où l'on recommande explicitement à celui qui part en congé de sortir du pays et de se reposer pour revenir plus dispos pour sa besogne. On exige un haut niveau d'intelligence, et l'on ne pardonne pas les défaillances. Par exemple : certain employé, en congé à Londres, se trompa de train à Boulogne et, au lieu d'aller à Paris, ce qu'il avait bien entendu eu l'intention de faire, se trouva à une station appelée Kirk Kilissie, à l'ouest d'Andrinople, où il resta quelques semaines. C'est une erreur qui aurait pu être commise par n'importe qui, par une nuit sombre, après une traversée tempêtueuse, mais les autorités n'en voulurent rien croire, et lorsque je quitai l'Égypte elles étaient activement occupées à le passer à tabac. Tout le monde est effroyablement comme il faut maintenant au Soudan.

Il y a bien, bien longtemps, avant même que les Philippines eussent été prises, un de mes amis fut réprimandé par un Député anglais, d'abord pour le péché commis en versant du sang, parce qu'il était par profession soldat, ensuite pour l'assassinat parce qu'il avait combattu dans de grandes batailles, et enfin, chose la plus importante de toutes, parce que lui et ses matamores avaient infligé au contribuable anglais les dépenses occasionnées par le Soudan. Mon ami expliqua que tout ce que le Soudan avait jamais coûté au contribuable anglais était le prix d'environ une douzaine de drapeaux anglais réglementaires— un pour chaque province. — Et c'est là, dit triomphalement le Député, tout ce que cela vaudra jamais. Il continua à se justifier, et le Soudan continua — aussi. Aujourd'hui il a pris sa place en tant qu'un de ces miracles reconnus et avérés, qui s'obtiennent, sans qu'on ait besoin d'emportement ni d'entêtes de journaux, grâce à des hommes qui font la tâche la plus proche d'eux et s'occupent rarement de leur propre réputation.

Tandis qu'il y a seize ans — moins même — le pays entier n'était qu'un enfer affolant de meurtre, de torture, de prurit, où chaque homme qui possédait une épée s'en servait jusqu'au moment où il rencontrait un plus fort que lui et devenait esclave. C'était — ce sont ceux qui s'en souviennent qui le disent, — une hystérie de sang et de fanatisme, et de même qu'une femme hystérique est rappelée à ses sens par un jet d'eau froide, de même à la bataille d'Omdurman le pays fut ramené à la santé mentale par la mort appliquée sur une échelle telle, que les meurtriers et les bourreaux auraient eu du mal, même à l'extrême limite de leur débordement, à concevoir. En un jour et une nuit tous ceux qui avaient du pouvoir et de l'autorité furent exterminés et soumis si bien que, comme le dit la vieille chanson, il ne resta plus de chef pour demander des nouvelles d'aucun suivant. Tous ils avaient fait une dernière charge qui les mena au Paradis. Ceux qui restaient s'attendaient à voir se renouveler des massacres pareils à ceux auxquels ils avaient été accoutumés, et lorsque ceux-ci ne vinrent point, ils dirent sans recours : — Nous n'avons rien, nous ne sommes rien, voulez-vous nous vendre comme esclaves chez les Égyptiens ? Ceux qui se souviennent des anciens jours de la Reconstruction — véritable épopée — disent qu'il ne restait plus rien sur quoi bâtir, même pas d'épaves. Le savoir, la décence, les relations de famille, la propriété, les titres, le sentiment de la possession : tout était parti. On leur intima l'ordre de rester tranquilles et d'obéir ; et ils restèrent ébahis, tâtonnant comme les foules ahuries après une explosion. Peu à peu cependant ils furent nourris et soignés et disciplinés quelque peu ; des tâches, dont ils n'espéraient jamais voir la fin leur furent imposées, et ils furent presque par force physique poussés et traînés le long des routes de l'existence même. Ils en vinrent à comprendre bientôt qu'ils pourraient récolter ce qu'ils avaient semé et qu'un homme, mieux, une femme, pourrait faire une marche d'une journée avec deux chèvres et un lit indigène, et garder la vie et ses biens saufs. Mais il fallait le leur enseigner comme on le ferait au jardin d'enfants.

Et insensiblement, à mesure qu'ils se rendaient compte que l'ordre nouveau était sûr, et que leurs anciens oppresseurs étaient bien morts, on vit revenir non seulement des cultivateurs, des artisans, des techniciens, mais des soldats d'aspect bizarre, portant les cicatrices de vieilles blessures, et les généreuses fossettes que la balle Martini-Henry avait coutume d'infliger — hommes de combat à la recherche d'un nouvel emploi. Ils lambinaient par-ci par-là, tantôt sur une jambe, tantôt sur l'autre, fiers ou amicaux avec inquiétude, jusqu'à ce que quelque officier blanc vînt à passer tout près. Lorsqu'il eut passé quatre ou cinq fois, l'homme brun et l'homme blanc s'étant appréciés par le regard, la conversation, ainsi qu'il paraît, s'engageait à peu près ainsi :

Officier (avec l'air de quelqu'un qui fait soudain une découverte). Dites donc, vous là-bas, près de la hutte, qu'est-ce que vous voulez ?

Guerrier (prenant la position fixe, qui est compromise par un effort fait pour saluer). Je suis un tel, de tel endroit.

Officier. J'entends, et alors ?

Guerrier (répétant le salut)... Et un soldat aussi.

Officier (parlant à l'horizon, sans s'adresser à personne en particulier). Mais *tous* disent cela aujourd'hui.

Guerrier (tout à fait à haute voix). Mais il y a un homme

dans un de vos bataillons qui peut en fournir la preuve. C'est le petit-fils de l'oncle de mon père.

OFFICIER (confidentiellement, à ses souliers). L'Enfer est *tout à fait* rempli de pareils petits-fils, de pareils oncles ; et comment puis-je savoir si le soldat un tel dit la vérité au sujet de sa famille ? (fait mine de partir).

GUERRIER (enlevant rapidement les vêtements nécessaires). Peut-être. Mais *voici* ce qui ne ment pas. Regardez ! J'ai reçu ceci, il y a dix, douze ans, quand je n'étais que gamin, près de l'ancienne frontière. Oui, Halfa. C'était une véritable balle Snider. Sentez-la ! Cette petite blessure à la jambe je l'ai reçue dans la grande bataille qui mit fin à tout l'année dernière. Mais je ne suis pas boiteux (Violents exercices des jambes), pas le moins du monde boiteux. Voyez, je cours, je saute, je donne des coups de pied, loué soit Allah !

OFFICIER. Loué soit Allah. Et puis après ?

GUERRIER (avec coquetterie). Et puis, je tire du fusil. Je ne suis pas un lancier ordinaire. (Parlant finalement anglais.) Oui, sacré bonn ti'eur. (Fait marcher la gâchette d'un Martini imaginaire).

OFFICIER (sans broncher). Et puis ?

GUERRIER (avec indignation). Je suis venu ici, *moi*, après plusieurs jours de marche, (changeant, et adoptant un ton de cajolerie d'enfant) est-ce que *tous* les régiments sont pleins ?

A ce moment le parent, en uniforme, se découvrait généralement, et si ses allures plaisaient à l'officier, encore un autre « vieux soldat du Mahdi » venait s'ajouter à la machine qui se fabriquait tout en roulant. Dans ces temps-là on traitait les affaires à la lumière pure de la raison et avec une certaine audace élevée et sainte.

On raconte une histoire de deux Sheiks, arrivée peu après le commencement de la Reconstruction. L'un d'eux, Abdullah de la Rivière, prudent et fils d'une esclave, fit profession de loyauté envers les Anglais de très bonne heure, et se servait de cette loyauté comme manteau pour voler des chameaux à un autre Sheik, Farid du Désert, encore en guerre avec les Anglais, mais un parfait gentilhomme, ce que n'était pas Abdullah. Naturellement, Farid fit à son tour des raids sur les bêtes d'Abdullah ; Abdullah se plaignit aux autorités, et toute la Frontière était en fermentation. A Farid dans son camp de désert, accompagné d'un certain nombre de bêtes appartenant à Abdullah vint, seul et sans armes, l'officier responsable de la paix de ces régions. Après les compliments échangés, car ils avaient eu des rapports ensemble auparavant : — Vous vous êtes encore livré à des vols de bêtes dans le troupeau d'Abdullah, dit l'officier anglais.

— Je vous crois ! fut la chaude réponse. Il vole mes bêtes et se réfugie vivement sur votre territoire, où il sait que je ne puis absolument pas le suivre, et quand j'essaie de rentrer tant soit peu en possession de mon bien, il vient pleurer auprès de vous. C'est un saligaud, un pur saligaud.

— Dans tous les cas il est loyal. Si seulement vous vouliez consentir à vous soumettre et à être loyal aussi, vous seriez tous les deux sur le même pied, et alors s'il vous volait quelque chose il en verrait de dures !

— Il n'oserait jamais voler sauf sous votre protection. Donnez-lui ce qu'il aurait reçu au temps du Mahdi, une bonne raclée. Vous savez qu'il le mérite, *vous !*

— Ce n'est guère permis, vous savez, cela. Il va falloir que vous me laissiez ramener toutes ces bêtes qui lui appartiennent.

— Et si je refuse ?

— Alors il me faudra rentrer à cheval et ramasser tous mes hommes pour vous faire la guerre.

— Mais qu'est-ce qui m'empêche de vous couper la gorge pendant que vous êtes assis là ?

— D'abord le fait que vous n'êtes pas Abdullah, et....

— Voyez ! vous reconnaissez que c'est une crapule !

— Ensuite, le Gouvernement enverrait tout simplement un autre officier ne comprenant pas vos façons d'agir, et alors ce serait la guerre, *pour de bon*, et personne n'y gagnerait rien qu'Abdullah. Il volerait vos chameaux et en aurait tout le crédit.

— C'est vrai, le coquin ! Que la vie est pénible pour un honnête homme ! Or, vous admettez qu'Abdullah est un saligaud, alors écoutez-moi et je vous dirai encore autre chose sur son compte. Il était. etc. etc. il est etc. etc.

— Vous avez parfaitement raison, Sheik, mais ne voyez-vous pas que je ne puis lui dire ce que je pense de lui, tant qu'il est loyal et que vous, vous restez notre ennemi ? Eh bien si *vous*, vous vous soumettez, je vous promets que j'en dirai des miennes à Abdullah, oui, en votre présence, et votre cœur s'en réjouira.

— Non ! Je ne veux point me soumettre ! Mais je vais vous dire ce que je veux faire. Je vous accompagnerai demain comme votre hôte, comprenez bien, à votre tente. Alors, envoyez chercher Abdullah, et *si* j'estime que sa grosse figure a été suffisamment noircie en ma présence, je verrai si je ne puis pas faire ma soumission plus tard.

Ainsi fut convenu, et ils dormirent le reste de la nuit, côte à côte, et dans la matinée ils rassemblèrent et rendirent toutes les bêtes d'Abdullah. Le soir même, en présence de Farid, Abdullah reçut la semonce la plus cinglante qu'il eût jamais entendue dans toute sa vieille existence scélérate, et Farid du Désert rit et fit sa soumission et — comme dans les contes — ils vécurent tous heureux dans la suite.

Quelque part, dans les provinces plus proches, le vieux jeu désordonné et violent doit persister encore, mais le vrai Soudan a fini par adopter la civilisation du genre qui comporte le bungalow en brique, et du genre Bougainville, et il existe une énorme école où les jeunes gens sont dressés pour devenir ajusteurs, inspecteurs, dessinateurs, et employés de télégraphe avec des appointements fabuleux. En temps voulu ils oublieront combien il fallait de précautions jadis à leurs aïeux, au temps du Mahdi, pour s'assurer même une demi-ration pour leur ventre, alors, tout comme cela s'est produit ailleurs.

Ils croiront honnêtement que ce sont eux qui ont originairement créé, et qui ont maintenu depuis, la vie si facile où ils ont été placés à un prix d'achat si élevé. Alors on les verra demander : « Une extension du gouvernement local, le

Soudan pour les Soudanais, » et ainsi de suite, si bien qu'il faudra parcourir de nouveau le cycle entier. C'est une dure loi, mais une vieille loi — Rome elle-même mourut d'avoir eu à l'apprendre, de même que notre civilisation occidentale pourra en mourir — que si vous donnez à qui que ce soit quelque chose qu'il n'a pas péniblement gagné pour lui-même, infailliblement vous faites de lui ou de ses descendants vos ennemis avérés.

TABLE DES MATIÈRES

ABBEVILLE. — IMPRIMERIE F. PAILLART.

PAYOT & Cie, 106, Boulevard Saint-Germain, PARIS-VIe

RUDYARD KIPLING

LA GUERRE SUR MER

Préface de M. ÉTIENNE LAMY

Un vol. in-16 . . . . 6 fr.

Rudyard Kipling a mené tour à tour sur des chalutiers, des destroyers et des sous-marins, chacune des existences qui sont celles des hommes de la mer. De là, des récits qui donnent une puissante impression de vie, de vérité et d'art où, par cela même qu'il a subordonné la force de la matière à la force de l'esprit, les actions humaines à un ordre surhumain, réside une beauté qui ne se trouve égale en aucun autre livre de Kipling.

(*La Revue des Deux Mondes*).

Du Même :

LES YEUX DE L'ASIE

Traduit de l'anglais par FIRMIN ROZ

Un vol. petit in-16 br. de la COLLECTION PETITE ANTHOLOGIE. 3 fr.
Relié satinette . . . . 7 fr.

.... Quatre lettres supposées de soldats des Indes à leurs compatriotes. Beaux sujets pour l'auteur de *Kim* ; tout y est, les hommes qu'il a tant observés, dont il connaît si bien la langue, les usages, les passions, et la guerre qui éprouve les caractères et confronte les civilisations. Venus du berceau du monde, les Hindous portent sur l'occident de l'Europe, sur l'Angleterre, sur la France, le regard d'une cordiale curiosité. Ils ne cessent de peser ce qu'ils voient et ce qu'ils savent, et ils se répandent en propos d'une pompe touchante. C'est, mais plus grave et sur de plus grands objets, le jeu de notre Montesquieu dans ses « Lettres persanes ».

(*L'Action Française*).

PAYOT & Cⁱᵉ, 106, Boulevard Saint-Germain, PARIS-viᵉ

H.-G. WELLS

M. BRITLING COMMENCE A VOIR CLAIR

Un vol. in-16 . . . . 6 fr.

Jamais le merveilleux talent du célèbre écrivain anglais ne s'est mieux affirmé que dans ce roman qui a fait sensation tant en Angleterre qu'en Amérique, et qui demeurera sans doute son chef-d'œuvre.

(La Revue Hebdomadaire).

Du Même :

DIEU, L'INVISIBLE ROI

Traduction et Préface de M. BUTTS

Un vol. in-16 . . . . 6 fr.

Dieu, l'invisible roi, nous offre la substance métaphysique de Wells ; nous y suivons l'évolution de sa pensée. Il y expose avec force sa conception de la vérité, ses croyances qui reposent sur une foi ferme en un Dieu personnel avec lequel il peut entrer en communion.

(La Revue des Deux Mondes).

Du Même :

LA FLAMME IMMORTELLE

Traduction de M. BUTTS

Un vol. in-16 . . . . 6 fr.

C'est à tous les éducateurs que l'auteur anglais dédie son volume philo-sophique où il expose que l'humanité serait plus heureuse si on l'instruisait mieux. Ce n'est pas dans une vie future qu'il faut escompter le bonheur. C'est de lui-même, de sa flamme immortelle, que l'homme qui conçoit ce que pourrait être le bonheur humain doit le tirer par un effort commun. Et c'est en façonnant l'homme dans l'amour de ses semblables que les éducateurs pourront obtenir cette belle œuvre. *(La France de l'Ouest).*

PAYOT & Cie, 106, Boulevard Saint-Germain, PARIS-VIe

GRAND PRIX NOBEL DE LITTÉRATURE
CARL SPITTELER

MES PREMIERS SOUVENIRS

Un vol. in-16 . . . . 6 fr.

Mes premiers souvenirs remontent à la première année de la vie de l'auteur et s'arrêtent lorsqu'il est à peine âgé de quatre ans. On lira avec curiosité le récit de ces émotions enfantines qui n'a rien d'une biographie. Ni le *Roman d'un enfant* de Loti, ni les *Souvenirs d'Enfance et de Jeunesse* de Renan, ne peuvent lui être comparés. C'est quelque chose de très neuf et de très original dans sa conception. (*Le Mercure de France*).

SOUMÉ TCHENG

SOUVENIRS D'ENFANCE
ET DE RÉVOLUTION

Édition française par B. VAN VORST

Un vol. in-16, avec 2 hors-texte. . . . . . 7 fr. 50

Soumé Tcheng est une incarnation charmante de l'âme moderne de la Chine. L'intérêt particulier de ses souvenirs réside dans sa personnalité. Il est rare, en effet, de rencontrer chez une femme d'une intelligence très haute, une énergie si virile et un cœur si profondément humain. (*La Revue Mondiale*).

JOHN GALSWORTHY

UN SAINT

Roman traduit de l'anglais par L.-P. ALAUX

Un vol. in-16 . . . . 9 fr.

Ce livre a des parties admirables, des scènes d'une vérité psychologique dont je ne crains pas de dire qu'elle n'a jamais été dépassée, ni peut-être même atteinte, dans le roman anglais.... Aucun des romanciers actuels n'a la hardiesse, la vigueur à la fois cruelle et pitoyable de Galsworthy. ANDRÉ BELLESSORT.

PAYOT & Cie, 106, Boulevard Saint-Germain, PARIS-VIe

Collection " Petite Anthologie "

Derniers volumes parus :

LES UPANISHADS

Morceaux choisis par P. SALET

Un vol. petit in-16 broché . . . . 4 fr.
Relié satinette. . . . . 7 fr.

« Il n'y a pas d'étude aussi propre à élever l'esprit que celle des *Upanishads*. Elle a été le réconfort de ma vie ; elle sera la consolation de ma mort. »   SCHOPENHAUER.

LE LIVRE D'AMITIÉ

ANTHOLOGIE DE PENSÉES SUR L'AMITIÉ

RECUEILLIES ET PRÉCÉDÉES D'UN AVANT-PROPOS

PAR

MICHEL SERLANDES

Un vol. petit in-16, broché . . . . 3 fr.

Le Livre d'amitié unit à la variété d'une anthologie tous les avantages d'un traité suivi, qui étudie ce sentiment délicat qu'est l'amitié dans ses variations les plus fines, le pénètre dans ses recoins les plus cachés. Il sera pour tout ami un conseiller sûr, un guide inséparable qui lui permettra de lire dans son cœur.

WOODROW WILSON

ÊTRE HUMAIN

SUIVI DE

QUAND UN HOMME SE TROUVE LUI-MÊME

Traduit par P. CHAVANNES

Un vol. petit in-16 broché . . . . 3 fr.

Un précieux guide de la vie moderne.

PAYOT & Cⁱᵉ, 106, Boulevard Saint-Germain, PARIS-VIᵉ

ABEL LEFRANC, Professeur au Collège de France

Sous le masque de
William Shakespeare

WILLIAM STANLEY, VIᵉ COMTE DE DERBY

Deux vol. in-16. Chacun . . . . 7 fr. 50

S'il est un volume qui ait eu dès le premier jour les honneurs de la controverse, c'est celui que M. Lefranc, professeur au Collège de France, a consacré à cette question. Le nom de l'auteur, sa haute compétence dans les choses littéraires de la Renaissance, *le sujet lui-même, un des plus passionnants de l'histoire des lettres,* tout concorde à attirer l'attention sur l'ouvrage qui nous est présenté. (*Revue Bleue.*)

FLORIS DELATTRE, Professeur à l'Université de Lille.

La Pensée de Newman

EXTRAITS LES PLUS CARACTÉRISTIQUES DE SON ŒUVRE
Avec une introduction, une bibliographie, un index et le texte anglais correspondant

Un vol. in-16 . . . . 7 fr. 50

L'originalité du recueil de M. Floris Delattre consiste à avoir réuni tous les principaux textes qui intéressent les diverses phases de la vie de la pensée de Newman. La juxtaposition, en note, du texte anglais est une heureuse innovation. Il ne faut pas oublier en effet que Newman, théologien et philosophe, est en même temps l'un des plus purs modèles de la littérature anglaise. (*Revue des Jeunes.*)

WALTER PATER

La Renaissance

Traduction française par F. ROGER-CORNAZ

Un vol. in-16 . . . . 5 fr.

Entre les récents écrivains, Walter Pater est un de ceux qu'on a le plus admirés outre-Manche et que l'on connaît le moins en France. Un tel art, la grâce presque inanalysable d'une telle critique, il faut lire *La Renaissance* pour en goûter l'ensorcellement... La traduction de M. F. Roger-Cornaz est si pure et si nette que l'ouvrage semble presque pensé en français. EDMOND JALOUX.(*Revue de Paris.*)

SIR SIDNEY LEE

Shakespeare

SA VIE ET SON ŒUVRE
Edition française par FIRMIN ROZ

Un vol. in-16 . . . . 7 fr. 50

En un seul volume de dimensions commodes, un érudit anglais très renseigné sur tout ce qui touche à Shakespeare a condensé à l'usage du public lettré une foule de recherches et de travaux ; M. F. Roz a raison de dire que c'est un véritable « manuel des études shakespeariennes ». (*Le Correspondant*)

www.ingramcontent.com/pod-product-compliance
Lightning Source LLC
LaVergne TN
LVHW021226170726
843501LV00003B/677